高职高专服装类专业规划教材 编审委员会

主　任　马腾文

副主任　侯建平　巨德辉　李晓春　潘福奎　钱晓农　王　晶
　　　　　王兆红　吴金铭　夏国防　闫永忠　殷广胜　张　泰

委　员　白莉红　白　爽　成月华　戴孝林　邓鹏举　邓树君
　　　　　窦俊霞　杜丽玮　冯道常　冯素杰　韩邦跃　贺树青
　　　　　侯家华　侯建平　胡　月　巨德辉　李海涛　李金强
　　　　　李　俊　李先国　李晓春　刘　蕾　刘青林　刘荣平
　　　　　刘瑞璞　刘沙予　罗　铮　马腾文　潘福奎　柒丽蓉
　　　　　钱晓农　任雪玲　尚　丽　邵献伟　石吉勇　孙金平
　　　　　孙汝洁　孙有霞　王惠娟　王　晶　王培娜　王　茜
　　　　　王　强　王雪菲　王兆红　吴金铭　吴玉娥　夏国防
　　　　　许崇岫　许继红　许瑞超　闫永忠　殷广胜　张朝阳
　　　　　张富云　张吉升　张巧玲　张　泰　张文斌　张艳荣
　　　　　郑　军

（以上均按姓名汉语拼音排列）

"十二五"职业教育国家规划教材

经全国职业教育教材审定委员会审定

服装贸易实务

第二版

马腾文 ◎ 主编

宗晓健　窦俊霞　李莹 ◎ 副主编

化学工业出版社

·北京·

本教材是以服装贸易合同内容为基础，以进出口合同签订与履行的业务操作程序为轴心，主要讲授服装贸易的交易条件、交易程序、贸易方式以及贸易惯例，旨在使学生掌握服装贸易所必需的专业理论和基础知识，具备熟练处理服装贸易日常业务的能力。

本教材分两大部分：第一部分——理论部分设计；第二部分——实训部分设计。理论部分按照横向顺序依次介绍服装贸易的各项交易条件和合同条款；实训部分基于服装贸易工作过程进行设计，包括：建立业务关系和询盘、出口报价、发盘、还盘、成交、签约、催证、审证和改证、备货、报检、办理运输、办理投保、报关、制单结汇、综合业务模拟13个教学模块。

本教材以能力为本位，突出高职教育特色；采用模块式编写，突出教材使用的灵活性；围绕服装贸易实践，突出新颖性和实用性。本教材既适用于高职高专服装设计与制作、服装市场营销、国际经济与贸易等专业教学，也可供服装贸易从业人员及相关人员在实际业务中参考使用。

图书在版编目（CIP）数据

服装贸易实务/马腾文主编. —2版. —北京：化学工业出版社，2013.2（2023.2重印）
ISBN 978-7-122-16144-4

Ⅰ.①服… Ⅱ.①马… Ⅲ.①服装-国际贸易-教材 Ⅳ.①F746.83

中国版本图书馆CIP数据核字（2012）第315456号

责任编辑：蔡洪伟　陈有华　　　　　　装帧设计：尹琳琳
责任校对：王素芹

出版发行：化学工业出版社(北京市东城区青年湖南街13号　邮政编码100011)
印　　装：北京虎彩文化传播有限公司
787mm×1092mm　1/16　印张17　字数492千字　2023年2月北京第2版第6次印刷

购书咨询：010-64518888　　　　　　　　售后服务：010-64518899
网　　址：http://www.cip.com.cn
凡购买本书，如有缺损质量问题，本社销售中心负责调换。

定　　价：32.00元　　　　　　　　　　　　　　　　　　　　　　版权所有　违者必究

第二版前言

《服装贸易实务》教材自2009年8月出版以来，受到了读者的广泛好评。同时，我们也收到了不少来自教学一线的意见和建议反馈，在此表示感谢。教材出版后，国内外经济形势以及纺织品服装贸易政策法规和国际贸易惯例发生了诸多变化，如：国际商会对《国际贸易术语解释通则》在2010年进行了修订，并于2011年1月1日起生效，新的版本现在已运用于国际贸易业务操作中。为了使教材内容紧跟国际纺织品服装贸易发展变化的现状，体现教材内容的时效性，本着"动态"与"静态"内容相结合的原则，现对该教材进行了修编，保持"动态"内容的前沿性和时效性，注重"静态"内容的准确性和简明性。第二版主要做了以下变更：

（1）对部分案例进行了修改和调整，进一步体现服装行业特色，突出教材使用的灵活性，注重操作性、技能性要求，便于该教材在各种类型院校中的推广使用。

（2）增加了服装国际贸易基本理论的内容，介绍国际贸易的基本概念，让学生了解国际贸易的基础知识，为后续章节的学习奠定基础。

（3）根据国际商会《2010年国际贸易术语解释通则》的变化，对服装国际贸易术语部分做了重要修改。原《2000通则》中的13种贸易术语，删减4种，新增2种。教材中不仅介绍新增贸易术语的适用情况，还对前后两个版本的变化做了简要比较。

（4）课后练习中"思考与练习"改为"思考是否与情景实训"，精简了练习的内容，增加了部分情景实训的内容，突出了实践性教学的重要性。

本次修订由山东服装职业学院与合作企业山东岱银纺织服装集团合作完成。其中，第三章由山东岱银纺织服装集团总经理、山东雷诺服饰有限公司董事长宁传军先生修订，其余章节由山东服装职业学院教师修订完成。

再版教材更加体现了高职教育特色、服装行业特色，以能力为本位，以职业为导向。浓缩了课堂教学的内容，加大了实习实训的力度，采用模块式编写方式，凸显了教材使用的灵活性、时效性、实践性和适用性。不仅扩大了适用的范围，而且有助于更好地培养既具备服装商品学知识，又具有从事服装国际贸易业务能力和职业素养，能较系统地掌握服装国际贸易基础知识、基本技能与业务操作流程，熟悉国际贸易相关法规和惯例的高端技能型人才。

马腾文
2012年11月

第一版前言

我国是纺织品服装生产和出口大国,在我国各类产品出口中,纺织品服装出口占据首列。从1994年起,我国纺织品服装出口已经连续多年居世界第一位。尤其是2005年,在全球纺织品配额取消后,我国纺织品服装出口激增,出口总额达1175亿美元。2006年,服装主要类别商品对全球出口增幅在6.6%～85.8%。2007年我国纺织品服装外贸出口总额达1711.7亿美元,出口增长幅度为18.88%。2008年尽管受金融危机外部因素影响,导致国际市场萎缩,但我国纺织品服装出口还是增长了7.98%,出口总额达1896亿美元。在当前国际形势下,我国纺织服装产业也面临严峻挑战,但仍存在明显的优势:一是产业链配套能力不断提升;二是产业资本结构优化调整;三是成本比较优势依然存在。这三大优势构成了我国纺织服装产业的核心竞争力,纺织服装产业仍然是我国国际竞争优势明显的产业。从目前我国外贸出口结构分析,全国贸易顺差的60%是纺织服装产业创造的,纺织服装产业是我国创汇最好的一个产业。因此,外贸服装企业和纺织服装专业进出口公司对外贸服装专业人才有着稳定的需求。

高职教育培养目标定位于高级技术应用型人才的培养,即培养与我国现代化建设要求相适应的,掌握必需的基础理论和专业知识,具有从事本专业实际工作职业能力和素质,在生产、建设、管理、服务第一线工作的高级技术应用型人才。多层次、多样化地为社会培养高质、足量的高级技术应用型人才,以更好地满足经济和社会发展对高素质人才的需要,这既是高职院校的特色,也是高职院校的使命。

《服装贸易实务》是以服装国际贸易合同内容为基础,以进出口合同签订履行的业务操作程序为轴心,主要讲授服装国际贸易的交易条件、交易程序、贸易方式以及贸易惯例,突出服装贸易的特点,旨在使学生掌握必需的专业理论和基础知识,具备熟练处理服装国际贸易日常业务的能力。

本教材分为两大部分:第一部分——理论模块设计;第二部分——实训模块设计。

(一)理论授课模块

《服装国际贸易实务》课堂理论授课设计部分共10章42节,其主要内容及目的如下。第1章绪论部分分析我国纺织品服装国际贸易现状和国际服装贸易相关问题,旨在使学生能从总体上把握国际服装贸易的特点,理清全书的体系结构及内容线索;掌握服装国际贸易的特点、要素及程序,为以下各章内容奠定基础;在此基础上确定从业人员的素质结构,从而明确学生知识、能力学习的目标。第2～8章按照横向的顺序依次介绍国际服装贸易的各项交易条件,包括:服装的品名、品质、数量、包装;国际贸易术语;国际服装运输;国际服装运输保险;进出口服装的价格;国际货款的支付;进出口服装的检验、索赔、不可抗力和仲裁。旨在使学生全面掌握各交易条件的表示方法以及在交易谈判过程中应注意的问题，从而能够谨慎、灵活地订立服装贸易合同的各项交易条款。第9章则按照纵向的顺序介绍服装进出口合同的商定与履行，包括：磋商前的准备；磋商；签约；以及进出口合同的履行。旨在使学生熟练掌握国际服装贸易的整个操作流程。第10章介绍除了单边进出口以外的其他国际贸易方式的特点和做法，旨在使学生灵活选用各种贸易方式，从而扩大市场份额，提升我国纺织服装业国际竞争力。

（二）实训教学模块

包括以下13个实训教学模块的设计。

1. 建立业务关系和询盘：主要是使用搜索引擎，查询交易伙伴信息；新客户资信调查的途径；拟写建交函和询盘函电。

2. 出口报价操作：主要就出口报价的思路、方法、价格核算和报价技巧等方面进行演练。

3. 发盘：拟写发盘函电，掌握发盘的一般写作方法和技巧。

4. 还盘：价格核算，拟写还盘函电。

5. 成交：进行成交核算。包括盈亏率、出口换汇率、出口创汇率的核算。

6. 签约：拟写成交函，草拟成交合同。

7. 催证、审证和改证：拟写催证函，掌握信用证的审证和改证过程，根据销售合同审核信用证，拟写改证函。

8. 备货、报检：掌握"出口商品检验申请单"的填制方法及报检手续。

9. 办理运输：掌握海运提单的填写方法。

10. 办理投保：分析信用证中的相关条款，制作符合要求的保险单。

11. 报关：掌握报关单的内容及填写。

12. 制单结汇：掌握全套议付单据的制作。

13. 综合业务模拟：模拟服装贸易业务操作全过程。通过实训教学使学生掌握利用网络资源寻找有利信息的基本技巧；熟练进行国际贸易的成本和价格核算，完成询盘、发盘、还盘等操作；熟练掌握函电、合同及信用证操作、单据制作等技能；熟悉国际贸易中的物流、资金流和业务流程；体会服装贸易中当事人的不同地位、具体工作和互动关系；了解并应用国际贸易相关法律与惯例解决实际问题。

本教材的特色如下。

1. 以能力为本位，突出高职院校特色。培养高级技术应用型人才，既是高职院校的使命，也是高职院校的特色。为此，突出教学的实践性，注重学生实践能力的提高。在每一章内容讲授完成后，都针对本章内容进行一次实训操作，使理论与实训有机地结合起来，较好地解决了学生缮制单证、识别单证、案例分析判断和处理问题的能力培养问题。这种将理论教学与实践教学在课堂内进行整合的做法，为课程结束后进行的国际贸易实务实践教学及学生今后走上工作岗位打下了坚实的基础。

2.以职业为导向，突出服装院校特色。高职教育的特色，决定了服装职业院校培养目标的职业定向性。高等服装职业院校的培养目标定位于，为纺织服装产业的发展培养高质、足量的高级技术应用型人才。这样的人才既具备纺织服装贸易基础理论知识，又具有从事纺织服装行业工作的职业能力和全面素质。培养具有服装专业知识的国际贸易业务人员，既充分发挥了我院服装专业优势，使现有资源得到充分利用，又能体现我院国际贸易专业的竞争优势，毕业生定位于为省内外贸服装企业集团和纺织品服装进出口公司培养行业特色人才，服务于地方经济发展。

3.采用模块式编写，突出教材使用的灵活性。教材编写采用富有弹性的模块式内容结构，有利于对知识与能力进行有目的的综合。由于高职学生来源不同，参差不齐，学生的学习能力存在很大差别。采用模块式的编写思路，每个模块既是教材的有效组成部分，本身又是相对完整的、独立的，具有一定的可剪裁性和拼接性，可根据不同的培养目标将内容模块裁剪、拼接，使前后课程互相衔接，使学生的学习更具主动性，同时也避免了资源浪费。尤其是有些外贸服装职业技术岗位又是高度专门化的，采用模块式编写模式，可以给予学生针对性较强的专业指导和训练，培养学生再学习的能力。

本书由山东服装职业学院马腾文教授筹划编写。参加本教材编写的主要人员还有：山东服装职业学院宗晓健（理论部分第一章、第二章，实训部分第一模块至第七模块）；平顶山工业职业技术学院窦俊霞（理论部分第四章、第五章、第七章）；山东服装职业学院李莹（理论部分第六章、第八章，实训部分第八模块至第十三模块）；开封大学袁颖（理论部分第三章）；山东服装职业学院乔婷（理论部分第九章、第十章）。全书由马腾文教授统稿、定稿。

限于编者水平，疏漏之处在所难免。我们殷切地希望使用本教材的老师、同学以及其他读者对本教材提出批评、意见和建议，使之更臻完善。

山东服装职业学院 马腾文
2009年6月

目 录

第一章 绪论 — 1

第一节 我国服装国际贸易现状 — 2
一、我国纺织品、服装贸易发展现状分析 — 2
二、我国纺织品、服装贸易面临的主要问题 — 2
三、提升我国服装贸易企业国际竞争力的战略选择 — 4

第二节 国际贸易的基本概念 — 5
一、国际贸易与对外贸易 — 5
二、贸易差额 — 5
三、有形贸易与无形贸易 — 6
四、直接贸易、间接贸易和转口贸易 — 6
五、对外贸易与国际贸易商品结构 — 6
六、对外贸易与国际贸易地理方向 — 7
七、贸易条件 — 7
八、对外贸易依存度 — 7

第三节 服装国际贸易的特点 — 7
一、线长面广，中间环节多 — 7
二、环境复杂 — 8
三、风险大 — 8
四、竞争激烈 — 9
五、极强的季节性和时效性 — 9
六、小批量多品种的市场需求 — 9
七、不够稳定的服装面料质量 — 10

第四节 服装国际贸易的基本做法及应遵循的法律法规 — 10
一、服装国际贸易的基本做法 — 10
二、国际贸易应遵循的法律法规 — 15

第二章 服装贸易的标的物 — 19

第一节 服装的品名 — 20
一、规定服装商品品名的意义 — 20
二、服装商品品名条款的内容 — 20
三、规定品名条款的注意事项 — 21

第二节 服装的品质 — 22
一、服装商品品质的意义 — 22

目 录

  二、商品品质的表示方法   22
  三、合同中的品质条款   25
 第三节 服装的数量   27
  一、约定服装商品数量的意义   27
  二、服装计量单位和计量方法   28
  三、合同中的数量条款   29
 第四节 服装的包装   32
  一、服装商品包装的意义   32
  二、商品包装的种类   33
  三、商品包装的标志   35
  四、合同中的包装条款   36

第三章 服装国际贸易术语 41

 第一节 服装国际贸易术语与国际贸易惯例   42
  一、国际贸易术语的含义和作用   42
  二、有关贸易术语的国际贸易惯例   42
 第二节 《2010年国际贸易术语解释通则》中的11种国际贸易术语   44
  一、适用于任何运输方式或多种运输方式的贸易术语   44
  二、适用于海运及内河水运的贸易术语   48
 第三节 服装贸易术语的选用   53
  一、常用贸易术语的分析   53
  二、选择贸易术语应考虑的因素   54
  三、选用贸易术语应注意的问题   54

第四章 国际服装运输 59

 第一节 运输方式   60
  一、海洋运输   60
  二、铁路运输   63
  三、航空运输   64
  四、邮政运输   65
  五、联合运输   65

目 录

第二节　装运条款　66
　一、装运时间　66
　二、装运港（地）和目的港（地）　67
　三、分批装运和转船　67
　四、装运通知　68
　五、滞期费、速遣费条款　68
第三节　运输单据　69
　一、海运提单　69
　二、铁路运单　73
　三、航空运单　73
　四、邮政收据　73
　五、多式联运单据　73

第五章　国际服装贸易运输保险　75

第一节　海上服装运输保险的承保范围　76
　一、风险　76
　二、海上损失与费用　77
第二节　我国海洋服装运输保险的险别　78
　一、基本险　79
　二、附加险　81
第三节　伦敦保险协会海运保险条款　82
　一、海运货物保险条款的种类　82
　二、主要险别的承保范围与除外责任　83
　三、主要险别的保险期限　84
第四节　其他运输方式下的货运保险　85
　一、陆上运输货物保险　85
　二、航空运输货物保险　86
　三、邮包运输保险　87
第五节　国际服装运输保险实务　87
　一、合同中的保险条款　87
　二、进口货物的投保手续　89
　三、出口货物投保手续　89
　四、保险合同的形式　89
　五、保险索赔　90

目 录

第六章　服装的价格　　95

第一节　服装价格的掌握　　96
一、进出口货物的作价原则　　96
二、制定价格考虑的因素　　96
三、服装价格核算　　97
四、常用贸易术语价格换算　　98

第二节　作价方法的选择　　99
一、固定价格　　99
二、非固定价格　　99
三、价格调整条款　　101

第三节　计价货币的选择　　101
一、降低进口价格或提高出口价格　　101
二、"软""硬"货币结合使用　　101
三、订立外汇保值条款　　101

第四节　佣金和折扣　　102
一、佣金　　102
二、折扣　　102
三、佣金和折扣的支付方法　　103

第五节　合同中的服装价格条款　　103
一、价格条款的基本内容　　103
二、规定价格条款的注意事项　　103

第七章　国际服装贸易货款的支付　　107

第一节　支付工具　　108
一、汇票　　108
二、支票　　112
三、本票　　113
四、本票、汇票和支票的异同点　　114

第二节　汇付和托收　　115
一、汇付　　115
二、托收　　117

第三节　信用证　　120
一、信用证的含义　　120
二、信用证的当事人　　120

目 录

  三、信用证支付的一般程序   121
  四、信用证的主要内容   121
  五、信用证的特点   122
  六、信用证的种类   122
  七、SWIFT信用证   124
第四节 其他服装贸易支付方式   127
  一、银行保函   127
  二、备用信用证   129
第五节 支付方式的选用   130
  一、信用证与汇付相结合   130
  二、信用证与托收相结合   130
  三、跟单托收与预付定金相结合   131
  四、备用信用证与跟单托收相结合   131
  五、D/A与即期D/P相结合   131
  六、远期L/C与即期L/C相结合   131
  七、预支信用证与即期付款信用证相结合   131
  八、汇付、保函、信用证三者相结合   131

第八章 服装的检验、索赔、不可抗力和仲裁 135

第一节 服装的检验   136
  一、检验时间和地点   136
  二、检验机构   136
  三、检验标准   137
  四、检验证书   139
  五、服装检验条款   140
第二节 索赔   140
  一、违约责任   140
  二、买卖合同中的索赔条款   141
第三节 不可抗力   142
  一、不可抗力事件的认定   142
  二、不可抗力的后果   142
  三、不可抗力条款的规定方式   143
第四节 仲裁   143
  一、买卖双方解决合同争议的途径   143

目 录

二、仲裁机构　　　　　　　　　　　　　　144
三、仲裁协议　　　　　　　　　　　　　　144
四、买卖合同中的仲裁条款　　　　　　　　145

第九章　服装进出口合同的商定与履行　　147

第一节　合同的磋商　　　　　　　　　　　148
一、磋商的含义及内容　　　　　　　　　　148
二、合同磋商的形式　　　　　　　　　　　148
三、合同磋商的程序　　　　　　　　　　　148
第二节　合同的签订　　　　　　　　　　　153
一、签订书面合同的意义　　　　　　　　　153
二、合同有效成立的条件　　　　　　　　　153
三、书面合同的形式和内容　　　　　　　　154
第三节　出口合同的履行　　　　　　　　　156
一、备货、报验　　　　　　　　　　　　　156
二、落实信用证　　　　　　　　　　　　　157
三、租船订舱和装运　　　　　　　　　　　158
四、制单结汇　　　　　　　　　　　　　　159
第四节　进口合同的履行　　　　　　　　　162
一、开立信用证　　　　　　　　　　　　　163
二、租船订舱　　　　　　　　　　　　　　163
三、办理保险　　　　　　　　　　　　　　163
四、审单付汇　　　　　　　　　　　　　　163
五、接货、报关与检验　　　　　　　　　　164
六、索赔　　　　　　　　　　　　　　　　164

第十章　服装进出口中的报关　　167

第一节　进出口货物报关单填制　　　　　　168
一、进出口货物报关单概述　　　　　　　　168
二、进出口货物报关单的填写　　　　　　　168

目 录

第二节　一般贸易进出口货物报关程序　　170
　　一、进出口货物的申报　　170
　　二、海关查验　　172
　　三、进出口货物的征税　　173
　　四、进出口货物的放行　　177
第三节　报关自动化　　178
　　一、我国电子报关的含义及其法律地位　　178
　　二、我国电子报关的申报方式　　178
　　三、电子报关作业流程及特点　　179

实训模块　　183

第一节　建立业务关系　　184
第二节　询盘　　187
第三节　出口报价操作　　190
第四节　发盘　　198
第五节　还盘　　202
第六节　成交签约　　206
第七节　催证、审证和改证　　211
第八节　备货、报检　　223
第九节　办理运输　　226
第十节　办理投保　　230
第十一节　报关　　233
第十二节　制单结汇　　237
第十三节　综合业务模拟　　251

参考文献　　255

第一章　绪论

- 第一节　我国服装国际贸易现状
- 第二节　国际贸易的基本概念
- 第三节　服装国际贸易的特点
- 第四节　服装国际贸易的基本做法及应遵循的法律法规

目的与要求

通过对我国纺织品、服装国际贸易现状的了解和服装国际贸易基本概念的学习，使学生能从总体上把握服装国际贸易的特点，理清本课程的体系结构及内容线索；掌握服装国际贸易的要素及流程；在此基础上确定从业人员的素质结构，从而明确学生知识、能力学习的目标。

重点与难点

服装国际贸易的基本业务流程；国际货物买卖合同及相关的概念和法律适用。

第一节 我国服装国际贸易现状

一、我国纺织品、服装贸易发展现状分析

纺织品、服装是我国各类出口商品中最为活跃的产品之一。自1994年以来，我国纺织品、服装出口已经连续多年居世界第一位。入世以后，随着纺织品、服装出口配额的取消，国内克制已久的生产能力进一步得到释放，我国纺织品、服装出口数量增长迅速。目前，我国纺织品、服装出口占到全球市场份额的三分之一，贸易伙伴遍布全球200多个国家和地区，为各国消费者提供了性价比高、品质上乘的纺织服装商品。2005～2011年我国纺织品服装出口额变化如表1-1所示。

表1-1 2005-2011年我国纺织品服装出口额变化

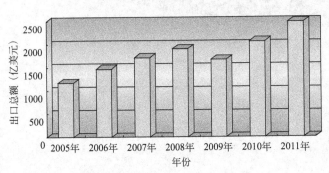

（资料来源：根据海关统计数据整理）

与此同时，中国纺织服装行业仍面临创新设计能力不强、自主品牌缺乏、出口价格优势逐渐削弱、国际市场营销渠道匮乏、企业对产业链高附加值环节控制力薄弱、议价能力不强等挑战，我国的纺织品、服装出口面临着巨大的内、外部压力。从总量上来看，2010年中国对全球纺织品、服装出口额分别达到770亿美元和1298亿美元，均名列世界第一，出口领跑地位短期内尚无任何国家或地区可以取代。但从市场份额角度来看，中国纺织品、服装出口优势面临着空前挤压。例如，2010年中国纺织品出口所占全球份额已经从2009年的28.3%下滑至26%；服装方面，虽然中国的全球市场份额2010年继续从2009年的34%上升至36.9%，但在美国市场，其2011年的市场份额却下滑近3个百分点，与之相对应的是，越南、孟加拉国等国的市场份额却节节攀升。随着人民币升值和国内生产成本上升，未来数年内中国纺织品、服装出口的价格竞争优势将继续被削弱，市场份额可能进一步下降。

分析我国纺织品、服装国际贸易的发展现状，针对当前我国服装贸易企业发展中的主要问题所在，选择切实可行的发展战略，对提升我国服装贸易企业国际竞争力，推动我国由世界纺织品、服装生产、出口大国向纺织品、服装强国迈进，具有现实的指导意义和长远的战略意义。

二、我国纺织品、服装贸易面临的主要问题

（一）外部问题

我国纺织品、服装贸易面临的外部威胁如下。

1. 欧美等发达国家的重重限制

配额取消以后，国外进行反倾销时可以"任意选择替代国"，反倾销操作程序更加简单，对我国造成的危害更大；"绿色壁垒"等"技术壁垒"提高了市场准入的门槛，直接影响到我国纺织品服装出口；SA8000（即"社会责任标准"，Social Accountability 8000 的简称）认证对我国目前纺织品服装企业生产经营状况，将构成很大的威胁；欧盟新"普惠制"标准使我国无法再享受"普惠制"关税待遇，导致我国纺织品服装市场进入的成本增加，这些不利因素对我国纺织品服装贸易所产生的负面影响是显而易见的。

2. 区域内部贸易实行优惠安排

区域内部贸易实行优惠安排的主要表现形式是关税优惠。区域内部贸易一般实行零关税，如美国对北美自由贸易区成员国、加勒比海国家、越南、约旦签订自由贸易的国家实行零关税，而对我国服装进口关税是0.5%，欧盟对其成员国也是实行如此的优惠安排。这势必会导致我国纺织品服装市场进入成本增加，严重地削弱我国纺织品服装国际竞争实力。

3. 其他服装出口大国的竞争压力

我国在世界纺织品服装市场上的主要竞争对手是印度、印度尼西亚、越南、巴基斯坦、土耳其和墨西哥等国家，这些国家具备较强的纺织品服装生产能力，配额取消后，这些国家将采取各种政策促进本国的纺织品服装出口。拿最大的竞争对手印度来讲，目前印度的纺织和制衣工业雇佣了3500万名员工，利润是其出口总利润的1/4，未来几年，印度将逐步完成500亿美元的纺织品服装出口目标，在全球市场上同我国进行全面竞争，必将导致全球加工能力过剩，利润空间缩小，技术竞争更加激烈。

4. 国际服装企业试图控制产业链上游

中国台湾宏碁创始人施振荣先生提出了现代制造业"微笑曲线"理论。他指出，现代制造业的价值链就像一个人在微笑一样，研发、设计和品牌营销、供应链管理、投融资等上下游环节的附加值大，盈利率高，而加工、组装、制造等中间环节则相反，附加价值低、利润微薄。而随着时间的推移，微笑曲线的两端翘得越厉害。所以对于制造业而言，应当努力向价值链中具有高附加值和高盈利率特性的上下游两端延伸。国际服装企业，尤其是发达国家的服装企业，正在加快收购我国纺织品服装生产企业或与其合作，试图加强控制产业链的上游，以获取高额利润，这也对我国服装贸易企业造成一定的威胁。

（二）内部问题

我国纺织品服装企业自身存在的问题如下。

1. 出口产品层次低，结构欠合理

长期以来，我国纺织品服装以"物美价廉"的产品形象参与竞争，以"以量取胜"获得第一大国的地位，市场竞争过分依赖劳动力成本较低的优势。虽然近年来我国纺织品服装出口注重产品质量的提高和结构的优化，但是到目前为止，我国出口的制成品大部分仍属于附加值低、加工程度低、技术含量低的劳动密集型产品，或者是粗加工或初加工产品，资本和技术密集型产品较少，出口产品结构仍然是较低层次的。面对当今国际市场日益走强的绿色壁垒等技术贸易壁垒，这种出口产品结构直接影响和制约着我国纺织品服装外贸企业国际竞争力的提升。

2. 出口市场相对集中，贸易风险大

目前，我国纺织品服装出口市场虽然呈现出多元化趋势，已由以往主要集中在欧盟、美国、日本、我国香港地区四大重要市场扩大到东南亚、中东、非洲和拉美等国家和地区，但出口市场依然相对集中，蕴藏着较大的市场风险，易受进口国经济因素和政治、军事等非经济因素的制约与影响。尤其是近年来欧美发达国家对我国纺织品服装出口施加层层限制，致使市场起伏大，不利于规避贸易风险。同时，也比较容易导致出口企业之间的低价竞销，使得纺织品服装出口很容易被进口国提起反倾销诉讼，给我国纺织品服装贸易企业带来惨重的经济损失。

3. 出口产品雷同，导致竞争加剧

我国有相当多的服装贸易企业规模较小，产品的经营也比较分散，主要依赖国外厂商定牌生产，或接受第三国中间商订单。这些企业的产品出口策略具有惊人的相似性，比如目标市场一致对外、采取低成本战略等。这种竞争战略的集中化导致企业对进口国的目标市场依赖性强、竞相压价出口的现象比较严重，一旦市场需求发生变化，企业很难及时调整营销组合，导致出口企业赢利能力下降，潜伏危机。而且，我国雷同产品在短期内大量低价涌入对方市场，必然与进口国当地产业发生严重的利益冲突，势必会遭受进口国诸如反倾销和特保措施等贸易壁垒，削弱我国产品出口竞争力。

4. 资本投入不足，导致利润率低

成本领先的竞争战略是企业在国际市场上取胜的重大举措之一。但我国一些服装贸易企业在追求成本领先战略的过程中，往往对品牌建设、产品营销和运营管理等领域的投入严重不足，形成了较低的营销成本和管理成本。低营销成本会导致出口企业很难建立起自己的国际市场的分销渠道和客户网络，主要依赖于其他国家的中间商来进入国际市场，或者为发达国家的厂商做订单，充当了这些国家和地区客商的加工厂，产品的大部分利润被侵害。此外，由于企业的低营销投入很难在国际市场上树立起良好的企业形象和品牌形象，难以建立起较好的消费者忠诚，致使企业只能延续并集中采取低成本战略，从而使竞争更为加剧，产业利润率低下。

三、提升我国服装贸易企业国际竞争力的战略选择

面对机遇与挑战，我国纺织品、服装企业必须认真分析配额取消所带来的机会和外部威胁，发挥自身优势，采取正确的竞争战略，全面提升我国纺织品服装在国际市场上的竞争实力，努力建立和维持全球纺织服装行业市场领先地位。

（一）实施名牌战略，注重品牌创新

长期以来，我国纺织品、服装出口增长，主要以劳动密集型产品、加工贸易产品为主，由于缺少自主品牌、核心技术和营销网络等核心竞争力，致使我国服装贸易企业在全球价值链分工中处于低端位置，利润分配极低。在国际市场上，生产环节创造的增加值仅占30%，70%的增加值来自于以名牌产品为标志的研发和营销环节，名牌的增值效应更加明显。在价值链的主要环节（研发、加工制造、营销）中，我国只在中间环节——加工制造环节占优势，两端环节均处于劣势，而恰恰在上端的研发和下端的营销环节获利最高。我国服装贸易企业缺乏自主品牌和营销渠道，仅靠廉价出卖资源和劳动力，获得的贸易利益甚微。因此，实施"名牌战略"，提升产品技术含量，获得高层次的价值增值，走内涵式增长的名牌发展之路，应是外贸服装企业形成核心竞争力的必由之路。

（二）实施多元化战略，国内外市场并重

推进对外贸易市场多元化首先是为了改善我方的市场地位，增进我方的利益。一个企业、一个国家在国际经贸利益分配格局中的地位取决于其议价能力；在国际市场上的议价能力既取决于交易双方的实力，也取决于市场结构。买卖双方无论哪一方，竞争对手越多，其议价能力也就越弱。国际贸易经常与国家之间的政治乃至军事角逐纠缠在一起，因此经常被用作国际政治和军事工具，推进国际贸易市场多元化还有助于国家经济安全乃至军事安全。

实施市场多元化战略，既要注意国际市场多元化与集中化的协调与均衡，更要高度关注国内外市场兼顾和并重。就我国纺织品服装的最终出路而言，80%在国内市场。13亿收入不断增长的人口的需求就是我国纺织品服装业发展的原始动力所在。因此，国内市场实际上重要于国际市场，重要性还将进一步上升。此外，纺织品服装还具有另一种产品特性，即为一种文化载体。因此，越是本土的、民族的产品（尤其是

一个经济实力不断上升的民族），就越有生命力。比如，我国生产的西服难敌欧美，但生产的旗袍、唐装以及由此演变而来的服饰就具有绝对优势。

（三）强化行业协会的职能与作用

一是加强行业自律，避免恶性竞争。行业协会通过建立规范性的保障和约束机制，制定业内信息沟通机制和产品的价格协调制度，使出口产品的价格维持在一个合理的幅度内，保证服装贸易企业有一定的利润空间，避免招致反倾销诉讼，并通过建立有效的纺织品服装出口预警和监测机制，协调、规划行业内企业的市场竞争行为，加强行业自律，避免恶性竞争，规避国际贸易争端。

二是加强对外沟通，减少反倾销诉讼。欧美国家认定中国非市场经济地位的一个重要因素是政府控制企业。通过行业协会出面解决贸易争端，有助于改变这一被动局面。根据WTO秘书处提供的资料表明，向WTO正式通知的反倾销案件中，有一半以上的案件，经贸易争端双方沟通和磋商得到了解决，而没有导致反倾销诉讼。行业协会通过加强对外沟通，积极与国外支持自由贸易的行业协会合作，通过他们向相关政府部门进行游说，不仅能减少反倾销诉讼而且能收到事半功倍的效果。

三是促进企业合作，提高国际竞争力。行业协会从建立之时起，就以非营利性、自律性和服务性为宗旨，充分发挥行业自律、会员企业自我服务、自主管理的功能，为会员企业之间的沟通和交流提供平台，为会员企业提供各种服务，促进会员企业更新理念，不断创新，促进企业"合作竞争"，发挥各会员企业的竞争优势，实施"品牌创新"，提升企业的国际竞争力。

四是公开保护本行业企业的合法权益。行业协会主要利用法律手段和市场手段解决问题。一方面，能培养行业内部企业的市场竞争意识和竞争能力；另一方面，有利于和诉讼外方建立公平畅通的对话协商渠道，争取本行业企业的市场经济地位，在世贸组织法律框架下，公开保护本行业企业的合法权益，具有政府不可替代的功能作用。此外，行业协会还能引导本行业企业针对不同形式的贸易壁垒采取不同的对策，运用WTO争端解决机制规避国际贸易壁垒，不断提升企业自身的国际竞争实力，推动我国由世界纺织品服装生产、出口大国向纺织品服装强国迈进。

第二节　国际贸易的基本概念

一、国际贸易与对外贸易

国际贸易亦称"世界贸易"，泛指国际间的商品、服务和技术的交换。国际贸易在奴隶社会和封建社会就已发生，并随生产的发展而逐渐扩大。到资本主义社会，其规模空前扩大，具有世界性。

对外贸易是指国际贸易活动中的一国（或地区）同其他国家（或地区）所进行的货物、服务和技术的交换活动。对外贸易是从一个国家（或地区）的角度去看待它与其他国家或地区的产品与劳务的贸易活动。

国际贸易由各国（地区）的对外贸易构成，是世界各国对外贸易的总和。

二、贸易差额

贸易差额是一国在一定时期内（如一年、半年、一季、一月）出口总值与进口总值之间的差额。当出口总值与进口总值相等时，称为"贸易平衡"。当出口总值大于进口总值时，出现贸易盈余，称"贸易顺差"或"出超"。当进口总值大于出口总值时，出现贸易赤字，称"贸易逆差"或"入超"。通常，贸易顺差以正数表示，贸易逆差以负数表示。一国的进出口贸易收支是其国际收支中经常项目的重要组成部分，是影响一个国家国际收支的重要因素。

三、有形贸易与无形贸易

有形贸易即指货物贸易。国际货物贸易指国际间的货物买卖交换活动。国际贸易中的货物种类繁多，为了便于统计和分析，联合国秘书处于1953年公布了《国际贸易标准分类》，把国际货物贸易共分为10大类。这10类商品分别为：食品及主要供食用的活动物（0）；饮料及烟类（1）；燃料以外的非食用粗原料（2）；矿物燃料、润滑油及有关原料（3）；动植物油脂及蜡（4）；未列名化学品及有关产品（5）；主要按原料分类的制成品（6）；机械及运输设备（7）；杂项制品（8）；没有分类的其他商品（9）。在国际贸易统计中，一般把0到4类商品称为初级产品，把5到8类商品称为制成品。

无形贸易是指非实物形态的国际服务和技术贸易。通常不办理海关手续，不在海关的进出口统计中反映出来，而是在国际收支平衡表中反映出来。

四、直接贸易、间接贸易和转口贸易

1. 直接贸易

商品生产国与消费国不通过第三国而直接买卖商品的行为。直接贸易的双方直接谈判，直接签约，直接结算，货物直接运输。

2. 间接贸易

商品生产国与消费国通过第三国而间接进行的货物买卖行为。对生产国来说是间接出口，对消费国来说是间接进口，对第三国来说是转口贸易。间接贸易有些是由于政治方面的原因，有些是由于交易双方的信息不通畅而形成的。

3. 转口贸易

是指国际贸易中进出口货物的买卖，不是在生产国与消费国之间直接进行，而是通过第三国进行的贸易。转口贸易可以直接运输，也可以间接运输（关键是参与交易过程本身）。第二次世界大战后转口贸易在中国香港、新加坡、日本等地发展甚为迅速，并成为这些地区对外贸易的一个重要组成部分。

转口贸易对中间商所在国而言，一般必须具备两个条件。

（1）自然条件　即中转国的港口必须是深水港、吞吐能力强、地理位置优越，处于各国之间的交通要道或国际主航线上。

（2）人为条件　要求中转国对中转地采取特殊的关税优惠政策和贸易政策，如自由港、自由贸易区等，使中转费用不致过高。同时，要求该地的基础设施、交通、金融和信息等服务系统发达且完备，以利于转口贸易的进行。

五、对外贸易与国际贸易商品结构

1. 对外贸易商品结构

对外贸易商品结构是指一定时期内一国进出口贸易中各种商品的构成，即某大类或某种商品进出口贸易与整个进出口贸易额之比，以份额表示。一国对外贸易商品结构可以反映出该国的经济发展水平、产业结构状况、科技发展水平等。

2. 国际贸易商品结构

国际贸易商品结构是指各种类别的商品在整个国际贸易额中所占的比重，通常用它们在世界出口总额或进口总额中的比重来表示。它反映了世界的经济发展水平、产业结构和科技水平。第二次世界大战后，国际贸易商品结构发生了重大的变化，工业制成品所占的比重逐渐上升，初级产品比重日趋下降。

六、对外贸易与国际贸易地理方向

1. 对外贸易地理方向

对外贸易地理方向又称对外贸易地区分布或对外贸易国别结构，是指一定时期内世界各国、各地区、各国家集团在一国对外贸易中所占的地位，通常以它们对该国的进出口额占该国进出口额的比重来表示。对外贸易地理方向表示了一国出口商品的去向和进口商品的来源，从而反映一国与各国、各地区、各国家集团之间经济贸易联系的程度。

2. 国际贸易地理方向

国际贸易地理方向也称国际贸易地区分布，是指一定时期内世界各国、各洲、各国家集团在国际贸易中所占地位，通常用它们的出口额或进口额占世界出口总额或进口总额的比重来表示。

七、贸易条件

贸易条件是指一个国家在一定时期内出口商品价格与进口商品价格之间的对比关系，反映该国的对外贸易状况，一般以贸易条件指数表示：

$$贸易条件指数 = (出口价格指数/进口价格指数) \times 100$$

如果该指数大于100，则说明该国的该年度贸易条件得到改善；如果小于100，则说明该国该年度贸易条件恶化。

八、对外贸易依存度

对外贸易依存度是衡量一国国民经济对进出口贸易的依赖程度的一个指标。它是指一个国家在一定时期内进出口贸易额与该国同期国民经济生产总值的对比关系。外贸依存度越大，表明该国对国际经济的依赖程度越深，同时依存度也表明对外贸易在该国民经济中的地位与作用。外贸依存度可以分为出口依存度和进口依存度。出口依存度指一国在一定时期内的出口贸易额占GNP或GDP的比重，进口依存度指一国在一定时期内的进口贸易额占GDP或GNP的比重。

$$对外贸易依存度 = 对外贸易额/GDP（或GNP）\times 100\%$$

由于各国经济的发展水平不同，对外贸易政策也存在差异，同时国内市场大小也不同，导致各国的对外贸易依存度有较大的差异。

第三节 服装国际贸易的特点

服装国际贸易具有既不同于国内贸易，也有不同于一般国际贸易的许多特点，其交易环境、交易条件、贸易做法及所涉及的问题，都复杂得多，其特点主要表现在下列几方面。

一、线长面广，中间环节多

在服装国际贸易中，交易双方相距遥远，买卖双方经常不直接见面，增加了交易的难度；距离遥远，对交易伙伴的资信调查困难，增加了交易的风险；距离遥远，需办理长途运输，但如何选择合适的运输方式并避免支付高额运费又是一个棘手的问题，因为有时长途运费比货值还高；距离遥远，长途运输中会存在很大风险，这就需要办理保险，支付高额保费，选择保险险别、保险公司等又是一门学问。这一系列的问题都增加了交易的复杂程度。

在交易过程中，包括许多中间环节，涉及面很广，除了双方当事人外，还涉及各种中间商、代理商以及为国际贸易服务的商检、仓储、运输、保险、金融、车站、港口、海关等部门，任何一个部门、一个环节出了问题，就会影响整笔交易的正常进行。如：出口方将服装商品交到船上后，船务公司对货物外观状况进行检查，如存在外包装不良的情况，船务公司就要签发"不清洁提单"，从而影响出口方安全收回货款。

二、环境复杂

服装国际贸易的交易双方处在不同的国家和地区，各国的政治制度、法律体系不同，文化背景互有差异，价值观念也往往有别，在洽商交易和履约过程中，涉及各自不同的政策措施、法律规定、贸易惯例和习惯做法，情况千差万别，错综复杂。如语言文化环境，包括：使用的语言、宗教信仰、风俗习惯等。政治法律环境，包括：政府重要的经济政策、贸易政策、法规（如关税、配额、税收、外汇限制、卫生检疫、安全条例等）。经济环境，包括：世界经济大环境以及贸易伙伴的经济结构、经济发展水平、发展前景、就业、收入分配状况等。

随着经济全球化的深入发展，我们面临的国际环境越来越复杂，国际上的贸易保护主义的新花样不断，出现了一些新的动向，比如现在的绿色标准、技术标准、劳工标准，社会责任标准等技术壁垒；国际贸易规则层出不穷，贸易纠纷也呈现了上升的趋势，同时针对中国的贸易保护主义已经从传统的反倾销，向反补贴、保障措施和制度歧视性方面发展。当前，在金融危机以及各国争相推出经济刺激措施的背景下，全球贸易保护明显抬头，世界各国政府在不断高筑贸易壁垒。例如，美国在对待我国输出的纺织品上，为了转移金融危机带来的压力，除了压价之外，还通过提高技术测试标准等非价格手段极力将市场风险转嫁给我国纺织出口企业，使得贸易环境更为复杂。

三、风险大

主要包括：政治风险、经济风险和运输风险。

1. 政治风险

政治风险是指政策法律变化、政治局势变动。进出口企业从接单、加工到交货，通常要经过2～3个月的时间，如果频繁调整进出口政策，就会给进出口企业带来不确定因素，增加其经营风险。

2. 经济风险

经济风险主要包括：交易对方信誉不佳带来的风险、价格变动的风险和汇率变动的风险。签约后出方不交货，不按时交货，就会给进口方带来经济损失，尤其是服装贸易，因服装的季节性很强，错过销售旺季就会造成商品的积压和降价；另一方面，出口方交货后进口方不付款或不及时、足额付款，就会给出口方带来经济损失。因此，签约前要对交易伙伴的资信状况进行认真调查，以降低交易风险。

国际市场上商品价格瞬息万变，签约后如果价格上涨，出口方就要蒙受经济损失，如果价格下跌，进口方就要蒙受经济损失。

另外，汇率的变化也会使进出口方承担一定的风险。如果签约后计价货币汇率上升，进口方就要为此多支付本币；如果计价货币汇率下跌，出口方就要蒙受货币贬值的损失。纺织行业一直是我国出口创汇的支柱行业，行业出口依存度高达50%。加上我国出口纺织品附加值低，降价空间小，因此，人民币升值对纺织服装企业的冲击显而易见。据估算，对于以美元计价的进出口企业来说，人民币每升值1%，纺织服装业的销售利润率下降2%～6%；升值5%～10%，利润率下降10%～60%；出口依存度较高的服装行业影响更大。因此，在谈判、签约的过程中，双方应谨慎选择计价货币，回避汇率变动的风险。

3. 运输风险

运输风险是指在远距离的运输过程中，可能遇到各种自然灾害、意外事故和各种其他外来风险。自然灾害包括恶劣气候、雷电、地震、海啸、洪水或火山爆发等；意外事故包括船舶搁浅、触礁、碰撞、爆炸、火灾、沉没、船舶失踪等；外来风险包括偷窃、渗漏、碰损、破碎、锈损、沾污、串味、雨淋、受潮、受热以及海盗劫货、战争、罢工、敌对行为等。为了回避运输风险，我们往往会选择向保险公司投保国际货物运输险。

四、竞争激烈

在服装国际贸易中，一直存在着争夺市场的激烈竞争，有时甚至达到白热化的程度。竞争的形式表现为商品竞争、技术竞争和市场竞争。

在积极参与国际分工合作的过程中，我国劳动力资源丰富的比较优势得到充分的发挥，加工制造水平稳步提高，以消费品为代表的部分商品已具备了较强的国际竞争力，在世界市场上占据了重要份额，已经成为世界产业链上的重要一环，出口商品和贸易主体结构逐步优化，出口大国的地位日益稳固。但是，我们虽然是一个贸易大国，却不是一个贸易强国。在规模迅速扩张的同时，出口增长的质量不高已成为外贸发展面临的重要问题。中国的纺织品、服装、皮革产品的国际市场份额，都在全球占到了第一位，但是它的国际竞争力仅分列为第12位、第30位和第13位。自主发展能力不强说明我们出口商品的竞争力还不是很强。

出口商品的竞争力不强还表现在自主品牌建设薄弱，我们很多出口产品缺乏自主品牌。据统计，现在我们出口的商品中，拥有自主品牌的不到10%，现在大家在国外旅行，到处都可以看见中国制造的商品，但是很少有中国自己品牌的商品由中国制造在国外销售，很多的服装，产自于中国，但是使用国外的商标和品牌。我们贴牌生产（或者说加工贸易）所占的比例比较大，对于我们稳定和协调发展对外贸易是极为不利的。

竞争的形式表现为商品竞争、技术竞争和市场竞争，但归根到底，竞争的实质还是人才的竞争。因此，我们必须提高竞争意识，提高国际贸易人员的整体素质，才能增强竞争能力，在国际市场竞争中立于不败之地。

五、极强的季节性和时效性

除了传统的衬衣、内衣等品种外，服装的季节性非常强，其中外衣更明显。除了传统的衬衣、内衣品种以及男式西装之类长线产品外，服装的时效性也很强。这就使得服装交货期问题显得非常敏感，对于服装进口方来说，如交货期计划不周，或出口方交货期延误，将可能使进口商进口的服装不能如期投入市场，错过销售旺季。

因此，服装进口商除了需要非常谨慎地计划、要求出口方交货的期限外，还需要时时关注出口方是否如期装运。出口方也应注意制订合理的跟单计划，及时备货，按期交货。装运延误时会严重影响双方的关系，还可能遭到进口方的索赔。

六、小批量多品种的市场需求

服装小批量多品种的市场需求越来越成为不变的法则。一笔交易可能会涉及多个品种，每个款式可能会有很多份订单，每份订单可能涉及少则十几件多则成百上千件的数量，涉及少则两三个多则数十个左右的尺码，以及少则一两种多则七八种不同的颜色搭配。成交以后，任何一个环节的失误（如算错料、定错料、投错料或用错料等）都将带来直接的经济损失，可能会延误交货期，导致客户索赔。

七、不够稳定的服装面料质量

织造面料所用纱线的质量、织造工艺与水平、毛坯布的质量、染色整理的工艺与水平等都会影响面料的质量。从纤维或长丝到最后的成品布要经过许多工序，每一工序的工艺水平和管理工作的好坏都会影响面料的质量。在不少服装出口贸易中，国产面料质量的不稳定已经严重影响了出口合同的顺利履行。因此，在外贸跟单工作中，面料进服装厂前质量的监控往往成了有关人员需要关注的重点之一。

除此之外，由于服装本身的特点，从面料检验到服装成品检验，很多指标要依赖主观检验。因此，检验人员的实际操作和主观判断上的差异可能会导致不同的评定结果，这往往是导致贸易争议的原因之一。另外，随着沿海地区的经济发展，商务成本正不断上升。不少出口商为了降低成本，把服装加工的订单下到了较为"边远"但劳动力等成本较为低廉的地区的工厂。这也无疑会增加服装出口跟单人员的工作强度和难度。

服装国际贸易所具有的光明前景将引导越来越多的企业和个人投身这个领域，但其复杂性势必给服装国际贸易带来一定的操作难度和风险。因此，服装国际贸易从业人员应该对服装的基本情况，诸如服装分类方法、服装的纸样和衣片、服装的测量部位以及服装的生产工艺和流程有一定的了解，并且应该知道有关的英语表达方式，以便和外方做更好的交流。此外，还应该熟悉服装出口的基本流程，具备审核外方所提供的物品及单据的能力，知道合同条款的磋商中应该考虑的问题，并且掌握合同履行过程中处理具体问题的方法等。

第四节　服装国际贸易的基本做法及应遵循的法律法规

一、服装国际贸易的基本做法

不管是进口业务，还是出口业务，都包括：交易前的准备阶段、合同磋商阶段、交易签约阶段和交易履约阶段。服装国际贸易是以国际服装商品买卖合同为中心进行的，尽管业务程序繁多、涉及面广，但中心环节就是交易合同的商订和履行。因此，交易合同的商订和履行也是本教材的核心内容。

（一）出口业务的一般做法

就出口业务而言，出口贸易的业务程序很多，而且各个程序之间往往相互交叉。在贸易实践中，一笔买卖就是一笔交易，所以贸易程序又称交易程序。出口贸易的业务程序如下。

1. 出口交易前的准备阶段

在出口交易前，除了落实好出口货源、了解和掌握我国及有关国家贸易方面的方针、政策、贸易方式、贸易惯例和贸易措施外，出口商还必须在详细了解目标市场和目标商品的基础上，选择好交易对象，并掌握交易对象的资信状况和经营能力等。具体包括以下几点。

（1）申领出口许可证

我国对于一些特殊商品、敏感性商品的出口，如：濒临灭绝的动、植物产品，实行许可证管理。根据《中华人民共和国对外贸易法》和《中华人民共和国货物进出口管理条例》，凡是列入《××××年出口许可证管理货物目录》的商品，出口必须申领许可证。

2009年实行出口许可证管理的货物共50种。其中，涉及纺织品服装商品的，主要是棉花和蔺草及蔺草制品。

（2）落实货源，做好备货

这是进出口企业根据合同或信用证的规定，向有关企业或部门采购和准备货物的过程。目前在我国有两种情况：一种是生产型企业；另一种是贸易型企业。如果是生产型企业，备货就是向生产加工或仓储部门下达生产联系单，要求该部门按联系单的要求，对应交的货物进行清点、加工整理、包装、刷制唛头以及办理申报检验和领证等工作。生产联系单是进出口企业内部各个部门进行备货、出运、制单结汇的共同依据。如果是外贸公司，该企业没有固定的生产加工部门，那么就要向国内有关生产企业联系货源，订立国内采购合同。

（3）市场调研

对国际市场进行调研主要包括两个方面的内容。

① 国别调研。即以一定地区的某个国家为调研对象，主要调查了解其政治情况、经济情况、对外贸易的现状及发展趋势、贸易政策手段、货币和支付情况、运输情况以及经济法律和贸易法规、惯例等。国别调研以政府部门为主，企业为辅进行。此外，还要了解掌握自然情况、宗教信仰、风俗习惯等方面的情况。

② 商品市场调研。即调查一定种类商品在国外市场的生产、消费、贸易、价格和主要进出口国家等情况。主要包括：商品的特点；商品的生产、消费和国际贸易情况；商品的供求关系、竞争状况、垄断程度和价格动态等；商品的运输条件，如港口及设备、港口惯例和对外运输航线等。

（4）选择交易对象

选择合适的交易对象，这是做好出口贸易的关键。为此，在选定最有希望的目标市场后，紧接着就要从这个市场寻求合适的交易对象，即国外进口商。寻求交易对象的方式有多种，可以自己直接物色，也可以通过第三方介绍或者是依据国外发行的工商名录发函联络。在寻求和选择过程中，主要是对客户的以下情况进行调查和了解。

① 客户的政治情况。主要调查了解客户的政治背景及其与政界的关系，对我国的政治态度等。

② 客户的资信情况。即调查客户拥有的注册资本、营业额和信用等方面的内容。其中信用调查尤为重要，重点在于客户的品质、能力和资本。

③ 客户的经营能力。主要包括客户的业务活动能力、融通资金能力、贸易关系和经营销售网络及其做法等。

④ 客户的业务范围。即指客户经营的商品种类、经营的性质以及是否同我国做过交易等。

⑤ 客户的业务性质。即客户的公司是中间商，还是实际用户或专营商或兼营商等。

调查和了解客户上述情况，主要有两大途径：一是直接途径，即通过实际业务接触和交往活动（如举办交易会、展览会、技术交流会）从中考察和了解客户；二是间接途径，主要是通过银行、驻外机构以及各国的促进贸易组织和报刊等途径获取上述情况。

（5）拟定出口经营方案

为了更有效地做好出口交易前的准备工作，使对外合同磋商有所依据，还要事先制定出口商品经营方案，以保证出口经营意图的贯彻实施。出口商品经营方案应包括以下几项主要内容。

① 商品和货源情况。主要包括商品的规格、品质、包装、国内生产能力、最大可供出口量以及库存情况等。

② 国外市场情况。主要包括国外市场需求情况、价格水准、主要进口国的交易情况以及今后发展变化趋势。

③ 出口经营情况。主要包括一定时期内商品出口成本、盈亏率、创汇率以及存在的问题，并根据上述

情况进行综合分析，提出经营的具体意见和安排。

④ 经营计划安排。主要包括对某国或某地区的出口商品销售量、销售金额和前景分析。

⑤ 对经营计划采取措施。包括对客户、贸易方式、收汇方式的选择，花色品种的搭配方法以及掌握制定价格、佣金和折扣的原则和方法等。

此外，还应做好对出口商品的广告宣传工作。

2. 出口合同磋商阶段

出口合同磋商是买卖双方就主要交易条件进行洽谈以达成一致的阶段。出口合同磋商一般应经过：询盘、发盘、还盘和再还盘、接受四个主要环节。询盘是准备购买或出售商品的一方当事人向潜在的供货商或进口商询问该商品的成交条件或交易可能性的行为；在收到对方的询盘后，对询盘进行答复，称为发盘；收到发盘的一方如果对发盘中的交易条件表示不完全同意，就会做出还盘；最终，一方当事人接受了另一方的条件，表示完全同意对方的交易条件，即为接受。

合同磋商可采取口头形式（如电话、邀请对方面谈、参加交易会等）或书面形式（如信函、电报、传真、电子邮件等形式）；实际业务中，还会有口头和书面相结合的形式。

合同磋商的内容：买卖双方的主要交易条件（如出口货物的品名、品质、数量、包装、运输、保险、价格、支付方式等）以及一般交易条件（如商品的检验、索赔、仲裁、不可抗力等内容）。

3. 出口销售合同的签订阶段

买卖双方经过合同磋商，就交易条件达成一致后，即可以合同条款的形式确定下来，一般以书面形式予以确定。在出口贸易中，合同多由卖方提供，即"售货合同"（sales contract），卖方签订合同一式两份，签字盖章后交买方会签，买方会签后会退回一份供卖方存档。合同内容即为双方在合同磋商过程中达成的各项交易条件。

4. 出口合同的履行阶段

出口合同经买卖双方当事人签字生效后，即成为约束买卖双方行为的一项基本法律文件。因此，买卖双方都应根据合同的规定，各自履行合同义务。就出口商而言（以CIF条件达成的合同为例），其履行的责任和义务主要包括：申请和领取出口许可证、备货、验货、发货、催证、审证和改证、租船订舱、报关、投保、制单结汇等。大致可归纳为：货、证、船、款四个重要环节。

① 所谓"货"，是指备货、验货、发货。出口商要按照合同要求按时将应交付的货物备妥待运，并向商检部门报验，在取得检验合格证书后，才能装运出口和凭此报关。

② 所谓"证"，是指催证、审证、改证。当买方未按合同规定的要求及时开来信用证时，卖方应催请买方开证，以便有充裕的时间备货；卖方收到买方开证行开来的信用证后，应对照合同条款认真核对和审查；若发现有不符之处或卖方不能接受的条款，应及时通知买方进行修改，直至符合合同规定的要求为止。

③ 所谓"船"，是指租船、订舱、装船报关。卖方应按照合同规定的要求，及时租船订舱，并按时将符合合同规定的货物装船以获取清洁提单，同时还要办理有关的报关手续。货物装船后，还应及时向买方发出装船通知，以便买方做好付款、赎单、收货的准备。

④ 所谓"款"，是指制单结汇。即按合同要求缮制各种单据。做到"单单相符，单证相符"，并在信用证规定的有效期限内向当地议付行议付结汇，收取货款。

出口交易的一般程序见图1-1。

（二）进口业务的一般做法

就进口业务而言，是同出口贸易相对应的贸易行为，两者并无本质的区别，都要依据国际贸易法律规则和贸易惯例进行。进口贸易业务程序和出口贸易业务程序一样，也分为交易前的准备、合同磋商、签订合同、履行合同四个阶段。但是，由于买卖双方在交易中所处的地位不同，所以进口业务与出口业务在各交易阶段的业务内容也就不同。其基本程序如下。

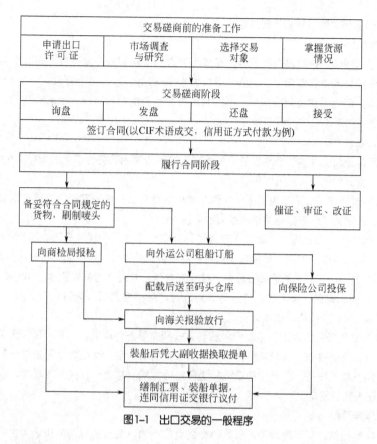

图1-1　出口交易的一般程序

1. 进口交易前的准备阶段

（1）申领进口许可证

在我国，有许多商品是不能直接进口的，需要根据国家的有关规定，在进口这些商品之前申领进口许可证。申领进口许可证的步骤如下：首先，进口商应该向外经贸部门的发证机关提出申请报告。报告内容要包括将要进口的货物的名称、规格、数量、单价、总金额、进口国别、贸易方式、出口商名称等信息。在申请许可证的同时，还应该附有相关的证件和材料，如相关主管部门的批准文件等。其次，在发证机关审核通过申请材料之后，进口商还要填写"中华人民共和国进口许可证申请表"。最后，发证机关在进口商递交申请表规定工作日内，签许可证。进口商可以凭此许可证办理进口报关和银行付款手续。进口许可证自签发日起一年内有效，如果一年之内进口商没与出口商签订合同，则此许可证作废，如需进口要重新申请。如果是已签订合同但一年内货物没有实际进口，可以持签订的合同到发证机关申请延期。

（2）对国内外市场的调研

在进口交易之前，进口商必须对国内外市场进行充分的调研，才能确保进口交易的顺利进行，并实现预期的经济收益和社会效益。因为同国内贸易相比，进口贸易具有更大的风险性。在绝大多数情况下，进口商不仅承担着在国际市场上采购进口商品所面临的一系列风险，还承担着在国内市场上销售该产品的风险。

进口交易前的市场调研，是进口商在进口贸易准备工作中面临的首要任务，一般而言，应围绕着以下信息的获取来展开：

① 国内市场上该产品的需求情况和用户信息；

② 主要生产国和主要生产厂商的供应情况；

③ 拟进口商品的国际市场价格水平和具体质量标准；

④ 与进口该产品相关的政策和管理规定等。

（3）选择交易伙伴

对出口商资信的调研。在进出口贸易中，尽管出口方的信用问题不像进口方那么重要，进口方的风险也相对小一些，但如果出口方信用差，也会给进口方带来一定的风险。比如出口方在收到订金后企业倒闭了，无法履行合同。因此，在合同磋商前，必须对出口方的资信进行调研，了解其品行、能力和信用。调研的途径与出口业务中对进口方的调研途径一样。

（4）拟定进口经营方案

进口经营方案是进口企业为进口业务的开展而制定的经营意图和各种措施的安排，也是对外洽商交易，采购商品的依据，主要包括以下几方面内容。

① 进口数量和时间安排。要根据国内、外两个市场的情况进行统筹安排，既要争取有利的成交数量和良好的采购时机，又要为合理安排运输创造有利的条件。

② 采购地区的安排。根据国别（地区）政策和国外市场条件，合理选择进口国别（地区），既要考虑比价上的因素，又要考虑政治关系。尽量减少从对我逆差国家的进口，以有利于贸易收支的平衡。

③ 交易对象的选择。要尽可能选择资信好、经营能力强，并对我方友好的客户作为交易对象。

④ 进口商品价格的掌握。确定进口商品的计划价时，应根据国际市场近期价格水准及价格变化趋势，并结合采购意图，拟定初步价格，以作为正式洽商的依据。

⑤ 贸易方式及交易条件的确定。采取何种贸易方式和交易条件成交，不可一概而定，应根据采购商品的数量、品种特点、成交对象、经营意图和贸易习惯做法酌情而定。比如大批量进口一般性商品，可采用单边贸易方式；购进机械设备，多采用招标和补偿贸易的方式。总之，在经营方案中，应对采取的贸易方式和交易条件做出大致的规定。

2. 进口合同磋商阶段

与出口合同磋商相似，所不同的是，所处的交易地位不同。在当前以买方市场为主的国际市场上，进口方容易找到出口方，一般处于主动地位。因此，在进口合同磋商中，进口方应特别注意做好比价工作。利用多家出口商的发盘，摸清市场行情，并利用出口商之间的竞争，研究对策，从而择优选出理想的交易对象。

3. 进口交易签约阶段

进口交易的签约与出口交易的签约过程相同，包括询盘、发盘、还盘和再还盘、接受四个环节。

4. 进口合同的履行阶段

履行进口合同是进口交易的最后阶段，它直接关系到一笔交易能否圆满完成。我国的进口业务，大多采用FOB条件和信用证支付方式成交。在这种条件下的合同的履行，主要包括开立信用证、租船订舱、催货、办理保险、买汇赎单（付款）、接货、报关、报验、拨交和索赔等，亦可以归纳为：证、货、船、款四个重要环节。

① 所谓"证"，是指开证。买方在履行进口合同时，第一个环节就是要按照合同规定填写开立信用证的申请书，向银行办理开立信用证的手续。

② 所谓"货"，是指催货、接货。为了避免发生船货脱节，买方应随时了解卖方的动向，及时催促卖方按时装货。买方在审单、赎单、付汇后，就应着手准备接货。货物抵达目的港后，买方就要报关、验收和提交货物。

③ 所谓"船"，是指租船订舱。履行FOB进口合同，租船订舱由买方负责。买方要按合同规定的要求，及时租船订舱。

④ 所谓"款"，是指买汇赎单。进口合同在付款方式上，一般采用信用证支付方式。当开证行收到国外议付行寄来的汇票和货运单据后，核对无误，即由银行付款。同时，买方用人民币按照国家规定的折算牌价向银行买汇赎单。

进口交易的一般程序见图1-2。

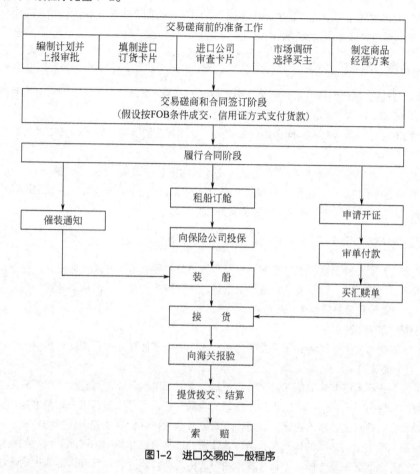

图1-2 进口交易的一般程序

（三）贸易方式

贸易方式是指进出口贸易（国际贸易）中采用的各种方法，或者说是国际间商品流通的做法和渠道。在对外贸易活动中，每一笔进出口交易都是通过一定的贸易方式来进行的。目前，世界各国进行国际贸易的主要方式有：经销、代理、寄售、展卖、投标、招标、拍卖、期货交易、对销贸易等。随着国际贸易的发展，贸易方式也在不断发生变化，我们应当灵活地运用各种不同的贸易方式，并注意多种贸易方式的结合和替代，通过积极参与国际贸易，促进我国经济的发展。

二、国际贸易应遵循的法律法规

国际贸易既是一项经济活动，也是一项法律活动。作为一项法律活动，在贸易的过程中，到底应该遵循哪些法律、法规和行为规范呢？

（一）国内法

达成和履行国际货物买卖合同，必须符合法律规范，才能受到法律保护。但买卖双方所在国的法律不同，一旦发生争议，到底应按哪国的法律作为依据呢？不同的国家有不同的规定，有的规定适用缔约国的法律，有的规定适用履约国的法律，双方也可以约定适用第三国法律。一般双方在国际贸易签约时，就明确规定：到底应适用哪国的法律，双方应遵照执行。如"本合同适用《中华人民共和国涉外经济合同法》"。如果当事人未在合同中作出规定的，则在发生争议时，由受理合同争议的法院或仲裁院视交易的具体情况认定以"与合同有最密切联系的国家"的法律进行处理。

（二）国际条约

"国际条约"是两个或两个以上主权国家为确定彼此的政治、经济、贸易、文化、军事等方面的权利和义务而缔结的，诸如：公约、协定、议定书等各种协议的总称。

目前，与我国对外贸易有关的国际条约，主要是：我国与其他国家缔结的双边或多边的贸易协定、支付协定、贸易议定书。

其中，《联合国国际货物销售合同公约》是与我国货物贸易关系最大的、最重要的一项国际条约。再如：《国际铁路货物联运协定》、《国际集装箱安全公约》、《国际纺织品贸易协定》、《设立国际纺织品和服装局的安排》等有关国际经济合作及纺织品服装贸易方面的条约。

（三）国际贸易惯例

国际贸易经过长期经验积累和近百年来各国学术界、贸易界、法律界人士的研究、完善，已经形成了一整套关于国际贸易的规范，以及有关的法律、法规、惯例等系统知识，供从事外贸的人员参考使用，即国际贸易惯例，也是国际贸易应遵循的规范。

1. 国际贸易惯例的概念

国际贸易惯例是指在国际经济和贸易交往的长期实践中约定俗成并被反复使用的习惯做法、先例和原则，也称为"统一原则"。

国际贸易惯例并不具有普遍的约束力，从事贸易的双方当事人可以采用，也可以不采用；可以采用某一惯例，也可以采用另一惯例；可以采用某一惯例的全部内容，也可以选择某一惯例中的部分规定；是否采用，怎样采用，均由双方当事人决定。但是，当双方当事人在他们订立的国际货物买卖合同中采用了某项国际贸易惯例来确定他们之间的权利和义务时，该惯例即具有法律约束力和强制力。如果双方当事人在签订的合同中没有规定使用某一国际惯例，发生冲突和纠纷时，国际仲裁厅和国际法庭则要按照通用的国际惯例来明确双方各自的权利和义务，处理冲突和纠纷。这是因为国际惯例是在国际贸易实践中逐步形成的习惯做法，具有确定的内容，而且是被许多国家和地区所认可的，是国际贸易法律的主要渊源之一，它在国际经贸法律规范体系范畴中和国际贸易活动中都非常重要且有着特殊的地位。

2. 国际贸易惯例的种类

国际贸易惯例的种类很多，常用的有四大类。

① 关于国际贸易术语的惯例，主要有：《1932年华沙—牛津规则》、《1941年美国对外贸易定义修订本》、《2010年国际贸易术语解释通则》。

② 关于国际支付结算的惯例。包括《跟单信用证统一惯例》和《托收统一规则》。

③ 关于运输与保险的国际惯例。包括《1974年约克—安特卫普规则》、《1978年联合国海上货物运输公约》、《约克—安特卫普规则》等。

④ 关于合同法方面的惯例。主要有《联合国国际货物销售合同公约》、英国《1893年货物买卖法案》和美国《统一商法典》等。

此外，还有一些区域性行业惯例，如行业标准合同。特别贸易方式下形成的一些习惯做法，如拍卖行和商品交易所的一些传统做法和制度等。

3. 国际贸易与国际贸易惯例的关系

国际贸易是以国际货物买卖合同为中心而展开的，签订和履行交易合同，除了必须符合法律规定的要求以外，还要符合国际贸易惯例的有关规定。由此可见，国际贸易与国际贸易惯例的关系，实质上表现为两者之间的依存关系。这主要表现在以下三个方面。

（1）签约前，必须通晓国际贸易惯例

合同磋商是签订交易合同的基础，同外商进行合同磋商必须做到知己知彼、心中有数。这就必须在谈判前认真研究与交易有关的国际贸易惯例。签约前通晓国际贸易惯例，不仅可以使我方在谈判中处于主动地位，而且也为公正灵活地选择和援引有关国际贸易惯例及条款提供了基础，从而有助于谈判的顺利进行和合同的签订。

（2）签约时，必须明确国际贸易惯例

如果说合同磋商中运用国际贸易惯例要讲究科学和艺术，那么，签订交易合同时运用国际贸易惯例则必须严谨和准确。交易合同中经双方选择的国际贸易惯例或相关的文本、版本，都必须做以准确无误的说明。特别是对于修改后的贸易条款，还必须在合同中把双方认可的具体修改的条款的内容做出明确而详细的说明，以防止因文字表达上的歧义，而导致不必要的争议和纠纷。

（3）履约时，必须遵守国际贸易惯例

履行贸易合同，必须按照国际贸易惯例行事。一方面，合同双方当事人都要以合同中约定的国际贸易惯例条款作为指导合同顺利履行的法律依据；另一方面，一旦出现了意外情况，且合同中对这种意外情况既没做出明确规定，也未表明采取哪项国际贸易惯例，双方在此问题上发生争议而提交仲裁或诉讼时，法庭或仲裁厅往往引用国际贸易惯例来作为判决或裁决的依据。对此，我方不仅要正确理解，而且应主动、灵活地援引有关惯例，作为处理调解、仲裁或诉讼的依据，以保障我方的正当权益。只有这样，才能通过积极参与和发展国际贸易，真正起到促进我国贸易、经济发展的重大作用。

思考题与情景实训

一、名词解释

1. 国际贸易惯例　　2. 贸易方式

二、简答

1. 试分析我国服装国际贸易的现状。
2. 简要分析人民币升值、生产要素成本上涨等诸多因素对我国纺织品服装产品竞争力产生怎样的影响？对我国纺织品服装贸易产生怎样的影响？
3. 我国纺织品服装贸易存在哪些优势？
4. 我国纺织品服装贸易目前面临哪些外部和内部问题？
5. 简述提升我国服装贸易国际竞争力的有效途径。
6. 简述服装国际贸易的特点。
7. 简述服装出口业务的一般做法。
8. 你认为，从事服装国际贸易的业务人员应该具备哪些基本素质？

三、情景实训

请浏览http://www.mofcom.gov.cn/、http://xtrade.myrice.com/、http://www.tnc.com.cn/等相关网站，对我国本年度各月纺织品服装进出口实绩数据进行查询，并据此分析我国服装国际贸易现状。

阅读链接

1. WWW.MOFCOM.GOV.CN
- 进出口实绩数据查询
- 如何取得外贸经营权
2. WWW.CCPIT.ORG
- 中国贸促会的宗旨
3. WTOJOB.COM
- 跟单员、外销员、报关员等外贸资格考试辅导

第二章 服装贸易的标的物

- 第一节 服装的品名
- 第二节 服装的品质
- 第三节 服装的数量
- 第四节 服装的包装

目的与要求

通过学习，使学生了解服装国际贸易合同中列明品名和规定品质条款的重要性，全面掌握货物品质的表示方法；了解数量条款在合同中的地位，掌握在贸易中常用的计量单位和计量方法；认识包装的重要性，了解包装分类和运输包装的标志以及如何规定包装条款；同时，能运用所学知识分析具体的业务案例。

重点与难点

服装商品的品名、品质、数量、包装的表示方法和基本内容；品质机动幅度与品质公差；数量机动幅度的运用；包装的种类、标志；中性包装和定牌。

第一节　服装的品名

一、规定服装商品品名的意义

国际贸易中，买卖双方距离遥远，而且除拍卖和展卖等即期交易外，大多是远期交易，从签约到履约交货、收到货物需要较长的一段时间。除了凭样品买卖以外，买卖双方在洽商交易和签订合同的过程中，往往看不到具体的交易商品，只是凭借对交易商品的描述，明确交易的标准。因此，在服装国际贸易合同中列明服装商品的名称是非常必要的。

服装商品的品名（name of commodity）即指服装商品的具体名称。在国际贸易中，买卖双方商订合同时，必须首先列明商品的名称。品名条款是买卖合同中不可缺少的一项重要交易条件。

从法律的角度来看，在合同中明确规定成交服装商品的具体名称是买卖双方在货物交接方面的一项基本权利和义务。按照有关的法律和惯例，对成交服装商品的描述，是构成商品说明（description of goods）的一个重要组成部分，是买卖双方交接货物的一项基本依据，它关系到买卖双方的权利和义务，必须在合同中明确列出。因为如果没有明确的商品名称，交易就无从谈起。

从业务角度来看，明确规定服装商品品名是交易的物质基础和前提。因为只有在确定成交商品品名的前提下，卖方才能够据此组织生产、加工或收购，卖方交货才有依据，买方接货才有据可循，买卖双方才能进一步确定包装、运输方式、投保险别以及价格等交易条件，使交易顺利进行。虽然在服装出口贸易中，服装的具体款式通常另用样品或带效果图的工艺单描述，但是合同中的服装名称是关于合同标的的描述内容之一，它还要反映到以后的有关商业单据、报关单据中，因此，在合同中正确给出服装名称非常重要。

国际贸易实践证明，品名差错不仅会给报关、报检等环节带来麻烦，而且还会导致以后的贸易争议。例如："pants"在美式英语中是指穿在外面的裤子，而在英式英语中是指穿在里面的裤子，穿在里面的裤子在美国英语中应该用"under pants"；再如，中文"T恤衫"源于英文的"T-shirts"，但英语中的"T-shirts"一般是指圆领衫，而中文的"T恤衫"现在几乎指的都是针织翻领衫，它在英语中通常被称为"knitted shirt"。按H.S.编码分类，只要有领子的就应归类于6105，即"针织或钩编的男衬衫"，或6106，即"针织或钩编的女衬衫"，而针织圆领衫应该归类于6109，即"针织或钩编的T恤衫、汗衫及其他背心"。由此可见，列明成交商品的具体名称，具有重要的法律意义和实践意义。

二、服装商品品名条款的内容

在服装国际贸易合同的开头部分，必须列明缔约双方同意买卖的是哪种服装商品，即商品名称，又称为品名条款。服装国际贸易合同中的品名条款并无统一的格式，可以根据买卖双方当事人的意见，在具体交易中予以确定。通常的做法是在"商品名称"或"品名"的标题下，列明交易双方成交商品的名称；也可以不加标题，只在合同的开头部分列明交易双方同意买卖某种商品的文句。

在服装国际贸易合同中，服装名称常用的表达结构是："使用对象"+"面料"+"中心词"+"服装特征"。如"women's silk jackets with fur collar…"再如"men's cotton shirts with short sleeves…"。如果涉及多款服装，一般可以先用"使用对象"+"中心词"说明合同下服装的统称。如"women's coats""children's jackets"等，再列明有关的款号。对于一些不是按买方来样制作的服装出口合同，如果出口方事先已经用商品目录等形式向买方提供了服装的具体规格信息，合同中通常只要说明商品的统称以及有关的商品目录号就能满足要求了。如："girl's skirt, catalogue No.RH653"，因为商品目录编号RH653已经涵盖了双方都认为是明确的服装的款式、面料、规格等。当然，这并不排除合同中列明目录号以后，再列明一些需要进一步强调或明确的规格指标。

品名条款的规定，还取决于成交商品的品种和特点。就一般商品来说，只需要列明商品的名称即可，但有的商品，往往具有不同的品种、等级和型号。因此，为了明确起见，也可以将有关具体品种、等级或型号的概括性描述包括进去，作为进一步的限定。有时候也可以把商品的品质规格也包括进去，这种情况实际上是商品条款与品质条款的合并。

三、规定品名条款的注意事项

国际货物买卖合同中的品名条款，是买卖合同的主要条件。规定此项条款，应注意下列事项。

1. 内容应明确、具体

服装国际贸易合同中的品名条款虽然并无统一的规定，但是在条款内容的表达上，应力求做到明确、具体，避免使用空泛、笼统的文字，以免留下后患。

2. 实事求是地反映商品的真实情况

合同条款中规定的服装商品品名，必须是卖方能够供给，而买方所需要的商品。凡是卖方做不到或不必要的描述性词句都不应列入，要做到真实反映商品的特点和情况。通常，进出口服装的价格中面料的成本占很大的比例，而面料的成本和面料的纤维材料有极大的关系。尽管混纺面料在H.S.编码分类中有一定的规则，但在合同中命名时应该说明具体的混纺成分及混纺比例。例如，含有它种合成纤维的羊毛衫不应简单称为"全毛针织衫"（all wool sweater），即使含量非常少，除非买卖双方已经对该称呼达成共识，否则出口方万一被进口方诉为实施"欺诈"就变得被动。

3. 尽可能使用国际上通用名称

在服装国际贸易过程中，往往会遇到有些商品的名称，在各地叫法不一的情况。因此，为了避免产生误解，买卖合同中应尽可能使用国际上通用的、不会导致歧义的名称。如果使用地方性的名称时，买卖双方应事先就其含义达成共识。对于某些新商品的定名及其译名，也应力求准确、易懂，并符合国际上的习惯称呼。例如："田鸡裤"千万不能生拼硬凑成"frog style shorts"，英语中应该用"romper"。这类问题在对外询盘和发盘时应格外注意。

4. 注意选用合适的品名

合同中的名称应该和H.S.编码相对应的名称相一致。这种一致性在服装贸易中特别重要，否则出口商出口报关或申领许可证时都可能会带来麻烦。例如，长的夹克衫（如衣长100厘米以上）一般属于风衣类别，在合同中应该称之为"coat"而不是"jacket"。针织翻领T恤衫最好在合同中命名为"knitted shirt"而不是"T-shirt"。

另外，在服装国际贸易过程中，还经常遇到有些成交商品同时具有几个不同的名称。在这种情况下，确定买卖合同中商品的品名时，应注意有关国家海关关税和进出口限制的有关规定，从中选择有利于减低关税、方便进出口的对我国有利的商品名称。特别是目前有些仓库和班轮运输是按照商品等级规定收费标准的，商品的名称不统一，对于同一商品会因使用的名称不同而采用不同的收费率。因此，还必须注意品名与运费、仓储费的关系，选择合适的商品品名，也是节约仓储和运输费用支出的方法之一。

总之，在订立服装买卖合同时，对于服装的名称要进行斟酌，从而有利于后期合同的顺利履行。

第二节　服装的品质

一、服装商品品质的意义

服装商品品质（quality of garment）是指服装商品的外观形态和内在素质（包括物理的、化学的、生物的构造成分和性能等自然属性）的综合。"外观形态"是通过人们的感官可以直接获得的商品外形特征。如：纺织品服装的款式、有无色差、对花是否整齐等。"内在素质"是指商品的物理性能、力学性能、化学成分、生物特征、技术指标和要求等。如：纺织品的色牢度、唾液牢度（婴儿服装）、阻燃性、防水性、缩水率等，它是决定商品使用效能的重要因素。就国际贸易而言，还包括包装和市场适应性等社会属性。

服装商品品质的优劣，不仅关系到商品价格的高低，还关系到商品的销路和国家的信誉。因此，提高出口商品品质具有重大的意义。第一，服装商品品质是国际市场竞争的重点。影响商品竞争的两个重要因素是品质和价格。从品质方面分析，它不仅说明商品本身具有优越的质量特性，同时也反映了生产者采用先进科学技术并具有高水平的经营管理能力。从价格方面分析，价格竞争在一定程度上也可以归结为品质竞争。商品品质的优劣对商品价格高低起着重要作用，买卖双方在合同磋商中都要针对一定的商品，按质论价，优质优价，劣质低价，提高商品品质已成为世界各国提高竞争能力的一种手段。如果在相同的价格下提供品质较好的商品，或以较低价格提供相同品质的商品，其竞争力都可得到较大的提高。我国目前的出口业务，基本上还是以价格竞争为主要手段，即"廉价低质"，商品的附加值不高，在当前贸易保护主义盛行的环境下，欧美各国纷纷对我出口的服装采取种种限制措施。我们只有提高产品档次，升级换代，提高品质和附加值，采取"以质取胜"的战略，才能巩固已有市场。品质的高低、优劣直接影响到商品的使用价值，而使用价值的高低又决定了商品价格的高低。第二，提高服装商品品质是扩大商品销路的重要手段。在当今国际市场是以消费者需求为中心的买方市场，消费者最关心的已不再是价格，而是商品的品质，并且对品质的要求越来越高。因此，只有不断改进和提高商品的质量，才能扩大商品的销路。第三，保证服装商品质量可以减少争议和索赔，提高国家信誉。在国际贸易中，商品品质是合同的主要条件，是构成商品说明的重要组成部分，也是买卖双方交接货物的依据。英国货物买卖法把品质条款作为合同的要件。《联合国国际货物销售合同公约》规定卖方交货必须符合约定的质量，如卖方交货不符合约定的品质条件，买方有权要求损害赔偿，也可以要求修理或交付替代货物，甚至拒收货物和撤销合同。因此，不断提高商品质量，不仅可以减少争议索赔，更重要的是，只有保证出口商品质量符合合同规定，才能不断提高我国对外贸易的信誉。

此外，进口商品的品质也很重要。进口商品质量的优劣，直接关系到国内生产、建设、科研和人民生活。只有把好进口商品的质量关，才能保证国内经济建设的顺利进行，更好地满足国内消费需求。因此，在签订进口合同时，必须认真订好品质条款，使进口商品符合我国的需要，与此同时，还要认真做好进口商品的质量验收工作，保证进口商品质量符合合同规定，以维护国家和人民的利益。

二、商品品质的表示方法

服装国际贸易中所交易的商品种类繁多、特点各异，故表示品质的方法也多种多样。归纳起来，可分为凭实物表示和凭说明表示两类。

（一）凭实物表示品质

以实物表示品质，包括凭成交商品的实际品质（actual quality）和凭样品（sample）两种表示方法。前者，即指看货买卖；后者，即指凭样品买卖。

1. 看货买卖

看货买卖是凭成交服装商品的实际品质进行交易。当买卖双方采用看货成交时，通常由买方或其代理人先在卖方存放货物的场所验看货物，一旦达成交易，卖方就必须按买方验看过的商品交货，不得更换其他货物。只要卖方交付的是验看过的货物，买方也不得对品质提出异议。

在国际贸易中，由于交易双方远隔两地，交易洽谈多靠邮件方式进行。买方到卖方所在地验看货物有诸多不便，即使卖方有现货在手，买方也是由其代理人代为验看货物，但看货时也无法逐件查验，所以采用看货成交的买卖是有限度的。一般适用于一些规格复杂、难于用其他方法表示品质的商品，如纺织原料、面料。这种方法多用于寄售、拍卖和展卖等现货交易中。

2. 凭样品买卖

"样品"通常是指从一批商品中抽出来的或是由生产、使用部门设计、加工出来的，足以反映和代表整批商品品质的少量实物。凡以样品表示商品品质并以此作为交货依据的交易，称为凭样品买卖（sale by sample）。

按样品提供者的不同，凭样品买卖可分为以下两种。

（1）凭卖方样品买卖（sale by seller's sample）

如果样品是由卖方提供、由买方加以确认，作为成交商品的品质标准，称为凭卖方样品买卖。合同中以"质量以卖方样品为准（quality as per seller's sample）"表示。这种表示品质的方法适用于原料类的纺织品和粗加工的服装商品，如坯布、漂白布、纯棉内衣等。

采用凭卖方样品买卖时，应注意以下问题。第一，对外提供的样品必须有代表性，既不要偏高，也不要偏低。样品品质偏高会给日后交货带来困难，甚至引起对方的索赔；偏低又会在价格上吃亏，造成不必要的经济损失。第二，卖方提供样品时，应留存一份或几份同样的商品，作为复样（duplicate sample），以备日后交货或处理争议时核对之用。第三，寄送样品和留存复样时，应注意编上相同的号码和注明提供日期，以便日后查找。第四，特殊情况下，可以使用"封样"。即抽出部分样品，在提供样品时，由第三者（如商检局）或买卖双方共同加封，以防交货时复样有变引起争议。

（2）凭买方样品买卖（sale by buyer's sample）

买方为了使其订购的商品符合自身要求，有时自己提供样品交给卖方依样制作，如卖方同意按买方提供的样品成交，称为凭买方样品买卖。合同中以"质量以买方样品为准（quality as per buyer's sample）"表示。日后，卖方所交的整批货物的品质，必须与买方样品相符。服装贸易中多采用这种表示品质的方法。

在实际业务中，由于面料、设备、技术等条件的限制，卖方不一定能完全满足对方的品质要求，为了避免争议或对方挑剔，卖方往往不愿意承接买方样品交货的交易，以免交货时与买方样品不符招致索赔或退货。因此，卖方在收到买方的样品后，往往按照买方来样加工复制一个与之相同或相似的产品，提供给买方确认，如果买方认可，经买方确认的产品，称为对等样品（counter sample）或确认样品（confirmation sample）。日后，卖方交货时，只要与该对等样品的品质相符，即可认为合格。这种做法，实际上是卖方把交易的性质由"凭买方样品买卖"转变为"凭卖方样品买卖"，有利于卖方日后交货。因为日后卖方所交货物的品质，以对等样品为准。

此外，在国际贸易中，买卖双方为了发展贸易关系，增进彼此对对方商品的了解，常采用互相寄送样品的做法，这种以介绍商品为目的而寄出的样品，最好标明"仅供参考"（for reference only）字样，以免与成交样品混淆。

[案例]我国某服装出口企业(卖方)与国外买方签订了一份买卖工作手套(库存货)1万打的合同。品质条款规定凭卖方样品成交,样品为单只手套。货到目的港后,买方认为手套品质有缺陷,要求换货并赔偿损失。卖方认为所交货物不存在缺陷,拒绝换货和赔偿。买方遂根据合同中的仲裁条款提请仲裁。仲裁庭认为:卖方所交付货物确实与样品不完全符合。样品是单只手套,所交付的手套则是有连线的成副的手套。样品的缝口没有打结,但有足够牢固的回针。而交付的整批货手套的缝口虽有回针,但回针不够,有的甚至仅仅回了一针,不够牢固,而且是把缝线头作为两只手套的连接带,把两只手套连在一起的,一旦把连接带剪断,缝口很容易开线。仲裁庭咨询专家意见后裁定,所交付的手套的价值比样品低12%。对此卖方应承担全部责任。根据"直接的、合理的和实际的损失"的赔偿原则,卖方(被诉人)赔偿货物贬值12%的价款,并负担检查费、银行手续费和利息损失等。请问,该业务有哪些失误之处?

(二)凭说明表示品质

所谓凭说明表示商品品质,即指用文字、图表、照片、图片等方式来说明成交服装商品的品质。在这类表示品质的方法中,可细分为以下几种。

1. 凭规格买卖

商品规格(specification)是指一些足以反映商品品质的重要指标,如成分、含量、纯度、性能、长短、粗细等。在国际贸易中,各种商品由于品质的特点不同,规格的表示也不同。反映服装商品品质的规格指标主要有:材料的组成成分、成分含量、型号、规格尺寸、产品的质量要求等。用规格来确定商品品质的方法,称为凭规格买卖(sale by specification)。由于这种表示品质的方法比较方便、准确,有时还可以根据商品的不同用途予以调整,因此,在国际贸易中应用较为广泛。

2. 凭标准买卖

商品的标准(standard)是将商品的规格、等级予以标准化。商品的标准,有的是由国家或有关政府主管部门规定的,如国家标准、部颁标准等;有的则是由同业公会、贸易协会、交易所或国际性工商组织规定的,如企业标准、团体标准、国家标准、区域标准、国际标准等。有些商品习惯于凭标准买卖,人们往往使用某种标准作为说明和评定商品品质的依据。如:中华人民共和国国家标准(服装号型标准、衬衫标准、西服标准),中华人民共和国纺织行业标准(服装成品出厂检验规则、服装人体测量的部位与方法)等。

在国际贸易中采用的各种标准,有些具有法律上的约束力,凡品质不符合标准要求的商品,不准进口或出口。但是,也有些标准是不具有法律上的约束力,仅供交易双方参考使用的,买卖双方可在洽谈交易时,另行商定对商品品质的具体要求。

随着现代科学技术的发展和人民生活水平的不断提高,对于某些标准也要经常修改和变动。同一国家颁布的某类商品的标准,往往也会有不同年份的版本。版本不同,品质标准的内容也不尽相同。因此,在援引标准时,还应标明援引标准的版本年份。

ISO9000《质量管理和质量保证》系列国际标准为国际市场商品的生产企业的质量体系评定提供了统一的标准,具有国际通行证的作用。为便于我国出口商品生产企业按ISO9000系列标准进行质量体系评审,我国制定了《出口商品生产企业质量体系评审管理办法》,并于1992年3月1日起试行。凡买卖合同约定和外国政府要求或我国规定应提供质量体系合格证书的生产企业的出口商品,商检机构凭合格证书接受出口检验,否则商检机构不予检验,这有助于加强对出口商品质量的管理,有利于保证我国出口商品符合国际市场需求。

3. 凭商标或品牌买卖

商标(trade mark)是指生产者或商号用来识别其所生产或出售的商品的标志,它可由一个或几个具有特色的单词、字母、数字、图形或图片组成。品牌(brand name)是指工商企业给其制造或销售的商品所冠以的名称,以便与其他企业的同类产品区别开来。一个品牌可以用于一种产品,也可以用于一个企业的所有产品。

在国际市场上，一种名牌产品，必然代表其品质优良稳定，因而其经销商与制造者为了维护其商标的信誉，保证其利润，对其产品都规定了严格的品质控制，以保证其产品品质达到一定的高标准。因此，商标或品牌本身实际上就是一种品质象征。买卖双方在交易时，可以只凭商标或品牌进行交易，无须对品质提出详细要求。但是，如果一种品牌商品同时有多种不同型号和规格，为了明确起见，必须在规定品牌的同时，明确规定其型号和规格。当然，在凭商标和品牌买卖（sale by trade mark or brand）中，如果卖方所交货物的品质确有不适合销售的缺点，买方仍有退货或索赔的权利。

此外，凭商标或品牌买卖，通常是凭卖方商品的商标或品牌进行交易，但有时在买方熟知卖方商品品质的情况下，买方也可要求卖方在其商品或包装上，使用买方指定的商标或品牌，这就是通常所讲的"定牌"。采用定牌的做法，卖方可以有效地利用买主（包括大百货公司、超市和专业商店等）的经营能力和其企业的商誉或名牌声誉，以扩大卖方商品的销量，并提高其商品的售价。必须指出的是，使用买方的定牌并不意味着以商标或品牌表示品质，而是交易双方在对商品品质有了一致认识的基础上，对于商标或品牌所做的灵活规定。既然如此，国际市场上的同一商标、同一品牌的商品，就极有可能不是同一家工厂所供应的，而是来自不同的工厂，由中间商贴上同一商标或品牌出售。这些商标或品牌的商品品质规格往往并不划一，因此，在进口交易中采用该方式成交时，除了规定商标和品牌外，还应对一些主要的规格做出明确的规定。

4. 凭产地名称买卖

在国际货物买卖中，有些产品因产区的自然条件、传统加工工艺等因素的影响，在品质方面具有其他产区的产品所不具有的独特风格和特色。对于这类产品，一般可用产地名称（name of origin）来表示其品质，如浙江丝绸等。

三、合同中的品质条款

（一）品质条款的基本内容

合同中的品质条款（quality clauses）主要列明商品的品名、规格或等级、标准、商标、品牌或产地等项内容。

在国际贸易中，凭样品买卖时，应列明样品的编号，寄送日期或有关样品的说明；凭规格、等级、标准买卖时，应列明规格、等级、标准的内容，如果内容较多，应另设附件，但应在品质条款中列明规格、等级的文件编号和所引用标准出版物的名称、编号、出版时间等；凭商标、品牌或凭产地名称买卖时，应列明所用的商标、品牌或产地名称等项内容。

例1：棉坯布，纱支密度：21支×21支×68×68

例2：样品号612 女式纯棉衬衫

（二）品质机动幅度与品质公差

订立品质条款要明确、具体、切合实际，以防产生不必要的争议。但也不能规定得过死，又要注意条款的科学性和灵活性，留有一定的回旋余地。假如羊绒衫只规定其含绒量为15%，而没有丝毫伸缩的余地，这在实际交货时是难以做到的，也是不科学的。因为卖方交货时，羊绒的绝对含绒量既不得高于15%，也不得低于15%，只能等于15%，实际上订立合同品质条款时就已经给将来交货设置了难题。因此，为了防止上述情况的发生，在合同中可采用较为灵活的规定方法，即使用品质机动幅度和品质公差。

1. 品质机动幅度

品质机动幅度（quality latitude）是指允许卖方所交货物的品质指标在一定幅度内机动。只要卖方所交货物的品质指标没有超出机动幅度的范围，买方就无权拒收货物。这一方法主要适用于初级产品。品质机动幅度的规定办法主要有以下三种。

① 规定范围。对某种商品的品质指标规定允许有一定差异范围。例如，漂布，幅阔35/36英寸。即布的幅阔只要在35英寸到36英寸（1英寸=0.0254米）的范围内，均作为合格。

② 规定极限。对有些商品的品质规格，规定上下极限。规定极限的表示方法，常用的有：最大，最高，最多（maximum，max.）；最小，最低，最少（minimum，min.）。如大麻含水量maximum 15%；混纺产品的棉纤维含量minimum 20%；棉布的缩水率maximum 3%⋯⋯卖方交货只要没超出上述极限，买方就无权拒收。

③ 规定上下差异。规定上下差异也是使货物的品质规定具有必要的灵活性的有效方法。如灰鸭毛，含绒量18%，上下1%；羽绒制品，含绒量16%，上下1%。

在品质机动幅度内，交货品质如有上下，一般不另作调整，即按照合同价格计收价款。但是有的商品，尤其是价值较高的商品，经进出口双方商量，也可以按比例计算增减价格，商品的价格增减应根据商品品质高低而定。关于品质增减价的规定方法有以下几种。

① 规定根据有用指标的增减而增减价格，根据无用指标的增减而减增价格。如规定：灰鸭毛，含绒量每增加或减少1%，则价格提高或降低1.5%；水分每增加或减少1%，则价格降低或提高1%。

② 只规定交货品质机动幅度的下限及扣价。即指定交货品质低于合同品质的一定幅度内予以扣价，若高于合同品质则不加价。如规定：羊绒的含绒量70%，若含绒量每降低1%，降价1%；若含绒量超过70%，则价格不变。

③ 在第二种方法的基础上，对在品质机动幅度下限范围内的商品，按品质低劣的不同程度扣价幅度递增。如规定：交货品质低于合同规定1%，扣价1%；低于1.5%，扣价3%。

品质增减价条款，一般应选用对价格有重要影响而又允许有一定机动幅度的主要质量指标，对于次要的质量指标或不允许有机动幅度的重要指标，则不适用。

2. 品质公差

品质公差（quality tolerance）是指允许卖方所交货物的品质高于或低于一定品质的误差幅度。这种误差的存在是绝对的，它的大小反映着品质的高低，是由科学技术发展程度所决定的。对于工业制成品交易，通过订立品质公差来掌握交货的品质。因为在工业制成品的生产过程中，产品的品质指标产生一定的差异是难以避免的，卖方的服装品质在品质公差的范围内就不算违约。如按GB/T 2660-2008国家标准中对衬衫成品主要部位规格极限偏差有这样规定，衬长±1.0厘米，胸围±0.8厘米，明暗线的针距密度在3厘米内，不少于12针锁眼的针距密度在1厘米内，不少于12针，同时对产品色差、色牢度等也有明确的规定，但是这种公差范围需要经过买卖双方的同意，并在合同中作明确的规定。品质公差又分为以下两种。

① 国际同行业公认的品质公差。这种品质公差，即使合同中不作具体规定，只要卖方交货的品质在公认的误差范围以内，就认为符合合同，买方无权拒收货物。例如，出口棉布，每匹可以有0.1米的误差，均视为符合品质要求。

② 交易双方商定的品质公差。这种品质公差，需经交易双方磋商同意后，并在合同中做出明确规定，方能生效。例如，尺码或重量允许有±3%～5%的合理公差。只要在公差范围内，买方就无权拒收，也不得要求调整价格。

工业制成品生产中，质量指标出现一定的误差有时是难免的，只要不超过一定范围，就应视为符合质量要求，买方一般不会拒收货物，也不对价格进行调整。

（三）订立品质条款应注意的问题

品质条款是国际货物买卖合同中的一项主要条款，既是卖方交付货物和买方接受货物的依据，也是商检机构进行检验和日后一旦出现品质纠纷时，仲裁机构或法院做出裁决的依据。为此，应明确规定好合同中的品质条款，在对外订立品质条款时要注意下列问题。

1. 根据商品特点采用适当的品质表示方法

一般来讲，对于特定的商品，采用凭样品买卖或凭规格、标准买卖还是凭品牌买卖，在国际商品交易中都有习惯可循，凡是可用一种方法表示品质的，就不要采用两种或两种以上的方式表示。因为，采用的方法越多，卖方交货时所受约束越多，造成交货的困难。一般能用科学的指标说明商品品质的可采用凭规格、标准买卖；难以规格化和标准化的可凭服装样品买卖；某些质量好并具有一定的市场影响力的名牌服装可凭服装商标品牌买卖。

〔案例〕既凭样品又凭规格买卖争议案

中国内地某公司出口了一批纺织原料，合同品质条款规定水分最高不超过15%，杂质最高为3%。德国进口方据此合同开来信用证，我方据此合同和信用证装运，交单议付，似乎一切顺利。货到目的港后，进口方对货物进行复验，并来电指出货物的质量与样品不符，即样品的含水量为8%，并随电附上德方商检证书副本。这时我方才忽然想起，在签约时我方曾向进口方寄过样品，并未曾电告对方成交货物与样品相似。我方急忙发电，告之对方品质以合同中的文字规格为依据，但为时已晚，买方提出索赔，并威胁说，如不赔偿，将在有影响的刊物中披露此事。此争议最终提交仲裁解决，在仲裁庭的调解下，我方同意在下一批货物中减价10%而告终结。

评析：在此争议中，我方样品含水量为8%，合同规定为15%，最终交货也是15%，那么整批货究竟应该是凭规格买卖，还是凭样品买卖？从合同条款上看，应该是凭规格买卖。遗憾的是我方曾向买方寄过样品，但未声明是"参考样品"（for reference only），也未电告对方，交货与样品相似，这就授人以柄。对方完全可以以《联合国国际货物销售合同公约》为依据，认为这笔业务是既凭规格、又凭样品买卖，使我方受到了规格和样品的双重约束。显而易见，这种约束是我方强加给自己的。更为遗憾的是，我方甚至没有留存复样，导致我方无法证明所交货物与样品并无不符，此案我方损失惨重，教训颇为深刻。

2. 根据生产实际恰如其分地确定商品品质

从国内生产实际出发，既要考虑国外客户的具体要求，又要考虑我方的实际生产情况，防止品质条款订得偏高或偏低。如果把品质条款订得偏高，势必会给将来交货造成困难；如果把品质条款订得偏低，不仅会影响商品的售价和商品的声誉，甚至会使对方产生疑虑不敢成交。

3. 注意品质条款内容和文字运用的科学性和灵活性

要力求做到准确、具体。既便于检验，又能分清责任。应避免使用笼统含糊的字句，如"大约"、"左右"、"合理误差"等，更忌用词绝对化，如"棉布无疵点"等。凡能采用品质机动幅度或品质公差的商品，应订明上下限或品质公差的允许值。如果所交货物的品质低于合同所规定的幅度或公差，买方有权拒收货物或要求索赔。

第三节　服装的数量

一、约定服装商品数量的意义

服装商品数量（quantity of garment），是指以一定的度量衡单位表示的商品的重量、个数、长度、面积、体积、容积等。服装商品的质和量是商品交易所不可缺少的两个方面。数量条款也是国际买卖合同中的重要条款之一。按照《联合国国际货物销售合同公约》规定，按约定的数量交付货物是卖方的一项基本义务。如卖方交货数量大于约定的数量，买方可以拒收多交的部分，也可以收取多交部分中的一部分或全部，但应按合同价格付款。如卖方交货数量少于约定的数量，卖方应在规定的交货期届满前补交，但不得使买方遭受不合理的不便或承担不合理的开支。即使如此，买方也有保留要求损害赔偿的权利。

交易双方约定的商品数量是交易双方交接货物的依据。买卖合同中成交数量的确定，不仅关系到进出口任务的完成，而且还涉及我国对外政策和经营意图的贯彻。因此，正确掌握成交数量，订好合同中的数量条款，对促进双方交易的达成，争取有利的价格，也具有一定的作用。

二、服装计量单位和计量方法

在国际贸易中，由于商品的种类、特性和各国度量衡制度的不同，所以计量单位和计量方法也多种多样。了解各种度量衡制度，熟悉各种计量单位的特定含义和计量方法，是从事对外经贸人员必须具备的基本知识和技能。

（一）计量单位

商品计量单位是表示商品数量的方法。在国际服装贸易中使用的计量单位很多，究竟采用何种计量单位，除了取决于商品的种类和特点外，还取决于交易双方的意愿。目前，常用的计量单位主要有以下四种。

① 重量单位（weight），如克（gramme, g.）、千克（kilo gramme, kg.）、盎司（ounce, oz.）、磅（pound, lb.）、公吨（metric ton, m/t）、长吨（long ton）、短吨（short ton）等。重量单位主要用于纺织原料的交易，如棉花、羊毛、生丝等。

② 个数单位（number），如件（piece, pc.）、套（set）、打（dozen, doz.）、罗（gross, gr.）、令（ream, rm.）、卷（roll coil）以及个、双、张、包、箱、袋、桶等。个数单位主要用于成衣、服饰类商品的交易。

③ 面积单位（area），如平方米（square metre, sq.m.）、平方英尺（square foot, sq.ft.）、平方码（square yard, sq.yd.）等。面积单位常用于纺织品、地毯等的交易。

④ 长度单位（length），如米（metre, m.）、英尺（foot, ft.）、码（yard, yd.）、英寸（inch, in.）等。长度单位多用于纺织品面料、辅料等的交易。

（二）计量方法

在服装国际贸易中，很多纺织品都是按重量计算的。按照一般商业习惯，通常计算重量的方法主要有下列几种。

1. 毛重

毛重（gross weight）是指商品本身的重量加上包装物的重量，即加上皮重的重量。这种计量方法一般适用于低值商品。

2. 净重

净重（net weight）是指商品本身的重量，即除去包装物后的商品实际重量。净重是国际贸易中最常见的计重办法。计算净重，必须由毛重扣除皮重。国际上计算皮重的办法，主要有以下四种。

① 按实际皮重（actual tare 或 real tare）计算，即将整批商品的包装逐一称量求得重量。

② 按平均皮重（average tare）计算，即按部分商品的实际皮重取其平均值，乘以数量算出全部皮重。

③ 按习惯皮重（customary tare）计算，指比较规格化的包装按市场上公认的包装重量计算。如国际标准黄麻袋，习惯皮重为2.5磅（1磅=0.454千克）。

④ 按约定皮重（computed tare）计算，即按买卖双方事先约定的皮重计算。

国际上有多种计算皮重的办法，究竟采用哪一种计算方法来求得净重，应根据商品的性质、所使用的包装的特点、合同数量的多少以及交易习惯，由双方当事人事先约定并列入合同中，以免事后发生争议。

3. 公量

公量（conditioned weight）是指用科学方法抽掉商品中的水分后，再加上标准含水量所求得的重量。

其计算公式为：

$$公量 = 干量 + 标准含水量 = \frac{实际重量（1+标准回潮率）}{1+实际回潮率}$$

这种计重办法主要适用于经济价值较大，而水分含量又极不稳定的商品。如生丝、羊毛、棉花等商品（国际上公认的生丝、羊毛的标准回潮率为11%）。

4. 理论重量

理论重量（theoretical weight）是指某些有固定规格和尺寸的商品，只要规格一致、尺寸符合，其重量大致相同，根据其件数即可推算出其重量。

5. 法定重量和实物净重

按照一些国家海关法的规定，在征收从量税时，商品的重量是以法定重量（legal weight）计算的。所谓法定重量是指商品重量加上直接接触商品的包装物料，如销售包装的重量。而除去这部分包装物料的重量所表示出来的纯商品重量，即为实物净重（net net weight），习惯上称净净重。

（三）度量衡制度

目前，在国际贸易中通常采用的度量衡制度有公制（the metric system）、英制（the british system）、美制（the U.S. system）和国际标准计量组织在公制基础上颁布的国际单位制（the international system of units，简称SI）。根据《中华人民共和国计量法》规定："国家采用国际单位制。国际单位制计量单位和国家选定的其他计量单位，为国家法定计量单位"。目前，除个别特殊领域外，一般不允许再使用非法定计量单位。我国出口商品，除照顾对方国家贸易习惯约定采用公制、英制、美制计量单位外，均应使用我国法定计量单位。如确有特殊需要，也必须经有关标准计量管理部门批准。

由于世界各国的度量衡制度不同，致使计量单位上存在差异。即使是同一计量单位所表示的数量差别也很大。就表示重量的吨而言，实行公制的国家一般采用公吨，每公吨为1000千克；实行英制的国家一般采用长吨，每长吨为1016千克；实行美制的国家一般采用短吨，每短吨为907千克。此外，有些国家对某些商品还规定有自己习惯使用的或法定的计量单位。以棉花为例，许多国家都习惯于以包（bale）为计量单位，但每包的含量各国解释不一。如在美国规定每包棉花净重为480磅；在巴西规定每包棉花净重为396.8磅；在埃及规定每包棉花净重为730磅。由此可见，了解各种不同度量衡制度下计量单位的含量及其计算方法是十分重要的。

为了解决由于各国度量衡制度不同带来的弊端，进一步促进国际科学技术交流和国际贸易的发展，国际标准计量组织在各国广为通用的公制的基础上采用国际单位制（SI）。国际单位制的实施和推广，标志着计量制度日趋国际化和标准化。

三、合同中的数量条款

（一）数量条款的基本内容

买卖双方在数量条款中，一般都要订明交易的具体数量和计量单位，按重量计量的商品还应明确计量的方法。按合同规定的数量交货是卖方的基本义务，除非另有规定，否则就构成卖方违约。《联合国国际货物销售合同公约》第46条、第50条、第51条、第52条对此做了明确的规定。但有时在某些合同中也规定交货数量的机动幅度和作价办法。

（二）数量机动幅度的有关规定

在某些商品的交易中，往往由于商品本身的特性、货源变化、船舱容量、装载技术和包装运输等因素的影响，实际交货量常与合同规定量形成差异，为了便于履行合同，避免产生纠纷，买卖双方可在合同中合理规定数量机动幅度。只要卖方交货数量在双方约定的数量机动幅度范围内，就算按合同规定的数量交货，买方就不得以交货数量不符为由而拒收货物或提出索赔。规定数量机动幅度的方法有下列几种。

1. 约量规定法

约量（about, approximate）规定法是指合同交货量前加"约"字。对于"约"字的含义各国解释不一，有的为2%，有的为5%，还有的理解为10%。国际商会《跟单信用证统一惯例》（国际商会第600号出版物）规定，"大约"应解释为不超过10%的增减幅度。因此，如来证在数量前出现"约"、"大约"及类似字样时，交货数量可按10%的增减幅度掌握。鉴于国际上对"约"字有不同解释，为了明确责任，便于履行合同，对于某些难以准确地按约定数量交货的商品，特别是大宗商品，可以在买卖合同中具体规定数量机动幅度。

2. 溢短装规定法

溢短装（more or less）条款是指合同中规定卖方交货数量可以比合同规定的数量多交或少交若干。

在确定溢短装机动幅度时，应根据商品的性质、行业或交易习惯等因素来加以确定，一般在3%～5%。如出口面料10万码，溢短装5%（100000 yards 5% more or less at seller's option）。这样，卖方的交货数量就比较灵活，无需硬凑10万码，为了硬凑合同的规定数量，可能会出现包装不成整件的情况，对买卖双方都不利。

如果合同中既没有使用"约量规定法"，也没有使用"溢短装条款"，原则上卖方交货应该与合同规定的数量一致。但是，如果合同是以信用证方式支付并受《跟单信用证统一惯例》（国际商会第600号出版物，《UCP600》）的约束，且不是以包装或者按个数单位计量的，按照《UCP600》的规定，卖方交货数量可以有5%的上下浮动。因此，在出口合同中未规定溢短装条款而又采用信用证支付方式时，如该证受"国际商会第600号出版物"约束，付款总额不超过信用证金额时，卖方可根据实际需要多装或少装5%的货物。

"溢短装"也可以用"增加、减少"或用"+、-"符号代替。机动幅度的选择权，可根据不同情况，由买方行使，也可由卖方行使，或由船方行使。通常情况下，订有溢短装条款时大都规定"由卖方决定"，但在由买方派船装运的情况下，为了便于适应船舶装运能力，也可规定"由买方决定"或"由船方决定"。因此，为了明确起见，应在合同中做出明确合理的规定。

合同中对数量的机动幅度的计价，一般有两种不同的计价方法。通常溢交或短交的数量均按合同价格计算。但是，数量上的溢短装在一定条件下关系到买卖双方的利益。在按合同价格计价的条件下，当交货时市价下跌，多装对卖方有利；当交货时市价上涨，多装对买方有利。因此，为了防止有权选择溢装或短装的一方当事人利用行市的变化，有意多装或少装货物，以获取额外的好处，也可以在合同中规定对溢交或短交部分，按装船时或按到货时的市场价格计算，以体现公平合理的原则。在合同中没有规定溢短装部分的计价办法时，通常按合同价格计价。

[案例]某外贸公司出售2000打袜子给德国某商人，买方按照合同规定按时开来信用证（L/C），信用证中规定不准分批装运。卖方发运时，发现有部分货物品质较差，故未予交足，只装运1900打。卖方认为，少装100打是可以的，因为依据《UCP600》的规定，在所支付款项不超过信用证金额的条件下，货物数量允许有5%的增减幅度。银行工作人员审单过程中也忽略了这点而漏了过去，但单据寄到开证行时，遭到拒付。后经出口方与开证人交涉，并说明情况，开证人最后虽接受了单据，但出口方却遭受了迟收货款1个月的利息损失。

分析：根据《UCP600》的规定，在所支付款项不超过信用证金额的条件下，货物数量允许有5%的增减幅度。该规定只适用于散装货。该案例中开证行拒付的主要原因是该批货物为包装货物，而非散装货，如果合同中没有规定数量机动幅度，则交货数量必须与合同一致。

（三）订立数量条款应注意的问题

数量条款是一方以一定数量的商品与另一方一定货币金额相交换而构成的一笔交易必不可少的条件。没有数量条款，合同就无法履行。为了订好数量条款，在磋商交易和签订合同时，应注意以下问题。

1. 正确掌握服装商品的成交数量

在磋商交易时，应正确掌握进出口服装商品的成交数量，防止心中无数，盲目成交。

（1）对出口服装商品成交数量的确定

为了正确掌握出口商品的成交数量，在商订具体成交数量时，必须充分考虑以下因素：① 国外市场的供求状况；② 国内货源的供应情况；③ 国际市场的价格动态；④ 国外客户的资信状况和经营能力等。具体来讲，正确确定出口商品成交量，既要考虑国外市场的需求量、市场趋势、季节因素等，保证及时、合理供应，以便巩固和扩大销售市场，同时又要考虑到货源情况和国内生产供货能力，以免日后交货困难。此外，还要根据国外商人的资信情况和经营能力来确定成交的数量，以免发生货款落空的风险。

就纺织品、服装出口业务而言，有如下几个原则。

① 保持经常的均衡供应。经常、均衡的供应有利于养成消费者使用我国服装商品的习惯，如纯棉内衣等，也有利于培养进口商经营我们的商品的信心。如果供应不均衡，造成脱销，市场很可能被其他供应商乘机占领。

② 适应季节性和临时性变化。不同的服装、纺织品，不同的国家具有不同的季节性消费特征。如欧美国家的圣诞节、东南亚国家的春节、印尼的挂纱节、穆斯林的开斋节等，都对服装纺织品有季节性的消费高峰。对于突发性的临时需求，要抓住商机，抢先应市，扩大我方市场份额。

③ 了解国外客户的资信和经营能力。国外客户的资信和经营能力，直接影响到我方的收汇安全。出口数量与金额的大小，要与国外客户的资信能力相匹配。这样，既能避免因客户不守信用带来的损失，又能不失去大生意。"大户大做，小户小做"。例如，对于一个资信不太好的小公司，我方要慎重成交，不要与其签订大金额的合同；反之，对于一个实力雄厚、资信良好的公司，我方也应抓住时机，力争将生意做大。

在合同磋商阶段，买方提供的订单给出了他所需要订购的服装数量。交易数量影响出口方的报价。一般来说，对于出口方，成交数量越大，预期利润可能也越大。但是，在确定成交数量时，出口方应充分考虑自己的资金调配能力、备货能力（这将涉及面料工厂、辅料工厂、服装厂的生产能力等）、自己拥有的出口许可证数量等。同时，成交数量大，一般成交金额可能相应也大，买方支付风险随之也增大。

如果成交数量过小，出口方的操作成本一般将上升。例如，涉及需要专门模具生产的特殊服装纽扣，如果成交数量太少，该纽扣使用量也不大，每件服装分摊的模具成本就会较大，从而出口服装的报价会提高。同样，如果某种颜色（尤其是某种镶色）面料用量过小，如只有十几米，染布厂难以仅为这么少量的布匹开染机染色。在这些情况下，出口方应耐心向买方解释说明情况，或接受较高的报价，或做出相应的更改，否则，出口方应理智地谢绝订单。

磋商过程中其他因素也会影响成交数量，从而影响合同的价格。比如，如果使用出口方办理运输的贸易术语（如CIF、CFR）并要求用集装箱整箱装运，当成交数量过小，集装箱运能不能充分利用，运输成本的增加将会使服装价格增加；再如，如果进口方是小公司或资信不能把握，一般成交数量不应过大，除非使用风险对出口方来说较小的支付条件，或采用分期交货、分期结算的方法来分散进口方的支付风险。

（2）对进口服装商品成交数量的确定

为了正确掌握进口商品的成交数量，在商订具体成交数量时，必须充分考虑以下因素：①国内的实际需求；②国内外汇支付能力；③市场行情的变化趋势等。具体来讲，正确确定进口商品成交量，主要应根据国内经济发展和市场调剂的需要，同时又要考虑到国内外汇支付能力和运输能力，此外还应根据当时市场行情的变化情况,确定进口商品的成交数量。

2. 合理规定数量机动幅度

要想订好数量机动幅度条款,做到合理规定数量机动幅度,应注意以下几点。

① 数量机动幅度大小要适当。数量机动幅度的大小,通常都是以百分比表示,如3%或5%不等,究竟百分比多大最合适,应视成交商品的特性、行业或贸易习惯及运输方式等因素而定。

② 数量机动幅度选择权规定要合理。在合同规定有数量机动幅度的条件下,应酌情确定由谁来行使这种机动幅度的选择权。如果采用海运,交货数量的机动幅度应由负责安排船舶运输的一方选择,也可规定由船长根据舱容和装载情况做出选择。此外,当成交某些价格波动较大的大宗商品时,为防止出口方或进口方在市场价格变动时,利用溢短装条款钻空子,也可在机动幅度条款中加注:"此项机动幅度,只是为了适应船舶实际装载量的需要时,才能适用"。

③ 溢短装部分的计价要公平合理。为了体现公平合理的原则,对于溢短装部分的计价办法,应在合同中作出明确的规定。最好采用按装船时或货到时的市场价格计算的办法。

3. 数量条款应明确具体

在规定商品数量条款时,应注意用词明确、具体,避免使用笼统含糊的字眼,以免在合同执行时引起不必要的纠纷和争议。比如,在规定成交商品数量时,应一并规定该商品的计量单位。对于按重量计算的商品,还应规定计算重量的具体方法。某些商品,如需要规定数量机动幅度时,则数量机动幅度多少、由谁来掌握这一机动幅度以及溢短装部分如何计价,都应在条款中具体订明。

第四节 服装的包装

一、服装商品包装的意义

商品包装(packing of goods)是商品生产过程中的最后一道工序。服装商品也只有经过包装,才能进入流通领域和消费领域,实现其价值和使用价值。商品包装是保护商品在流通过程中品质完好和数量完整的重要措施,保护功能是商品包装最基本功能。为了使出口服装的品质在运输、储存、销往国际市场的过程中不受损,应该根据服装商品类别的不同,合理地选择包装材料,设计包装结构,并注意商品防潮、防偷盗、防虫害、防霉、防水方面的特殊要求。经过包装的商品,还便于运输、装卸、搬运、储存、保管、计数和销售,为诸多方面提供了便利。

在当前国际市场竞争日趋激烈的情况下,许多国家都把创新包装作为加强对外竞销的重要手段和途径。这是因为,良好的包装不仅可以保护商品,而且还能美化商品、宣传商品、扩大影响、吸引消费者、稳定市场、提高售价、增加外汇收入等,因而成为增强竞争力,获取利润的重要手段之一。

在国际贸易中,商品包装还反映一个国家的经济、科学、技术、文化等方面的综合水平。在国际市场上,出口商品包装的好坏,不仅影响到商品销售价格的高低和销售渠道的畅通,而且还关系到国家及其商品的声誉。

此外,在国际货物买卖中,包装还是说明货物的重要组成部分。包装条件是买卖合同中的一项主要交易条件。按照某些国家的法律规定,如出口方交付的货物未按约定的条件包装,或者货物的包装与行业习惯不符,进口方有权拒收货物。由此可见,做好商品包装,对顺利履行合同也有重要的意义。

近年来,许多国家出于保护生态环境、保护消费者利益或限制进口的目的,纷纷出台了有关包装的政策、法令、条例,对进口商品包装及其标识进行了严格的规定。如一些大型国际展览会将具有环保性质的包装置于重要地位,因此,服装的出口包装也要力求做到科学、经济、牢固、美观、适销、环保的要求,从而发挥促销的作用。

二、商品包装的种类

进出口商品的包装分类如图2-1所示。

进入国际市场的商品，可以分为三类，即裸装货物（nude packed cargo）、散装货物（bulk cargo）和包装货物（packed cargo）。

裸装货物是指形态上自然成件、品质稳定、无须包装或略加捆扎即可成件的货物。如钢材、车辆等。

散装货物是指未加任何包装，可直接装入运输工具上的货物。这类货物多为不易包装或不值得包装的货物。如矿砂、煤炭、粮食等。

包装货物是指需要包装的货物。一般出口的纺织、服装商品均是需加以包装的包装货物。

按照包装在流通中所起的作用不同，包装可以分为以下两大类。

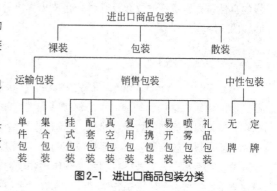

图2-1 进出口商品包装分类

（一）运输包装

运输包装（outer packing）又称外包装、大包装，其主要作用是在运输途中保护商品，便于运输、储存、计数，节省运费、仓租费等。

为了适应商品在运输、装卸过程中的不同要求，运输包装方式主要有单件运输包装和集合运输包装两种。

1. 单件运输包装

单件运输包装，是指货物在运输过程中作为一个计件单位的包装。单件运输包装按造型不同，可分为：箱（cases）、袋（bags）、包（bales）、捆（bundles）等。单件包装由于使用材料不同，还可进行细分。如箱有木箱、纸箱等，袋有麻袋、塑料袋等。单件包装的容量，也有不同规格和要求。如"纸箱装、每箱24件"（In cartoons, 24 pieces each）等。

服装出口包装一般是每件服装套上塑料袋后，若干件装入纸板箱。尤其是冬装，要求空运的话，应考虑套上真空塑料袋，再装入纸板箱。因此，对单件运输包装的上述各项内容，应由进出口双方在交易洽谈中商定，并在合同条款中具体订明。

2. 集合运输包装

又称成组化运输包装。集合运输包装是指在单件运输包装的基础上，为了适应运输、装卸工作现代化的要求，将若干件单件运输包装组合成一件大包装，以便更有效地保护商品、提高装卸效率和节省运输费用。目前常见的集合运输包装有以下三种。

① 集装包或集装袋（flexible container），一般是指用合成纤维或复合材料编织成的方形大包或圆形大口袋。集装包或集装袋又分为一次性使用和可收回周转使用两种。集装包适于装载已经包装好的桶装或袋装多件商品。每包可装1～1.5公吨货物。集装袋则更适于装粉状、粒状的化工产品、矿产品、农产品以及水泥等散装货物。每袋可装1～4公吨货物，最多可达13公吨左右。

② 托盘（pallet），一般是指用木材、金属或塑料制成的能够用铲车叉托起的托板。其规格主要有：80厘米×100厘米、80厘米×120厘米、100厘米×120厘米、120厘米×160厘米、120厘米×180厘米等几种。托盘的承载力一般为0.5～2公吨，堆货高度不得超过1.6米。

③ 集装箱（container），一般是指用金属板、木材或纤维板制成的长方形大箱，可装载5～40公吨重的货物。为了适应不同要求，集装箱可分为干货箱、保温箱、牲畜箱、平板箱、罐装箱、开顶箱、侧开箱

和冷藏箱等。服装进出口中，最常用的是吊装集装箱。服装套上塑料袋后，用衣架吊挂在吊装集装箱的横杆上，衣架用绳索缠紧。用这种方式装运，衣服抵达目的地后可以直接投放市场，而用纸板箱装运的服装，在投入市场前一般还要重新整烫。

在国际贸易中，买卖双方究竟采用何种运输包装，应根据商品的形状、特性、贸易习惯、货物运输路线的自然条件、运输方式以及各种费用支出大小等因素，在洽商交易时谈妥，并在合同条款中做出具体、明确的规定。

（二）销售包装

销售包装（inner packing）又称内包装、小包装，是直接接触商品并随商品进入零售网点和消费者直接见面的包装。这类包装除了具有保护商品的作用外，还具有美化、宣传商品，便于消费者识别、选购、携带、使用以及促销的功能。因此，在国际贸易中，对销售包装的造型结构、装潢设计、文字说明以及用料等方面，都有较高的要求。销售包装的设计实际属于营销范畴，在国际贸易中应该注意，内包装的颜色以及装潢、图案应该符合进口国的文化传统和消费偏好；内包装上的文字说明要符合进口国的规定，如需要使用进口国规定的语言进行说明等。在我国的服装出口中，某些高档的羊毛衫、衬衫等可能会使用销售包装，而一般的服装出口，尤其是进口国零售商销售前需要重新整理的服装，通常不需要内包装。

1. 销售包装的标示与说明

① 销售包装的装潢画面。在销售包装上，一般都附有装潢画面。其装潢画面要求美观大方，富有艺术感染力，并突出商品特点。其图案和色彩，还应适应有关国家的民族习惯和爱好。例如，日本认为荷花图形不吉利，信伊斯兰教的国家忌猪形图案，埃及禁忌蓝色，意大利喜欢绿色等。因此，在设计装潢画面时，要投其所好、吸引顾客，以利扩大出口。

② 销售包装的文字说明。在销售包装上应有必要的文字说明，如商标、品牌、品名、产地、生产日期、数量、规格、成分、用途以及使用方法等。文字说明要与装潢画面紧密结合、相互衬托、彼此补充，以达到宣传和促销的目的。此外，在销售包装上使用文字说明或制作标签时，还应注意有关国家的标签管理条例的规定。例如，服装标签上要加上适穿尺码S、M、L等。有些国家甚至对使用的语种也有具体的规定，如加拿大政府规定，必须同时使用英、法两种文字说明。

2. 加贴条形码

商品销售包装上的条形码是由一组带有数字的黑白及粗细间隔不等的平行条纹所组成，它是利用光电扫描阅读设备为计算机输入数据的特殊的代码语言。20世纪70年代初，美国将条形码技术应用于食品零售杂货类商品。目前，世界许多国家都在商品包装上使用条形码，只要将条形码对准光电扫描设备，计算机就能自动识别条形码的信息，确定商品的品名、类别、生产日期、生产厂家、产地等。并据此在数据库中查询其单价，进行货款结算并打出购货清单。采用条形码技术，不仅提高了结算的效率和准确性，方便了顾客，而且还能使贸易双方及时、准确地了解对方商品的有关资料和本国商品在对方销售的情况。

目前，许多国家的超级市场都使用条形码技术进行结算，如果商品包装上没有条形码，即使是名优商品，也不能进入超级市场，而只能当作低档商品在廉价商店销售。很多国家规定某些商品包装上必须要有条形码标志，否则不予进口。

商品包装上通用的条形码有两种：一种是由美国、加拿大组织的统一编码委员会编制，其使用的物品标识符号为UPC码（universal product code）；另一种是国际物品编码协会编制，其使用的物品标识符号为EAN码（european article number）。我国于1988年12月建立了"中国物品编码中心"，负责推广条形码技术，并对其进行统一管理。1991年4月我国正式加入国际物品编码协会，被分配的国别号为690、691和692。凡印有690、691、692条形码的商品，即表示是中国出产的商品。此外，我国的书籍代码为978，杂志代码为977。

（三）中性包装和定牌生产

采用中性包装（neutral packing）和定牌生产，是服装国际贸易中常用的做法。

1. 中性包装

中性包装是指既不标明生产国别、地名和厂商名称，也不标明原有商标和品牌的包装。也就是说，在出口商品包装的内外，都没有原产地和出口厂商的标记。中性包装包括无牌中性包装和定牌中性包装两种。前者是指包装上既无生产国别和生产厂商名称，又无商标和品牌；后者是指包装上仅有买方指定的商标或品牌，但无生产国别和厂商名称。

采用中性包装是为了打破某些进口国家和地区的关税和非关税壁垒以及适应交易的特殊需要（如转口销售等），它是出口国家厂商加强出口竞争力和推销出口商品的一种手段。我国为了把生意做活，有时也采用中性包装。

2. 定牌生产

定牌是指卖方按买方的要求，在其出售的商品或包装上标明买方指定的商标或牌号，这种做法叫定牌生产。

当前，世界许多国家的大百货商店、专业商店和超级市场，对其经营出售的商品，都要在商品或其包装上标有本店使用的商标或品牌，以扩大本店的知名度和显示该商品的身价。许多国家的出口厂商，为了利用买主的经营能力、商业信誉和品牌声誉，以提高商品售价和扩大销路，也愿意接受定牌生产。我国在出口贸易中，如外商订货量较大，需求又比较稳定，为了适应进口方销售的需要和扩大我国出口商品的销路，也可酌情接受定牌生产。但在具体操作中，又要谨防商标侵权行为的发生。最好在合同中明确规定："进口方指定的商标，当发生侵权法律纠纷时，应由进口方与控告者交涉。与出口方无关。由此给出口方造成的损失应由进口方负责赔偿。"

三、商品包装的标志

包装标志是指在商品包装上用文字、图形、数字制作的特定记号和说明事项。根据其具体作用的不同，又可以分为：运输标志、指示性标志和警告性标志三种。

1. 运输标志

运输标志（shipping mark），又称"唛头"。它通常是由一个简单的几何图形和一些字母、数字及简单的文字组成。作用是为了装卸、运输、仓储、检验、交接工作的顺利进行，防止错发错运。

一般由以下几部分组成：

① 目的港名称或代号；

② 收、发货人的代号；

③ 件号、批号。

此外，有的运输标志还包括原产地、合同号、许可证号和体积、重量等内容。

唛头式样见图2-2。

标准唛头是国际标准化组织（ISO）规定的，其基本内容如下：

① 收货人代号（进口方的名称字首或简称）。

② 参考号（如合同号）。

③ 目的（地）港。

④ 件数号码。

以上四项，每项内容不得超过17个字母。不采用几何图形。

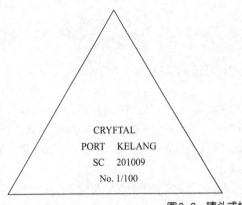
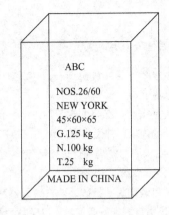

图2-2 唛头式样

例如：SMCO——收货人；

NEW YORK——目的港（地）；

S/C NO.345789——合同号（或订单号、发票号等）；

Nos.1—100——批件号（分母表示整批的数量）。

刷制唛头要注意：标志简单清晰、易于识别，大小适中、部位适当，颜色要牢固，防止褪色和脱落；运输包装上不要加任何广告性的宣传文字和图形，以免与运输标志混淆；唛头与信用证要保持一致。

2. 指示性标志

指示性标志（indicative mark），是指提示人们在装卸、运输和保管过程中需要注意的事项，一般都是以简单、醒目的图形和文字在包装上标出，故有人称其为注意标志。

指示性标志最好使用进口国和出口国两国的文字。一般使用英文。

指示性标志如图2-3所示。

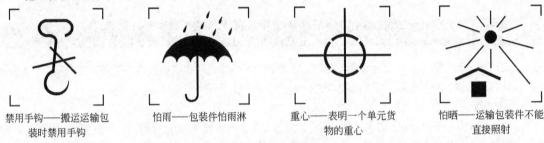

图2-3 指示性标志

3. 警告性标志

警告性标志（warning mark），又称危险标志，是指对一些易燃品、爆炸品、有毒品、腐蚀性物品、放射性物品等危险品，在其运输包装上清楚而明显地刷制的标志，以示警告。

警告性标志一般由简单的几何图形、文字说明和特定图案组成。对此，各国一般都有规定。一些国际组织也有专门规定。我国在出口危险货物时，除了刷制我国颁布的《危险货物包装标志》外，还要刷制《国际海运危险品标志》。服装商品的包装上一般较少使用警告性标志。警告性标志如图2-4所示。

四、合同中的包装条款

（一）包装条款的基本内容

包装条款（packing clause），也称包装条件。主要规定货物的包装方式、包装物料、包装费用的负担

图2-4 警告性标志

和包装标志等,是合同的主要交易条款之一,是货物说明的组成部分。如果卖方违反包装规定,买方有权拒收货物或要求索赔。包装条款具体包括以下内容。

1. 包装方式和包装材料

包装方式一般指包装尺寸、数量/重量、填充物和加固条件等,如捆包装,每捆50公斤净重(in bales of 50kg net weight each)。包装材料即包装所用的材料。如木箱、纸箱等。合同的包装条款中,每个纸板箱所装的服装件数最好是约量。如 "each coat is to be packed in a poly bag, about 25 pieces to a carton"(每件风衣套一个塑料袋,约25件装一纸板箱)。如果每箱中的数量是个具体的数字,在不允许分批装运或没有溢短装条款的情况下,该数字必须是交货数量的约数。否则,总有一箱会有尾数。如果是用信用证付款,银行就可能因此而拒付。

2. 包装费用

按照国际贸易惯例,包装费用一般包括在货价之内,无须另外订明。但是,如果买方对货物包装有特殊要求,需要进行特别包装;或是对一些不需要包装的货物要求进行包装,对于这部分超出正常需要的包装,则应由买方自己负担。此外,对于一些包装技术性较强的商品,也应根据双方约定的条件,在单价条款后面注明"包括包装费用"或"特别包装费用另付",以免日后发生纠纷。

3. 运输标志

按照国际贸易惯例,运输标志一般应由出口方设计确定并通知进口方。如果进口方要求出具运输标志时,一般也可以接受。但应在合同中订明进口方提供的时间,超过时,出口方有权自行决定。

(二)订立包装条款应注意的问题

在国际贸易中,包装条件涉及进出口双方的利益,进出口双方洽谈交易时必须谈妥,并在合同中做出明确规定。为此,订立包装条款,应注意下列问题。

1. 充分考虑商品特点和运输方式的要求

商品的特性、形状和运输方式不同,对包装的要求也不同。因此,在约定包装材料、包装方式、包装规格和包装标志时,必须首先充分考虑商品的特点及运输方式的要求。要从商品在储运和销售过程中的实际需要出发,使约定的包装,真正体现科学、经济、牢固、美观、适销和多创汇的要求。

2. 包装条款的规定要明确具体

订立包装条款要明确具体,不宜笼统规定。例如,一般不宜采用"海运包装"(seaworthy packing)和"习惯包装"(customary packing)之类的术语。因为,此类术语含义模糊,无统一解释,日后容易引起争议。

3. 注意进口国的有关法令规定

在订立包装条款时,还要考虑到进口国家对包装的有关法令规定。如进口商提出 "Metal pins, clamps and bands are not allowed to be used as packing material"(金属针、金属夹和金属带不许用作包装材料);或 "Only poly stroll hangers and poly bags can be used"(只可使用聚苯乙烯衣架和聚乙烯塑料袋)等。再如,日本、加拿大以及欧美各国,都禁止用稻草、干草或报纸作为包装衬垫物;埃及禁止用原棉和易于生寄生虫的植物材料作为包装衬垫物。此外,有些国家对某些商品每件净重量有一定的限制,对不同商品的每件包装重量订有不同的税率等。

思考题与情景实训

一、名词解释
   1. 毛重   2. 净重   3. 公量   4. 品质机动幅度   5. 品质公差   6. 样品   7. 定牌   8. 溢短装条款
9. 指示性标志   10. 警告性标志   11. 唛头

二、简答题
   1. 约定合同的品名条款应注意哪些问题?
   2. 服装品质条款应如何表示?约定品质条款应注意哪些事项?
   3. 什么是"代表样品"、"对等样品"、"复样"、"封样"?它们各有什么作用?
   4. 服装数量条款应如何表示?约定数量条款应注意哪些事项?
   5. 什么是定牌?什么是中性包装?服装国际贸易中为何会使用定牌和中性包装?在使用这些做法时应注意哪些问题?
   6. 进出口商品品质的表示方法有哪些?
   7. 什么是溢短装条款?它包括哪些内容?合同中应如何规定?
   8. 买卖合同中的包装条款一般包括哪些内容?

三、计算题
   出口羊毛10公吨,约定回潮率为11%,从10公吨中抽出10公斤,计算实际回潮率,抽去水分后剩下8公斤,请计算该批羊毛的公量是多少?

四、情景实训
   1. 我方向国外出口纯毛纺织品数批,买方收货后未提出任何异议。但数月后买方寄来服装一批,声称是用我方面料制作的,服装有严重的色差,难以销售,要求赔偿。我方应如何处理?
   2. 出口原棉20公吨,每公吨US$400FOB青岛,合同规定数量可以上下浮动10%,买方来证规定:金额为US$8000,数量约20公吨,结果我方按22公吨发货,银行拒绝付款。为什么?
   3. 出口成衣40000件,装运时发现库存仅剩39000件,卖方若以这39000件交货,是否构成违约?(能否援引5%的增减幅度以39000件交货?)
   4. 国外某商人拟购买我"温暖"牌内衣,但要求改为"白象"牌,并不得注明"Made in China",我方可否接受?为什么?

阅读链接

1. http://ISO9001.myrice.com
- 解说ISO质量认证的知识
2. http://www.chinaftat.org/loadcache/www.chinaftat.org/rzzxTXTFTATHOME.htm#
- 全国外经贸考试认证中心
3. http://www.trade158.com
- 国际贸易培训网
- 计量单位的换算
4. http://www.chinesewto.net/
- WTO中文网
- 《联合国国际货物销售合同公约》和《UCP600》中有关数量的规定
5. http://www.pack.net.cn/
- 中国包装网
- 我国有关包装的政策法规
- 关于绿色包装问题的探讨

第三章　服装国际贸易术语

- 第一节　服装国际贸易术语与国际贸易惯例
- 第二节　《2010年国际贸易术语解释通则》中的11种国际贸易术语
- 第三节　服装贸易术语的选用

目的与要求

使学生了解服装国际贸易中常用的贸易术语的含义，熟悉不同贸易术语下买卖双方的权利和义务；在此基础上能够准确合理地选用贸易术语，精于出口报价和还价核算，从而收到最佳的经济效益。

重点与难点

服装贸易术语的含义；不同贸易术语条件下进出口双方的风险、责任和费用划分；服装贸易术语的选用。

第一节　服装国际贸易术语与国际贸易惯例

一、国际贸易术语的含义和作用

（一）国际贸易术语（trade terms）的含义

在国际贸易中，买卖双方相距遥远，货物的顺利交接除了需要双方共同的努力，还需要银行、商检、运输、保险等部门的合作。在这一过程中，会产生许多复杂问题，如交货地点的确定、风险转移的确认、有关手续与责任的划分、各项费用的负担等。有关上述事项由谁办理，费用由谁负担，风险如何划分，买卖双方在磋商交易、签订合同时，必须予以明确。为了简化交易手续，节省交易时间，并便于双方当事人成交，买卖双方便采用某种专门用语来概括地表明各自的权利和义务。这种用来表示交易双方责任、费用与风险划分的专门术语，称为贸易术语。

贸易术语（trade terms），又称贸易条件、价格术语（price terms），是用一个简短的概念或三个字母的外文缩写来表示价格的构成或买卖双方在货物交接中有关手续、费用和风险责任的划分。每一种贸易术语都有其特定的含义，代表某种特定的交货条件，表明买卖双方各自承担不同的责任、风险和费用。

（二）国际贸易术语的作用

国际贸易术语是在长期的国际贸易实践中产生的，它的出现又促进了国际贸易的发展。具体表现在以下几个方面。

1. 有利于磋商、签约

由于每种贸易术语都有其特定的含义，而且关于贸易术语的解释都有一定的国际贸易惯例做出规定并被普遍接受。因此，在每一笔具体交易中，买卖双方只要约定按照何种贸易术语成交，即可以明确各自在交易中所应承担的风险、责任和费用，这就简化了交易手续，缩短了交易时间，从而有利于买卖双方迅速达成交易，订立合同。

2. 有利于核算价格、成本

由于贸易术语表示价格构成因素，所以买卖双方确定成交价格时，必然要考虑到所采用的贸易术语中包含哪些从属费用，如运费、保险费、装卸费、关税、增值税及其他费用，这就有利于买卖双方进行比价和加强成本核算。

3. 有利于解决履约中的争议

贸易术语的一般解释已成为国际惯例，并被贸易界、法律界人士所接受，成为一种类似行为规范的准则。因此，买卖双方签约时，如果对有关的合同条款规定得不够明确，致使履约中发生的争议不能依据合同的规定解决，就可以援引有关贸易术语的一般解释来解决。

二、有关贸易术语的国际贸易惯例

在国际贸易业务实践中，由于各国法律制度、贸易制度和习惯做法不同，所以各国对于各种贸易术语的解释与应用存在差异，从而容易引起贸易纠纷。为了避免各国在对贸易术语的解释上出现分歧、引起争议，有些国际组织和商业团体便就某些贸易术语做出统一的解释和规定。其中影响较大的主要有三种：国际法协会制定的《华沙—牛津规则》（Warsaw—Oxford Rules），美国九大商业团体制定的《美国对外贸易定义修订本》(Revised American Foreign Trade Definition)，国际商会制定的《国际贸易术语解释通则》(International Rules for the Interpretation of Trade Terms 简称INCOTERMS)。由于上述各种解释贸易术语的规则在国际贸易中运用范围较广，从而成为一般的国际贸易惯例。

（一）《1932年华沙—牛津规则》

《1932年华沙—牛津规则》(Warsaw—Oxford Rules 1932)是国际法协会专门为解释CIF合同而制定的。19世纪中叶，CIF贸易术语开始在国际贸易中被广泛采用，但是对使用这一术语时买卖双方各自承担的权利义务，并没有统一的规定和解释。为了对CIF合同双方的权利义务做出统一的规定和解释，国际法协会于1928年在波兰首都华沙制定了关于CIF买卖合同的统一规则，称之为《1928年华沙规则》。后经1930年的纽约会议、1931年的巴黎会议和1932年的牛津会议相继进行修订，并更名为《1932年华沙—牛津规则》，该规则对于CIF合同的性质、特点及买卖双方的权利和义务，都作了具体的规定和说明。目前，该国际贸易惯例已经很少使用。

（二）《1990年美国对外贸易定义修订本》

《1990年美国对外贸易定义修订本》(Revised American Foreign Trade Definition)是由美国九大商业团体最早于1919年在纽约制定的，后经多次修订完善，也是国际贸易中具有一定影响的国际贸易惯例。不仅在美国使用，而且也被加拿大和一些拉丁美洲国家所采用。该定义对Ex Point of Origin（产地交货）、FAS（在运输工具旁边交货）、FOB（在运输工具上交货）、C&F（成本加运费）、CIF（成本加保险费、运费）和Ex Dock（目的港码头交货）等六种贸易术语作了解释。值得注意的是，该国际惯例对贸易术语的解释与其他惯例有所不同，特别是FOB和FAS术语的解释与《Incoterms 2010》有着明显的差异，所以在同美洲国家进行交易时，应加以充分注意。例如：该《定义》把FOB分为六种类型，其中只有第五种，即装运港船上交货（FOB Vessel），才同国际贸易中一般通用的FOB的含义大体相同，而其余五种FOB的含义则完全不同。目前，该国际贸易惯例也较少使用。

（三）《2010年国际贸易术语解释通则》

《2010年国际贸易术语解释通则》(International Rules for the Interpretation of Trade Terms 简称Incoterms 2010)是由国际商会制定的。1936年，国际商会为了统一对各种贸易术语的解释，制定了《国际贸易术语解释通则》。后来，为了适应不同时期国际贸易业务的需要，先后于1953年、1967年、1976年、1980年、1990年、2000年进行了多次修订。为适应国际贸易的快速发展和国际贸易实践领域发生的新变化，国际商会于2007年发起对《Incoterms 2010》进行修订的建议。修订工作历时3年，最终版本于2010年9月完成，并于2011年1月1日起生效。《Incoterms 2010》考虑了无关税区的不断扩大、商业交易中电子信息使用的增加、货物运输中对安全问题的进一步关注以及运输方式的变化。考虑到对于一些大的区域贸易集团内部贸易的特点，新修订的《Incoterms 2010》不仅适用于国际销售合同，也适用于国内销售合同。

国际贸易术语解释通则2010包括11个术语，分为两大类：

（1）适用于任何运输方式或多种运输方式的术语

EXW	ex works	工厂交货
FCA	free carrier	货交承运人
CPT	carriage paid to	运费付至
CIP	carriage and insurance paid to	运费、保险费付至
DAT	delivered at terminal	运输终端交货
DAP	delivered at place	目的地交货
DDP	delivered duty paid	完税后交货

（2）适用于海运及内河水运的术语

FAS	free alongside ship	船边交货
FOB	free on board	船上交货
CFR	cost and freight	成本加运费
CIF	cost，insurance and freight	成本、保险费加运费

上述有关贸易术语的现行国际贸易惯例，是建立在当事人"意思自治"的基础上，具有任意法的性质。因此，买卖双方商订合同时，可以规定适用某些惯例，也可以变更、修改规则中的任何条款或增添其他条款，即是否采用上述惯例，悉凭自愿。如果在合同中使用《Incoterms 2010》，应在合同中用类似词句做出明确表示，如"所选用的国际贸易术语，包括指定地点，并适用《Incoterms 2010》"。

第二节　《2010年国际贸易术语解释通则》中的11种国际贸易术语

一、适用于任何运输方式或多种运输方式的贸易术语

（一）EXW术语

1. EXW术语的含义

EXW的全文是ex works（……named place），即工厂交货（……指定地点）。是指当卖方在其所在地或其他指定地点（如工厂、车间或仓库等）将货物由买方处置时，即完成交货。卖方不需将货物装上任何前来接收货物的运输工具，也无需办理出口清关手续。

采取EXW条件成交时，卖方承担的风险、责任以及费用都是最小的。在交单方面，卖方只需提供商业发票或具有同等作用的电子信息，如合同有要求，才须提供证明所交货物与合同规定相符的文件。至于出口许可证或其他官方证件，卖方无须提供。在买方要求下，卖方也可协助买方取得上述证件，但要由买方承担风险和费用。

根据《Incoterms 2010》的解释，EXW术语适用于包括国际多式联运在内的各种运输方式。

2. 买卖双方的基本义务

（1）卖方义务：①在合同规定的时间、地点将符合合同要求的货物置于买方的处置之下；②承担将货物交给买方处置之前的一切费用和风险；③提交商业发票以及合同可能要求的其他与合同相符的证据或有同等作用的电子信息；④在买方要求，并承担风险、费用的条件下，协助买方取得进口许可证、出口货物所需的官方授权以及提供货物安检通过所需的信息。

（2）买方义务：①在合同规定的时间、地点受领卖方提交的货物，并按合同规定支付货款；②承担受领货物之后的一切费用和风险；③自负费用和风险，取得出口许可证或其他官方批准证件，并办理货物出口和进口的一切海关手续。

3. 使用EXW术语应注意的问题

（1）做好货物交接工作　一般情况下，按EXW术语成交，卖方在产地备好货，由买方前来接运货物，由卖方将交接货物的具体时间和地点通知买方。但有时双方约定，买方有权确定在一个规定的期限内或地点受领货物时，买方应及时通知卖方。如果买方未能及时通知卖方，由此引起的额外费用要由买方承担。

（2）明确装货费用的负担　卖方对买方没有装货的义务，如果卖方装货，也是由买方承担相关风险和费用。

（3）谨慎使用EXW术语　以EXW为基础购买出口产品的买方需要注意，卖方只有在买方要求时，才有义务协助办理出口，即卖方无义务安排出口通关。因此，在买方不能直接或间接地办理出口清关手续时，

不建议使用该术语。在成交前，买方应了解出口国政府的有关规定，如果买方无法做到直接或间接办理货物出境手续时，则不应采用这一贸易术语成交，最好采用FCA术语成交。

（二）FCA术语

1. FCA术语的含义

FCA的英文表示是free carrier（……named place），即货交承运人（……指定地点）。是指卖方在卖方所在地或其他指定地点将货物交给买方指定的承运人或其他人。按照这一贸易术语成交时，卖方在规定的时间、地点把货物交给买方指定的承运人或其他人（如运输代理人），并办理出口手续后，就算完成了交货义务。买方要自费订立从指定地点启运的运输契约，并及时通知卖方。

根据《Incoterms 2010》的解释，FCA术语适用于包括国际多式联运在内的各种运输方式。无论采用哪种运输方式，卖方承担的风险均于货交承运人时转移。风险转移之后，与运输、保险相关的责任和费用也相应转移。

2. 买卖双方的基本义务

（1）卖方义务：①在合同规定的时间、地点将合同规定的货物置于买方指定的承运人控制下，并及时通知买方；②承担货物交给承运人控制之前的一切费用和风险；③自负风险和费用，取得出口许可证或其他官方批准证件，并办货物出口所需的一切海关手续；④提交商业发票以及合同可能要求的其他与合同相符的证据或有同等作用的电子信息。

（2）买方义务：①签订从指定地点承运货物的合同，支付有关的运费，并将承运人名称及有关情况及时通知卖方；②根据买卖合同的规定受领货物并支付货款；③承担受领货物之后所发生的一切费用和风险；④自负风险和费用，取得进口许可证或其他官方证件，办理货物进口所需的海关手续，并支付费用。

3. 使用FCA术语应注意的问题

（1）注意明确交货地点　由于风险在交货地点转移至买方，特别建议双方尽可能清楚地写明指定交货地内的交付点。按照《Incoterms 2010》的解释，交货地点的选择直接影响到装卸货物的责任划分问题。如果双方约定的交货地点是在卖方所在地，卖方负责把货物装上买方安排的承运人所提供的运输工具即可；如果交货地点是在其他地方，卖方就要将货物运交给承运人，在自己所提供的运输工具上完成交货义务，而无须负责卸货；如果在约定地点没有明确具体的交货点，或是有几个交货点可供选择，卖方可以从中选择为完成交货义务最适宜的交货点。

（2）注意风险转移的界限　采用FCA术语成交时，买卖双方的风险划分是以货交承运人为界。通常情况下，由买方负责订立运输契约，并将承运人名称及有关情况及时通知卖方，这样，卖方才能如约完成交货义务，并实现风险的转移。但是，如果买方未能及时给予卖方上述通知，或是买方指定的承运人在约定的时间内未能接受货物，使得卖方无法按时完成交货义务，其后的风险自规定的交付货物的约定日期或期限届满之日起，由买方承担货物灭失或损坏的一切风险，但以货物已被划归本合同项下为前提条件。

（3）注意责任和费用的划分　FCA术语适用于各种运输方式。卖方交货的地点也因采用的运输方式不同而异。根据《Incoterms 2010》的解释，不论在何处交货，卖方都要自负风险和费用，取得出口许可证或其他官方批准证件，并办理货物出口所需的一切海关手续。在FCA条件下，买卖双方承担的费用一般也是以货交承运人为界进行划分的。但是，在一些特殊的情况下，买方委托卖方代办一些本属于自己义务范围内的事项所产生的费用，以及由于买方过失所引起的额外费用，均应由买方负担。

（三）CPT术语

1. CPT术语的含义

CPT的英文表示是carriage paid to（……named place of destination），即运费付至（……指定目的地）。是指卖方将货物在双方约定地点（如果双方已经约定了地点）交给卖方指定的承运人或其他人，卖方须签订运输合同并支付将货物运至指定目的地所需费用。按这一贸易术语成交，卖方负责将货物交给承运人，并支付货物运至目的地的运费，风险转移以货交承运人为分界点。

根据《Incoterms 2010》的解释，CPT术语适用于包括国际多式联运在内的各种运输方式。

2. 买卖双方的义务

（1）卖方义务：①在合同规定的时间、地点将合同规定的货物交付承运人照管，并及时通知买方；②订立将货物运至指定目的地的运输合同并支付运费；③承担货物交给承运人照管前的风险；④自负风险和费用，取得出口许可证或其他官方批准证件，并办理货物出口所需的一切海关手续；⑤提交商业发票以及合同可能要求的其他与合同相符的证据或有同等作用的电子信息。

（2）买方义务：①接受卖方提供的有关单据，受领货物并按合同规定支付货款；②承担货物交给承运人照管后的风险；③自负风险和费用，取得进口许可证或其他官方批准证件，并办理货物进口所需的一切海关手续。

3. 使用CPT术语应注意的问题

（1）风险划分的界限　CPT的字面意思是运费付至指定目的地，但卖方承担的风险并没有延伸到指定的目的地。根据《Incoterms 2010》的解释，货物自交货地运至目的地的运输途中的风险是由买方承担，而不是由卖方承担的。卖方只承担货物交给承运人照管前的风险。

（2）明确责任和费用的划分　按CPT术语成交时，买卖双方应在合同中明确规定装运期和目的地，以便卖方选择承运人，自费订立运输合同，将货物运至目的地。卖方将货物交给承运人照管后要及时通知买方，以便买方在目的地受领货物。如果买卖双方未能确定买方受领货物的具体地点，卖方可在指定目的地选择最适合卖方要求的地点。

按照CPT术语成交时，卖方只承担从交货地点到指定目的地的正常运费，正常运费之外的其他有关费用，一般由买方承担。货物的装卸费可以包括在运费之中，统一由卖方负担，也可由双方在合同中另行约定。

（四）CIP术语

1. CIP术语的含义

CIP的英文表示是carriage, insurance paid to（……named place of destination），即运费、保险费付至（……指定目的地）。是指卖方将货物在双方约定地点（如双方已经约定了地点）交给其指定的承运人或其他人。卖方必须签订运输合同并支付将货物运至指定目的地所需的费用。按这一贸易术语成交时，卖方除负有与CPT术语相同的义务以外，还须办理货物在运输途中最低险别的保险，并支付保险费。

在CIP条件下，卖方的交货地点、风险划分界限都与CPT相同，差别在于采用CIP术语时，卖方增加了保险的责任和费用，在卖方应提交的单据中，比CPT术语条件下增加了保险单据。

根据《Incoterms 2010》的解释，CIP术语适用于包括国际多式联运在内的各种运输方式。

2. 买卖双方的义务

（1）卖方义务：①订立将货物运至指定目的地的运输合同，并支付运费；②按照合同规定的时间、地点，将合同规定的货物交付给承运人照管，并及时通知买方；③承担将货物交给承运人照管前的风险；④按照合同的约定，自负费用投保货物最低险别的保险；⑤自负风险和费用，取得货物出口许可证或其他官方批准证件，并办理货物出口所需的一切海关手续；⑥提交商业发票以及合同可能要求的其他与合同相符的证据或有同等作用的电子信息。

（2）买方义务：①接受卖方提交的有关单据，受领货物，并按合同规定支付货款；②承担自货物在约定地点交给承运人照管后的风险；③自负风险和费用，取得进口许可证或其他官方批准证件，并办理货物进口所需的一切海关手续并支付有关费用。

3. 使用CIP术语应注意的问题

（1）正确理解风险和保险　按照CIP术语成交时，卖方要负责办理货运保险，并支付保险费。但货物从交货地点运往目的地途中的风险都是由买方承担的，因此，卖方的投保属于"代办性质"。根据《Incoterms 2010》的解释，一般情况下，卖方应按买卖双方约定的险别投保，如果双方未约定投保险别，则卖方可按照惯例投保最低保险险别。

（2）合理地确定价格 按CIP术语成交时，卖方须要承担较多的责任和费用。既要负责办理从装运地至指定目的地的运输，并承担运费；又要办理货运保险并支付保险费。这些都要在价格构成中体现出来。因此，卖方在对外报价时，必须认真核算成本和价格。核算中，既要考虑运输距离、保险险别，又要考虑各种运输方式和各类保险的收费情况，还要预计运费和保险费率的变化趋势，以防止盲目报价造成不应有的损失。从买方角度来讲，对卖方的报价也应认真分析研究，做好比价，以免付出过高的代价。

（五）DAT术语

1. DAT术语的含义

DAT的英文表示是delivered at terminal（……named terminal at port or place of destination），即运输终端交货（……指定港口或目的地的运输终端）。是指当卖方在指定港口或目的地的指定运输终端将货物从抵达的载货运输工具上卸下，交由买方处置时，即为交货。"运输终端"意味着任何地点，而不论该地点是否有遮盖，例如码头、仓库、集装箱堆场或公路、铁路、空运货站。卖方承担将货物送至指定港口或目的地的运输终端并将其卸下的一切风险。

根据《Incoterms 2010》的解释，DAT术语适用于包括国际多式联运在内的各种运输方式。

2. 买卖双方的义务

（1）卖方义务：①按照合同规定的时间、地点，自付费用签订运输合同，将货物运至约定的港口或目的地的指定运输终端，将货物从指定的运输工具上卸下，交由买方处理；②承担将货物在指定目的地运输终端交给买方前的风险；③自负风险和费用，取得货物出口许可证或其他官方批准证件，并办理货物出口所需的一切海关手续；④提交商业发票以及合同可能要求的其他与合同相符的证据或有同等作用的电子信息。

（2）买方义务：①接受卖方提交的有关单据，受领货物，并按合同规定支付货款；②承担自货物在约定运输终端交货后的风险；③自负风险和费用，取得进口许可证或其他官方批准证件，并办理货物进口所需的一切海关手续并支付有关费用。

3. 使用DAT术语应注意的问题

（1）注意做好货物交接 对于卖方来讲，货物装运后应及时预计到达时间通知买方，以便买方做好接货准备；对于买方来讲，要自负风险和费用，取得进口许可证，当卖方按规定做好了交货准备时，买方要及时受领货物。当有权决定在约定期间内的具体时间和接货地点时，必须向卖方发出充分的通知，否则，买方要承担因此而产生的额外费用。

（2）注意目的地的卸货条件 由于DAT术语条件下，卖方要承担在目的地运输终端将货物卸下的责任和费用，所以应了解目的地的卸货条件，如：天然条件、装卸设备及仓储条件等。

（六）DAP术语

1. DAP术语的含义

DAP的英文表示是delivered at place（……named place of destination），即目的地交货（……指定目的地）。是指当卖方在指定目的地将仍处于抵达的运输工具之上，且已做好卸载准备的货物交由买方处置时，即为交货。卖方承担将货物运送到指定地点的一切风险。

根据《Incoterms 2010》的解释，DAP术语适用于包括国际多式联运在内的各种运输方式。

2. 买卖双方的义务

（1）卖方义务：①按照合同规定的时间、地点，自付费用签订运输合同，将货物运至约定的地点或指定的目的地，将仍处于抵达的运输工具上、且已做好卸货准备的货物交由买方处理；②承担将货物在指定目的地交货前的风险；③自负风险和费用，取得货物出口许可证或其他官方批准证件，并办理货物出口所需的一切海关手续；④提交商业发票以及合同可能要求的其他与合同相符的证据或有同等作用的电子信息。

（2）买方义务：①接受卖方提交的有关单据，受领货物，并按合同规定支付货款；②承担自货物在约定目的地交货后的风险；③负担自交货起包括卸货费用等与货物相关的一切费用；④自负风险和费用，取得进口许可证或其他官方批准证件，并办理货物进口所需的一切海关手续并支付有关费用。

3. 使用DAP术语应注意的问题

（1）交货地点和卸货费用的负担问题　由于卖方承担在特定地点交货前的风险，双方应尽可能清楚地约定指定目的地内的交货点。如果卖方按照运输合同在目的地发生了卸货费用，除非双方另有约定，卖方无权向买方要求偿付。

（2）注意做好货物交接　对于卖方来讲，货物装运后应及时将预计到达时间通知买方，以便买方做好接货准备；对于买方来讲，要自负风险和费用，做好卸货准备，及时受领货物。

（七）DDP术语

1. DDP术语的含义

DDP的英文表示是delivered duty paid（……named place of destination），即完税后交货（……指定目的地）。

DDP术语是《Incoterms 2010》中包含的11种贸易术语中卖方承担风险、责任和费用最大的一种术语。按照这一术语成交时，卖方要负责将货物从启运地一直运到合同规定的进口国内的指定目的地，把货物实际交到买方手中，才算完成交货。卖方要承担交货前的一切风险、责任和费用，其中包括办理货物出口和进口的清关手续以及支付关税、捐税和其他费用。

2. 买卖双方的基本义务

（1）卖方义务：①订立将货物运至进口国指定目的地的运输合同，并支付运费；②按照合同规定的时间、地点，将合同规定的货物置于买方处置之下；③承担在指定目的地将货物置于买方处置下之前的风险和费用；④自负风险和费用，取得货物出口和进口许可证及其他官方批准证件，并办理货物出口和进口所需的一切海关手续、支付关税及其他有关费用；⑤提交商业发票以及合同可能要求的其他与合同相符的证据或有同等作用的电子信息。

（2）买方义务：①接受卖方提交的有关单据，在目的地约定地点受领货物，并按合同规定支付货款；②承担在目的地约定地点受领货物后的风险和费用；③根据卖方的请求，在由卖方负担风险和费用的前提下，给予买方一切协助，使其取得货物进口许可证或其他官方批准证件。

3. 使用DDP术语应注意的问题

（1）注意办理投保事宜　按照DDP术语成交时，卖方要承担很大的风险，为了能在货物受损或灭失时及时得到经济补偿，卖方应注意签订保险合同，办理货运保险，通过投保的方式转移风险。

（2）考虑办理进口清关手续的能力　在DDP交货条件下，卖方是在办理了进口结关手续后在指定目的地交货的。如果卖方直接办理货物进口手续有困难，也可要求买方协助办理。如果卖方不能直接或间接地取得进口许可证，则不应适用DDP术语。

二、适用于海运及内河水运的贸易术语

（一）FAS术语

1. FAS术语的含义

FAS的英文表示是free alongside ship（……named port of shipment），即船边交货（……指定装

运港)。

按照这一术语成交时,卖方要在约定的时间内将合同规定的货物交到指定的装运港买方所指派的船只的船边,在船边完成交货义务,买卖双方负担的风险和费用均以船边为界。如果买方所派的船只不能靠岸,卖方则要负责用驳船把货物运到船边交货,装船的责任和费用由买方承担。

按这一术语成交时,卖方要办理货物出口许可证及其他官方证件,提供商业发票或具有同等效力的电子信息,自负费用和风险,并提供证明完成其交货义务的单据,如码头收据。在买方要求下,卖方可协助买方取得运输单据,但要由买方承担费用和风险。

2. 买卖双方的基本义务

(1)卖方义务:①在合同规定的时间和装运港口,将合同规定的货物交到买方所派的船只边,并及时通知买方;②承担货物交至装运港船边之前的一切费用和风险;③自负费用和风险,取得出口许可证或其他官方批准证件,并办理货物出口的一切海关手续;④提交商业发票以及合同可能要求的其他与合同相符的证据或有同等作用的电子信息。

(2)买方义务:①订立从指定装运港口运输货物的合同,支付运费。并将船名、装货地点及装货时间及时通知卖方;②在合同规定的时间、地点受领卖方提交的货物,并按合同规定支付货款;③承担货物交至船边之后所发生的一切费用和风险;④自负费用和风险,取得进口许可证或其他官方批准证件,并办理货物进口的一切海关手续。

3. 使用FAS术语应注意的问题

(1)不同的国际贸易惯例对FAS术语的不同解释 根据《Incoterms 2010》的解释,FAS术语只适用包括海运在内的水上运输方式,交货地点只能在装运港。但是,按照《1990年美国对外贸易定义修订本》的解释,FAS是Free Along Side的缩写,即指交到任何运输工具的旁边。因此,在同北美国家的交易中使用FAS术语时,应在FAS后面加上"Vessel"字样,以明确表示"船边交货"。

(2)船货衔接的问题 采用FAS术语成交,从装运港至目的港的运输合同是由买方负责订立。买方要及时将船名、要求装货的具体时间、地点通知卖方,以便卖方按时做好备货出运工作;卖方也应将货物运至船边的情况及时通知买方,以便买方办理装船事项。只有做到船货衔接,才能使交易双方更好地履行各自的义务,保证合同的顺利执行。

(二)FOB术语

1. FOB术语的含义

FOB的英文表示是free on board(……named port of shipment),即装运港船上交货(……指定装运港)。按照这一术语成交时,买方负责派船接运货物,卖方在合同规定的装运港和期限内将货物装到买方指定的船上,并及时通知买方。货物灭失或损坏的风险在货物交到船上时转移,同时买方承担自那时起的一切费用。

采用FOB术语成交时,卖方要自负风险和费用,领取出口许可证或其他官方证件,并负责办理出口手续,还要自负费用提供交货的凭证;而买方则要在规定的装运期,自行办理运输,到港接货。在买方要求下,并由买方承担风险和费用的前提下,卖方也可协助买方办理运输、取得运输单据。根据《Incoterms 2010》的解释,FOB术语只适用于海运或内河运输。

[案例]某出口公司向外商出售棉坯布300吨,成交价格条件FOB上海。装船时货物经检验符合合同要求,货物出运后,卖方及时向买方发出装船通知。但航运途中,因海浪过大,坯布大半被海水浸泡,品质受到影响,货物到达目的港后,只能降低价格出售,于是买方要求卖方赔偿差价损失。

分析:采用FOB术语,卖方按时将货物交至买方指定船上即履行了交货义务,货物损坏或灭失的风险已从卖方转移至买方。至于买方货物受损,如果属于保险公司承保责任范围内的损失,则应向保险公司提出索赔,卖方可协助办理。

2. 买卖双方的基本义务

（1）卖方义务：①在合同规定的装运港和期限内，将货物装到买方指定的船上，并及时通知买方；②承担货物在装运港装上船之前的一切费用和风险；③自负风险和费用，取得出口许可证及其他官方批准证件，并办理货物出口的一切海关手续；④提交商业发票以及合同可能要求的其他与合同相符的证据或有同等作用的电子信息。

（2）买方义务：①负责租船订舱，按时派船到合同约定的装运港接运货物，支付运费，并将船名及装船地点和要求交货的时间及时通知卖方；②承担货物在装运港装上船之后的一切费用和风险；③自负风险和费用，取得进口许可证及其他官方批准证件，并办理货物进口所需的海关手续；④根据合同的规定受领货物并支付货款。

3. 使用FOB术语应注意的问题

（1）船货衔接问题　按照FOB术语成交的合同属于装运合同。在FOB条件下，卖方负责按合同规定的时间、地点完成装货；买方负责租船订舱。这就存在一个船货衔接的问题。根据有关法律和惯例，如果买方未能按时派船，卖方有权拒绝交货。而由此产生的各种损失，如空舱费、滞期费以及卖方增加的仓储费等，均由买方承担；反之，如果买方指派的船只按时到达装运港，而卖方却未备妥货物，由此产生的上述费用则由卖方承担。如果买方委托卖方办理租船订舱，卖方也可酌情接受，但这属于代办性质，其风险和费用仍由买方承担，即便卖方租不到船，卖方也不承担责任，买方无权撤销合同或索赔。总之，按FOB术语成交，有关备货和派船事宜也要密切配合、加强联系，保证船货衔接，顺利履行合同。

[案例] 某公司以FOB条件出口一批真丝连衣裙。合同签订后接到买方来电，称租船较为困难，委托我方代为办理租船，有关费用由买方负担。为了方便合同履行，我方接受了对方的要求。但时至装运期，我方在规定装运港无法租到合适的船，且买方又不同意改变装运港。因此，到装运期满时货仍未装船，买方因销售季节即将结束，便来函以我方未按期履行交货义务为由撤销合同。试问：我方应如何处理？

（2）不同的贸易惯例对FOB术语的不同解释　《1990年美国对外贸易定义修订本》（以下简称《定义修订本》）与《Incoterms 2010》对FOB术语的解释存在着许多不同之处。第一，适用的运输方式不同。《Incoterms 2010》中的FOB术语仅适用于水上运输；而《定义修订本》中的FOB术语则适用于任何运输方式。第二，办理出口清关手续的责任与费用承担的划分不同。《Incoterms 2010》规定由卖方自负风险、费用，办理出口清关手续；而《定义修订本》规定卖方根据买方的要求，在买方负担费用的情况下，卖方协助买方办理出口清关手续。第三，交货地点不同。《Incoterms 2010》中的FOB是船上交货，而《定义修订本》中的FOB是任何运输工具上交货，包括六种情况，只有第五种情况与《Incoterms 2010》相同。所以，在与美国以及北美其他国家进行贸易往来时，若采用船上交货，应在FOB和港名之间加注"Vessel"（船）字样，这样才能表明卖方是在装运港船上交货。

[案例] 我国有一家公司曾按每吨242美元FOB Vessel New York条件与美商签订进口200吨原棉的合同，后我方公司如期开出了金额为48,400美元的信用证，但美商收到信用证后来函要求增加信用证金额至50,000美元，不然有关出口捐税及签证费用应由我方另外电汇。

分析：这是由于对于出口手续的办理，不同的国际贸易惯例有不同的规定，《Incoterms 2010》规定由卖方自负风险、费用，办理出口清关手续；而《1990年美国对外贸易定义修订本》规定卖方根据买方的要求，在买方负担费用的情况下，卖方协助买方办理出口清关手续。因此，该案例中，美商要求我方承担出口税费。

（3）装船费用问题　按照FOB（free on board）的字面意思（船上交货）来看，卖方要负责支付货物装上船之前的一切费用。但是在装船作业的过程中涉及的各项具体费用究竟由谁来负担，各国的习惯和做法也不完全一致。如果采用"班轮运输"，与装船有关的各项费用，均包括在班轮运费中，由买方负担；如果采用"租船运输"，按照船运惯例，船方一般不负担装卸费用。在这种情况下，买卖双方应在合同中明确规定装船、理舱、平舱费用的负担，以免日后发生争议。

（三）CFR术语

1. CFR术语的含义

CFR的英文表示是cost and freight（……named port of destination），即成本加运费（……指定目的港）。按照这一贸易术语成交，卖方在合同规定的装运港和装运期内，将货物装上船，并及时通知买方。货物灭失或损坏的风险在货物交到船上时转移到买方。除此之外，卖方要自负风险和费用，取得出口许可证及其他官方证件，并负责办理货物的出口手续。

在CFR条件下，卖方要负责租船订舱，支付到指定目的港的运费，但从装运港到目的港的货运保险，仍由买方负责办理，保险费由买方负担。按CFR术语成交，卖方还要向买方提交商业发票和运输单据，必要时还要提供证明其所交货物的证件。这一贸易术语只适用于海运或内河运输。

2. 买卖双方的基本义务

（1）卖方义务：①租船订舱，在合同规定的时间和港口，将符合合同要求的货物装上船，支付至目的港的运费，并及时通知买方；②承担货物在装上船之前的一切费用和风险；③自负风险和费用，取得出口许可证或其他官方证件，并办理货物出口所需的一切海关手续；④提交商业发票和货物运往目的港的通常的运输单据或具有同等作用的电子信息。

（2）买方义务：①接受卖方提供的有关单据、受领货物，并按合同支付货款；②承担货物装上船之后的一切风险；③自负风险和费用，取得进口许可证和其他证件，并办理货物进口所需的海关手续。

3. 使用CFR术语应注意的问题

（1）明确租船订舱的责任　按CFR术语成交时，风险转移的界限是在装运港货物装上船时为分界点，所以属于装运港交货的贸易术语，卖方只保证按时装运，但并不保证货物按时到达目的港，也不承担把货物运到目的港的义务。

（2）卸货费用负担问题　按照CFR条件成交时，卖方负责将符合合同规定的货物运至合同规定的目的港，并支付正常运费。至于货物到达目的港后的卸货费用究竟由谁来负担，双方需要予以明确。

（3）注意装船通知问题　按照CFR术语成交，由卖方负责安排货物运输，由买方负责办理货物保险。因此，如果卖方将货物装船后不能及时通知买方，买方就无法及时办理货运保险，甚至有可能出现漏保的情况。因此，如果卖方装船后未能及时通知买方，致使买方未能投保时，则要由卖方来承担货物在运输途中的风险。

[案例]某出口公司按CFR贸易术语与法国一家进口商签订一笔抽纱台布的出口合同，价值80000美元，采用即期托收方式支付。货物于2011年1月8日上午装"昌盛轮"完毕，当天下午业务员工作较忙，忘记发出装船通知，1月9日上午才想起向买方发出通知。法国进口商收到装船通知后向当地保险公司申请投保时，不料该保险公司已获悉"昌盛轮"9日凌晨在海上遇难，从而拒绝承保。于是法国进口商立即向我方来电称"由于你方迟发装船通知，致使我方无法投保，现货轮已遇难，该批货物损失应由你方负担并赔偿我方利润及费用8000美元。"不久，我方通过托收行寄出的全部货物单证也因进口商拒付，被代收行退回。

分析：CFR条件下卖方忘了装船通知，就等于货物风险并未转移给买方，由此导致的货物损失，卖方负有不可推卸的责任。

（4）区分CFR术语与CPT术语的异同点　CFR术语与CPT术语的相同点表现在：①都是风险转移在先，责任、费用转移在后。卖方承担的风险都是在交货地点随交货义务的完成而转移，但卖方都要负责自交货地至目的地的运输和负担正常运费，并在价格构成中体现出来。②按这两种术语签订的合同，都属于装运合同。卖方只需保证按时交货，并不保证按时到货。

CFR术语与CPT术语的不同点表现在：①CFR术语只适用于水上运输方式，因此交货地点只能在装运港；而CPT术语适用于各种运输方式，因此交货地点根据运输方式的不同，由买卖双方加以约定。②CFR

条件下,风险划分以货物装上船为界;而CPT术语则以货交承运人为界。此外不同术语条件下,因运输方式不同,交货地点不同,卖方承担的责任、费用以及需要提交的单据等也不同。

(四)CIF术语

1. CIF术语的含义

CIF的英文表示是cost, insurance and freight(……named port of destination),即成本加保险费、运费(……指定目的港)。按照这一贸易术语成交时,卖方除负有与CFR相同的义务外,还应办理货物在运输途中的海运保险,并支付保险费。因此,CIF合同买卖双方的义务,只需在CFR合同买卖双方义务的基础上,在卖方义务中增加保险义务即可。CIF术语只适用于海运或内河航运。

2. 使用CIF术语应注意的问题

(1)风险与保险的问题　采用CIF术语成交时,由于风险是在装运港货物越过船舷时就由卖方转移给了买方,长途运输中的风险应该由买方来承担,所以卖方办理保险,是为了买方的利益投保的,因此具有"代办性质"。一般情况下,在合同的保险条款中应明确规定保险险别、保险金额等内容。如果合同中未作出具体规定,那就根据有关惯例来处理,按照《Incoterms 2010》对CIF术语的解释,卖方只需投保最低的险别,但在买方要求时,并由买方承担费用的情况下,卖方可加保附加险。

(2)象征性交货问题　从交货的方式来看,CIF是一种典型的"象征性交货"。所谓"象征性交货"是相对于"实际交货"而言的。"象征性交货"是指卖方只要按期在约定的地点完成货物装运,并向买方提交合同规定的包括物权凭证在内的有关单据,就算完成了交货义务,而无须保证到货。"实际交货"则是指卖方要在规定的时间和地点,将符合合同规定的货物提交给买方或其指定的人,不能以"交单"代替"交货"。可见,象征性交货方式下,卖方是"凭单交货",买方是"凭单付款"。只要卖方如期向买方提交了合同规定的全套合格单据,即使货物在运输途中损坏或灭失,买方也必须履行付款义务。反之,如果卖方提交的单据不符合要求,即使货物完好无损地运达目的地,买方也有权拒付货款。

必须指出,在CIF合同中,卖方实际上有两项义务:"交付货物"和"提交单据"缺一不可。交付货物是提交单据的基础,提交单据是交付货物的实现形式。在CIF合同中,买方也有两项权利:"验单权"和"验货权"。如果单货不符,且属于卖方的责任,买方有权拒收货物。即使买方已付款,仍可根据合同的规定要求退回货款、提出索赔。

(3)租船订舱责任问题　按照CIF条件成交,卖方的基本义务之一是租船订舱,办理从装运港到目的港的运输事项。按照CIF术语的一般解释,按照通常条件自行负担费用订立运输合同,将货物按惯常路线,用通常类型可供装载货物的海上航行船只(或适当的内河运输船只)装运至指定目的港。买方提出限制装运船舶的国籍、船型、船龄、船级和指定装载某班轮的船只的要求,卖方有权拒绝。当然,在我国对外贸易实践中,为了拓展业务,如果买方提出上述要求,我们也可以考虑接受。

(4)卸货费用的承担　采用CIF术语成交时,由卖方负责租船订舱,支付到达目的港的运费。但在大宗货物按照CIF条件成交时,也容易在卸货费用由谁承担的问题上引起争议。为了明确责任,避免引起不必要的争议,双方在签订CIF合同时,也可以在CIF术语后加列条件予以明确。

(5)区别CIP术语与CIF术语的异同点　CIP术语与CIF术语的相同点表现在:①价格构成中都包括通常的运费和约定的保险费,所以按这两种术语成交,卖方都须负责安排运输和投保,并支付运费、保险费;②CIP合同和CIF合同均属于装运合同。风险转移在先,责任和费用的转移在后。卖方只需保证按时交货,并不保证按时到货。

CIP术语与CIF术语的不同点表现在:①适用的运输方式不同。CIF术语仅适用于水上运输方式,而CIP术语则适用于包括多式联运在内的各种运输方式;②采用不同运输方式时,其交货的地点、风险划分界限以及有关责任和费用的划分自然不同。比如,以运输和保险为例:按CIF术语成交时,卖方负责租船订舱,支付从装运港到目的港的运费,并办理运输保险,支付相关的保险费。而按CIP术语成交时,卖方要办理从交货地点到指定目的地的运输事项。此外，卖方要办理货运保险、支付保险费。

第三节　服装贸易术语的选用

一、常用贸易术语的分析

（一）对FOB、CFR和CIF术语的分析：

FOB、CFR和CIF贸易术语，是目前国际贸易中使用频率最高的三种术语。就买卖双方的义务来讲，在很多方面是相同的，不同之处就在于租船订舱、支付运费、办理保险、支付保险费这几方面的责任不同。下面将上述三种术语的异同点归纳如表3-1所示。

表3-1　FOB、CFR、CIF异同点一览表

相同点	交货性质：都是凭单交货，凭单付款			
	运输方式：都是适用水上运输			
	交货地点：都是在出口国港口			
	风险转移点：都是装运港船上			
	出口清关手续：都是卖方办理			
不同点	运输责任、费用不同		办理保险、费用不同	
	FOB	买方	FOB、CFR	买方
	CFR、CIF	卖方	CIF	卖方

（二）对FCA、CPT和CIP术语的分析

随着国际运输业的发展，以往主要用于海运的FOB、CFR和CIF术语，已越来越无法适应新形势发展的需要，因而，相继出现了FCA、CPT和CIP三种可以适用于任何运输方式的贸易术语。后三种术语与前三种术语有很多相似之处，但它又有各自不同的特点，其主要区别如表3-2所示。

表3-2　FOB、CFR、CIF与FCA、CPT、CIP的主要区别一览表

风险划分界限不同	FOB、CFR、CIF以货装船上为界
	FCA、CPT、CIP以货交承运人为界
交货时间不同	FOB、CFR、CIF交货与装运时间相同，交货时间就是装船完毕的时间，即提单是载明的日期
	FCA、CPT、CIP交货与装运时间一般不一致，具体的装运时间由承运人决定，但在使用FCA时，交货地点在卖方所在地，卖方负责装货
运输方式不同	FOB、CFR、CIF适用于水上运输方式
	FCA、CPT、CIP适用于任何运输方式
保险险别不同	FOB、CFR、CIF主要涉及海洋货物运输保险
	FCA、CPT、CIP涉及海、陆、空、邮等有关险别

二、选择贸易术语应考虑的因素

在国际贸易中,正确选择贸易术语,应考虑以下因素。

(一)运输条件

买卖双方采用何种贸易术语,首先要考虑采用何种运输方式。若具备足够的运输能力,成交时应争取按FCA、FAS和FOB术语进口,按CIP、CIF和CFR术语出口;否则,则应争取由对方安排运输的条件成交,按FCA、FAS或FOB术语出口,按CIP、CIF或CFR术语进口。

(二)货源情况

在国际贸易中,货物品种繁多,不同类别的货物需要采用不同的运输方式。此外,货物成交量的大小,也直接涉及运输方式、运输能力、运输成本以及运费开支等问题。如货物成交量太小,又无班轮通行条件,负责安排运输的一方,势必会提高运输成本,增加运费开支。因此,选择贸易术语时又要充分考虑到货源情况。

(三)运费因素

选用贸易术语时,必须考虑货物经由路线的运费收取情况和运价变动趋势。当运价看涨时,为了避免承担运价上涨的风险,可选用由对方安排运输的贸易术语成交,如按CIP、CIF和CFR进口,按FCA、FAS和FOB出口。在运价看涨,又不得不采用由我方安排运输的贸易术语成交时,则应将运价上涨的风险考虑到货价中去,以免遭受运价变动的损失。

(四)运输风险

在国际贸易长途运输中,难免会遇到各种自然灾害和意外事故。因此,买卖双方在洽商交易时,必须根据不同时期、不同地区、不同运输路线和不同运输方式的风险情况,结合购销意图来正确地选用适当的贸易术语。

(五)货物进出口通关手续的办理

在国际贸易中,有关货物进出口通关手续的办理,世界各国的规定有所不同。比如有些国家规定只能由通关所在国的当事人安排或代为办理,有些国家则无此项限制。因此,当某出口国政府规定,买方不能直接或间接办理出口通关手续时,则不宜采用EXW条件成交,而应采用FCA条件成交;若进口国当局规定,卖方不能直接或间接办理进口通关手续时,则又不宜采取DDP条件成交,而应采用DAT或DAP条件成交。

三、选用贸易术语应注意的问题

(一)注意贸易术语与合同性质的关系

贸易术语是决定合同性质的一个重要因素,采用何种贸易术语成交,便可用所采用的贸易术语的名称来确定合同的性质。如贸易中采用FOB术语成交,那么这个合同就称作FOB合同。一般情况下,要求合同中其他条款的解释内容要与该术语的解释内容相一致,这时,贸易术语的性质与合同的性质是一致的。

贸易术语只是惯例而非法律,因此,买卖双方选定了贸易术语并写进合同之后,还可以在合同中订立出贸易术语所没有包含的内容，甚至可以制定出与贸易术语所赋予买卖双方各自的权利、义务不相符的条款。一旦合同条款的规定同贸易术语所确定的买卖双方各自的权利、义务发生了矛盾，则这一贸易术语的惯例解释就不再适用于该合同，也就是说，当合同的其他条款与贸易术语的解释相抵触时，合同的性质就不再是该术语所能概括的性质。可见，贸易术语是确定合同性质的重要因素，但并不是决定合同性质的唯一因素。因此，确定合同的性质不能只看采用何种术语，还要看合同中其他条款是如何规定的。

[案例]某口岸出口公司按CIF London向英国某进口商出售一批成衣，由于服装销售的季节性很强，所以，双方在合同中规定：买方须于9月底前将信用证开到，卖方保证货轮不迟于12月2日驶抵目的港，如货轮迟于12月2日抵达目的港，买方有权取消合同，如货款已付，卖方须将货款退回买方。请问：该合同在性质上是CIF合同吗？

应注意：合同当事人一旦采用某种贸易术语后，在规定合同的条款时，一般不要约定与该术语的性质、含义不一致的条款，以致改变了整个合同的性质。一旦双方对合同的规定有不同的理解，就会产生争议，影响合同正常履行。

（二）注意贸易术语与商品价格的关系

在国际贸易中，采用不同的贸易术语签订合同，就会使得同样的商品价格不同。一般情况下，卖方承担的责任、费用和风险越大的贸易术语，商品的售价就越高；反之，售价就低。比如，采用EXW术语成交时，卖方所承担的责任、费用和风险都是最小的，只能按商品的成本和利润定价，故商品售价低；采用DDP术语成交时，卖方承担的责任、费用和风险都是最大的，卖方在商品的成本和利润之外，还须把运费、保险费、海关关税以及各种手续费折合成货币，加在商品的售价之内，故商品售价高。因此，只有买卖双方确定了采用何种贸易术语成交后，才能确定商品价格的构成。因为，贸易术语影响着商品价格的构成。

（三）注意风险的提前转移

一般情况下，卖方承担的风险是在买卖双方约定的交货地点的特定界限，随着交货义务的完成而转移的。但是，各种贸易术语下都规定了当买方没能按约定受领货物或是没有给予卖方完成交货义务的必要指示时，风险和费用的转移则可以提前到交货之前。当然，风险的提前转移有一定前提条件，必须是在货物已正式划归合同项下，即所谓的货物特定化。如果货物尚未特定化，风险就不能提前转移。

思考题与情景实训

一、名词解释
　　1. 国际贸易术语　　2. 象征性交货　　3. 实际交货

二、简答题
　　1. 何谓贸易术语？它在服装贸易中起什么作用？
　　2. 根据《2010年通则》的解释，说明FOB和CIF两种贸易术语所要承担的主要责任，并比较这两种贸易术语的不同点。
　　3. FOB、CFR、CIF术语与FCA、CPT、CIP术语有什么异同？
　　4. 分析国际贸易惯例的性质和作用。
　　5. 选用贸易术语应注意什么问题？

三、情景实训
　　1. 某出口公司向外商出售棉坯布300吨，成交价格条件FOB上海。装船时货物经检验符合合同要求，货物出运后，卖方及时向买方发出装船通知。但航运途中，因海浪过大，坯布大半被海水浸泡，品质受到影响，货物到达目的港后，只能降低价格出售，于是买方要求卖方赔偿差价损失。请问：卖方应如何处理？
　　2. 浙江某公司和日本客商洽谈一项丝绸服装出口合同，计划货物由杭州运往横滨，我方不愿承担从杭州至出口上海港的货物风险，日本客商坚持由自己办理运输，则采用何种贸易术语才能使双方都满意？
　　3. 某口岸出口公司按CIF London向英商出售一批成衣，由于该商品季节性较强，双方在合同中规定：买方须于9月底前将信用证开到，卖方保证运货船只不得迟于12月2日驶抵目的港。如货轮迟于12月2日抵达目的港，买方有权取消合同。如货款已收，卖方须将货款退还买方。问这一合同的性质是否属于CIF合同？若对方一定要我方保证到货时间，则应选用什么术语？
　　4. 我某公司按每吨242美元FOB Vessel New York 进口200吨原棉，我方如期开出48400美元的信用证，但美商来电要求增加信用证金额至50000美元，不然，有关出口捐税及签证费用应由我方另行电汇，试分析美方此举是否合理？
　　5. 某公司以FOB条件出口一批真丝连衣裙。合同签订后接到买方来电，称租船较为困难，委托我方代为办理租船，有关费用由买方负担。为了方便合同履行，我方接受了对方的要求。但时至装运期我方在规定装运港无法租到合适的船，且买方又不同意改变装运港。因此，到装运期满时货仍未装船，买方因销售季节即将结束便来函以我方未按期履行交货义务为由撤销合同。试问：我方应如何处理？
　　6. 请浏览网页：http://wenku.baidu.com/view/4aef2c1a6bd97f192279e9ed.html、http://www.shzhg.gov.cn/ShowInfThr.aspx？ID=13004、http://bbs.fobshanghai.com，思考：
《2010年国际贸易术语解释通则》与《2000年国际贸易术语解释通则》相比有哪些实质性变化？

阅读链接

1. www.sd-trade.com/plus
・国际贸易术语解析
2. bbs.fobshanghai.com
・国际贸易术语的应用

第四章　国际服装运输

- 第一节　运输方式
- 第二节　装运条款
- 第三节　运输单据

目的要求

通过对国际货物运输的基本方式及其特点的学习，使学生正确掌握签订合同中的运输条款；灵活订立合同中的交货时间、交货地点、运输方式、分批装运和转船等条款；掌握各种货运单据的性质和作用并熟练运用和填制运输单据；了解班轮和租船运输的特点，掌握班轮运费的计收标准及其计算。

重点与难点

运输方式的选择；班轮运费的计收标准及其计算；海运提单的性质及其种类。

第一节 运输方式

在服装国际贸易中，运输是贸易中的一个重要组成部分，服装贸易运输方式是销售方按照买卖双方所签订的购货合同要求的时间、地点，将服装产品安全运达买方或者承运人，其运输费用在服装的生产流程中占有相当的比重。目前在服装贸易中的运输方式主要有海洋运输、铁路运输、航空运输、邮政运输以及联合运输等。在国际贸易中由于服装交易量较大，一般采用海洋运输。在国内则主要采用铁路运输、公路运输和航空运输。至于采用何种运输形式，应该综合考虑服装的运输成本、服装安全、交货时间等综合因素并按照安全、节省、快捷的原则来进行选择。

一、海洋运输

海洋约占地球总面积的71%，国际贸易中2/3以上的货物要通过海上运输（ocean transport）。因此，海运是国际贸易中主要的运输方式。它具有运力强、运量大、运费低的优点，当然也具有运输速度慢、运输风险大等不足。

（一）海洋运输的特点

与其他货物贸易运输方式相比，海洋运输具有很多特点。

1. 运输量大

国际货物运输是在全世界范围内进行的商品交易，地理位置和地理条件决定了海上货物运输是国际货物运输的主要手段。国际货物贸易总运量的75%以上是利用海上运输完成的，有的国家对外贸易运输海运占总运量的90%以上。主要原因是船舶向大型化发展，船舶的载运能力远远大于火车、汽车和飞机，是运输能力最大的交通运输工具。

2. 通过能力大

海上运输利用天然航道四通八达，不像火车、汽车要受到轨道和道路的限制，因而海上运输其通过能力要超过其他各种运输方式。如果因政治、经济、军事等条件的变化，还可随时改变航线驶往有利于装卸的目的港。

3. 运费低廉

船舶的航道天然构成，船舶运量大，港口设备一般均为政府修建，船舶经久耐用而且节省燃料，所以货物的单位运输成本相对低廉。据统计海运运费一般约为铁路运费的1/5，公路汽车运费的1/10，航空运费的1/30，这就为低值大宗货物的运输提供了有力的竞争条件。

4. 对货物的适应性强

由于上述特点使海上货物运输基本上适于各种货物的运输。如石油井台、火车、汽车等超重、超大货物，其他运输方式是无法装运的，而船舶一般都可以装运。

5. 运输速度慢

由于商船的体积大、水流的阻力大、加上装卸时间长等因素，所以货物的运输速度比其他运输方式要慢。

6. 风险较大

船舶在海上航行受自然气候和季节性影响较大，海洋环境复杂，气象多变，随时都有遇上狂风、巨浪、暴风、雷电、海啸等人力难以抗衡的海洋自然灾害袭击的可能，遇险的可能性比陆地、沿海要大。同时，海上运输还存在着社会风险，如战争、罢工、贸易禁运等因素的影响。为转嫁损失，海上运输的货物、船舶的保险尤其应该引起重视。

(二) 海洋运输的当事人

海洋运输所要涉及的主要当事人有承运人、托运人、货运代理。

承运人是指承办运输货物事宜的人，如船公司、船方代理。他们有权签发提单。

托运人是指委托他人办理货物运输事宜的人，如出口单位。

货运代理是指货运代理人接受货主或者承运人委托，在授权范围内以委托人名义或以代理人身份，办理货物运输事宜的人。受货主委托的代理人，称"货代"；受承运人委托的代理人，称"船代"。他们熟悉运输业务，掌握各条运输路线的动态，通晓有关的规章制度，精通各种手续，因此，绝大多数出口企业都委托寻求货运代理承办订舱装运事宜。

(三) 海洋运输的方式

国际海上货物运输根据船舶营运方式不同分为班轮运输与租船运输两种。班轮运输是国际货物运输的主要方式之一。我国海运总量的70%通过班轮运输。

1. 班轮运输

（1）基本情况

班轮运输又称定期船运输。它是在一定航线上、一定的停靠港口、定期开航的船舶运输。具有下列特点。

① 四固定。即固定航线、固定停靠港口、固定船期和固定运费费率。

② 两管。即管装管卸。承运人负责配载装卸，承、托双方不计装卸时间及滞期费或速遣费。

③ 承、托双方的权利、义务和责任豁免以班轮提单上所载条款为依据。

在我国沿海、沿江各开放港口营运的班轮分三类，共约1689个航班，其中有217个核心航线。

（2）班轮运费

班轮运费是班轮公司向货主收取的运费价格。包括航运成本和利润。班轮公司制定的运费是由基本运费和附加费两部分组成，比如服装贸易运输的基本运费是从服装装运港到目的港进行运输所规定的运价并且包含装卸费用。计价标准如下。

① 按照服装的重量计收。即以服装和包装的实际重量计收运费，运价表内用"W"表示。

② 按照服装的体积收费。即按1码或者体积计收运费，一般以1立方米或按40立方英尺为计算单位，运价表内用"M"表示。

③ 按照服装的价值计收。一般在运输高价值纺织品和高档服装时采用，运费一般不超过FOB货价的5%，在运价表内用"A.V"表示。

④ 按照服装的毛重、体积或者价值计收。由船方选择在计费方法中收费较高的一种计收。在运价表内用"W/M"或者"A.V."表示。

附加费（additional charge）是运输方根据一些特殊的费用而增收的费用，用来弥补运输中的额外开支。附加费随着客观情况的变化而变动，因此，在对外报价和推算运费时一定要仔细测算。常见的附加费有以下几种。

① 超重附加费（heavy-lift additional）。一件货物毛重超过运价表规定的重量，即为超重货，需要加收附加费。

② 超长附加费（long length additional）。一件货物的长度超过运价表规定的长度，即为超长货，需要加收附加费。

③ 转船附加费（transhipment surcharge）。货物转船时，船公司在转船港口办理换装和转船手续，而增加的费用，称为转船附加费。

④ 燃油附加费（bunker adjustment factor，缩写BAF）。燃油价格上涨时，船公司按基本运价的一定百分比加收的燃油涨价费。

⑤ 直航附加费（direct additional）。运往非基本港的货物达到一定数量时，船公司可安排直航，而收取的费用。直航附加费一般比转船附加费低。

⑥ 港口附加费（port surcharge）。对有些设备条件差或装卸效率低的港口，船公司为了弥补船舶靠港时间长造成的损失收取的费用。一般按基本运价的一定百分比计收。

⑦ 港口拥挤附加费（port congestion surcharge）。对有些港口由于压港压船，导致停泊时间较长，船方因此而收取的费用。

⑧ 选卸附加费（additional on optional discharging port.）。对于选卸货物（optional cargo）需要在积载方面给以特殊的安排，这要增加一定的手续和费用，甚至有时需要翻船（指倒舱翻找货物），根据这样的原因而追加的费用，称为选卸附加费。

⑨ 绕航附加费（deviation surcharge）。正常航道不能通行，需绕道才能到达目的港时，船方便要加收此费。

⑩ 货币贬值附加费（devaluation surcharge 或 currency adjustment factor，CAF）。当运价表中规定的货币贬值时，船公司便按基本运价加收一定百分比的附加费。

假设有上海运往纽约的服装100箱，每箱体积为0.09立方米，毛重12千克，计收标准为W/M，去美国东海岸每运费吨为60美元，另收燃油附加费20%，港口附加费10%。那么该批服装的运费是多少？

解：
$$W = 12 \times 100 \div 1000 = 1.2（运费吨）$$
$$M = 0.09 \times 100 = 9.0（运费吨）$$

因为 $M > W$，所以采用 M 计费。

运费 = 基本运费 × （1+附加费率）运费吨
= 60 × （1+20%+10%）× 9
= 702 美元

2. 租船运输

在国际海运业务中，租船方式分为定程租船、定期租船和光船租船三大类。

（1）定程租船（voyage charter）

又称程租船或航次租船，是指船舶按照航程租赁，船方按照租船合同规定的条件（船名、受载日期、装卸时间等）按时到港装货，运往卸货港，完成整个航程的运输。定程租船又分单程租船、来回航次租船和连续航次租船等。

（2）定期租船（time charter）

又称期租船，即租船人在规定的期限内取得船舶的使用权，并负责安排调度和经营管理，船方负责船员的工资、给养和船舶航行与维修。租期几个月到若干年不等。

（3）光船租船（bare boat charter）

它是租船的一种，不同的是船东不提供船员。此方式多半是在船东想卖船而买方又无力一次支付价款情况下使用。

此外，还有一种租船方式叫航次期租船（trip charter on time basis，TCT）。它是以完成一个航次运输为目的，按完成航次所花的时间和约定的租金率计算租金的方式。

租船运输无固定航线、港口、船期、运价、租金及装卸费用，这些需要船货双方根据货物情况及船运市场供求关系商定。适合运输大宗低价货物，如服装面料、成品服装等。

租船前必须了解贸易合同中的有关条款，做到租船条款与贸易条款相互衔接；例如，按照CIF术语成交，贸易合同规定提单要打制"运费预付"，而租船合同却规定了"运费到付"，船公司签发提单依据租船合同，船货双方就会因贸易合同和租船合同的不一致而产生分歧。解决的办法是修改租船合同、贸易合同或信用证。了解贸易条款中的货物名称、货物性质（容易污染、受潮、易腐等）、船边交货还是舱底提货、备货通知期限等内容。弄清装卸港泊位的水深，候泊时间，港口的作业时间，港口费用、习惯等。选择船龄较小、质量较好的船，一般不租15年以上的超龄船。要考虑船东的信誉和财务情况，特别是船运不景气的时候，更要提高警惕。要了解船运行市，利用船东之间、代理商之间、不同船型之间的矛盾，争取有利的价格成交。

二、铁路运输

（一）铁路运输的特点

铁路运输是一种仅次于海洋运输的主要货运方式，它运量较大、速度较快、不受气候条件的影响、货运手续简单、发货人可就近办理托运和提货手续。铁路运输与其他运输方式相比较，具有以下主要特点。

① 铁路运输的准确性和连续性强。铁路运输几乎不受气候的影响，一年四季可以不分昼夜地进行定期的、有规律的、准确的运转。

② 铁路运输速度比较快。铁路货运速度每昼夜可达几百公里，一般货车可达100千米/小时，远远高于海上运输。

③ 运输量大。铁路一列货物列车一般能运送3000公吨至5000公吨货物，远远大于航空运输和汽车运输。

④ 铁路运输成本较低。铁路运输费用比汽车运输费用低，运输耗油量约是汽车运输的1/20。

⑤ 铁路运输安全可靠，风险远比海上运输小。

⑥ 初期投资较大。铁路运输需要铺设轨道，建造桥梁和隧道，建路工程艰巨复杂；需要消耗大量钢材、木材；需要占用土地，其初期投资大大超过其他运输方式。另外铁路运输由运输、机务、车辆、工务、电务等业务部门组成，要具备较强的准确性和连贯性，各业务部门之间必须协调一致，统一领导。

（二）国际铁路运输方式

我国对外贸易运输中有国际铁路货物联运和国内铁路运输两种。

1. 国际铁路货物联运

国际铁路货物联运，是指两个或两个以上国家之间进行铁路货物运输时使用一份统一的国际联运票据，由一国铁路向另一国铁路移交货物时，无需发、收货人参加，铁路当局对全程运输负连带责任。

参加国际铁路联运的国家分两个集团，一个是有32个国家参加并签有《国际铁路货物运送公约》的"货约"集团；另一个是曾有12个国家参加并签有《国际铁路货物联运协定》的"货协"集团，"货协"现已解体但联运业务并未终止。在我国大陆凡可办理铁路货运的车站都可以接受国际铁路货物联运。

根据货量、体积不同，铁路联运可分为整车货、零担货以及集装箱、托盘和货捆等装运方式。根据运送速度不同，铁路联运可以分为快运、慢运和随客列挂运三种。

我国办理国际铁路联运的承运人和总代理是中国对外贸易运输公司（外运）。1980年我国成功地试办了通过西伯利亚大陆桥实行集装箱国际铁路联运。我国部分省市的布胶鞋、面巾纸等都通过国际铁路联运发往前苏联、伊朗、匈牙利等国。

2. 国内铁路运输

我国出口货物经铁路运至港口装船、进口货物卸船后经铁路运往各地及供应我国港澳地区货物经铁路运往香港、九龙、澳门，都属于国内铁路运输的范围。

（1）对中国香港的铁路运输

对中国香港的铁路运输是由大陆段和港九段两部分铁路运输组成。其特点是"两票运输、租车过轨"。出口单位在始发站将货物运至深圳北站，收货人为深圳外运公司。货到深圳北站后，由深圳外运作为出口单位的代理向铁路租车过轨，交付租车费（租金从车到深圳北站之日起至车从中国香港返回深圳之日止，按车上标定的吨位，每天每吨若干元人民币）并办理出口报关手续。经海关放行过轨后，由中国香港的"中国旅行社有限公司"（简称中旅）作为深圳外运在港代理，由其在罗湖车站向港九铁路办理港段铁路运输的托运、报关工作，货到九龙站后由"中旅"负责卸货并交收货人。

（2）对中国澳门的铁路运输

出口单位在发送地车站将货物运至广州，整车到广州南站新风码头42道专用线，零担到广州南站，危险品零担到广州吉山站，集装箱和快件到广州车站，收货人均为广东省外运公司，货到广州后由广东外运办理水路中转将货物运往澳门，货到澳门由南光集团的运输部负责接货并交付收货人。

三、航空运输

（一）航空运输的特点

航空运输虽然起步较晚，但发展异常迅速，特别受到现代企业管理者的青睐，原因就在于它具有许多其他运输方式所不能比拟的优越性，概括起来，航空货物运输的主要特点如下。

1. 运送速度特别快

航空运输是一种现代化的运输方式，随着现代物流业的发展，商品周转速度的加快，一些商家为了及时抢占市场，使服装能卖出较高价钱，也较多的采用航空运输。例如海运到中国的货物从发货到收货，一般需要25～35天，一些服装和服装面料需要提前1～2个月安排生产和起运，有时会给厂家和商家造成被动。而空运则只需要3～4天，产品从欧洲到国内只需要几天就可以到达客户手中。

2. 不受地面条件影响，深入内陆地区

航空运输利用天空这一自然通道，不受地理条件的限制。对于地面条件恶劣交通不便的内陆地区非常合适，有利于当地资源的出口，促进当地经济的发展。航空运输使本地与世界相连，对外的辐射面广，而且航空运输相比较公路运输与铁路运输占用土地少，对寸土寸金、地域狭小的地区发展对外交通无疑是十分适合的。

3. 节约包装、保险、利息等费用

由于采用航空运输方式，货物在途时间短，周转速度快，企业存货可以相应的减少。一方面有利于资金的回收，减少利息支出；另一方面企业仓储费用也可以降低。又由于航空运输安全、准确，货损、货差少，保险费用较低，与其他运输方式相比，航空运输的包装简单，包装成本减少。这些都构成企业隐性成本的下降，收益的增加。

航空运输也有其缺陷：运输费用比其他运输方式更高，不适合低价值货物；航空运输工具——飞机的舱容有限，对大件货物或大批量货物的运输又有一定的限制；飞机飞行安全容易受恶劣气候影响等。

（二）航空运输的方式

航空运输方式主要有班机运输、包机运输、集中托运和航空快递业务等。

1. 班机运输

班机运输（scheduled airline）是指具有固定开航时间、航线和停靠站的飞机。通常为客货混合型飞机，货舱容量较小，运价较贵，但由于航期固定，有利于客户安排鲜活商品和急需商品的运送。

2. 包机运输

包机运输（chartered carrier）是指航空公司按照约定的条件和费率，将整架飞机租给一个或若干个包机人（包机人指发货人或航空货运代理公司），从一个或几个航空站运送货物至指定目的地。包机运输适合大宗货物运输，费率低于班机，但运送时间则比班机要长些。

3. 集中托运

集中托运（consolidation）可以采用班机或包机运输方式，是指航空货运代理公司将若干件发运的货物集中成一批向航空公司办理托运，填写一份总运单送至同一目的地，然后委托当地的代理人负责分发给各个实际收货人。这种托运业务，可降低费用，是航空货运代理的主要业务之一。

4. 航空快递业务

航空快递业务（air express service）是由快递公司与航空公司合作，向货主提供的快递业务，其业务包括：由快递公司派专人从发货人处提取货物后以最快航班将货物运出，飞抵目的地后，由专人接机提货，办妥通关手续后直接送达收货人，称为"桌到桌运输"（desk to desk service）。这是一种最为快捷的运输方式，特别适合于各种急需物品和文件资料。

外贸企业办理航空运输，需要委托航空运输公司作为代理人，负责办理出口货物的提货、制单、报关和托运工作。委托人应填妥国际货物托运单，并将有关报关文件交付航空货运代理、空运代理，向航空公司办理托运后，取得航空公司签发的航空运单，即为承运开始。航空公司需要对货物在运输途中的完好负责。

货物到达目的地后，收货人凭航空公司发出的到货通知书提货。

四、邮政运输

邮政运输（parcel post transport）是一种简便的运输方式，手续简便，费用不高。它包括普通邮包和航空邮包两种，适于量轻体小的货物。托运人按照邮局规章办理托运，付清定额邮资，取得邮政包裹收据（parcel post receipt），交货手续即告完成。邮件到达目的地后，收件人可凭邮局到件通知提取。

五、联合运输

1. 国际货物多式联运的含义

根据《联合国国际货物多式联运公约》的解释，国际多式联运是指按照多式联运合同，以至少两种不同的运输方式，由多式联运经营人将货物从一国境内接受货物的地点运往另一国境内指定交付货物的地点。国际多式联运大多以集装箱为媒介，把海洋运输、铁路运输、公路运输、航空运输等单一运输方式有机地结合起来，构成一种连贯的运输，是实现门到门运输的有效方式。

2. 国际货物多式联运的特点

国际货物多式联运应具备以下特点：
① 必须有一个多式运输合同；
② 必须使用一份包括全程的多式运输单据；
③ 必须至少有两种不同的运输方式的连贯运输；
④ 必须是国际间的货物运输；
⑤ 必须有一个多式运输经营人对全程运输负责；
⑥ 必须是全程单一的运费率。

3. 国际多式联运经营人的性质

它具备双重身份，对货主来说它是承运人，对实际承运人来说，它又是托运人。目前我国有"外运"、"中远"等航运公司可经营多式联运。

第二节　装运条款

所谓装运条款，就是合同中关于卖方应如何交货以及何时交货等问题的规定。装运条款的订立与合同性质及运输方式有着密切的关系。鉴于我国服装进出口货物是通过海洋运输，而且对外签订的合同大部分使用 FOB、CIF、CFR 贸易术语，根据国际惯例，此类合同，卖方将货装上指定船只即算完成交货。因此，其装运条款主要有装运时间、地点、目的港、是否允许分批与转船、装运通知以及滞期、速遣条款等项内容。下面分别介绍和说明。

一、装运时间

装运时间又称装运期（time of shipment），是卖方将货物装上运输工具或交给承运人的期限。它是根据买方的需要和卖方的供应情况来安排的。一般买方都希望严格按照合同规定的装运期交货，因为早装了会积压买方资金，迟装了又会导致市场脱销或停工待料。因此，装运时间的制定要协调合理，适时妥当。

（一）装运时间的规定方法

① 明确规定具体装运时间，但不确定在某一日期上，而是确定在一段时间内。如果规定在 7 月份装运（shipment during July），则卖方可在 7 月 1 日至 7 月 31 日一个月内任何时间装运。

② 规定在收到信用证后若干天内装运。如：收到信用证后 45 天内装运（shipment within 45 days after receipt of L/C）。采用此种方法，同时要规定最迟的开证日期（latest opening date），避免买方拖延时间，影响合同按期履行。对外汇管制较严的国家或地区出口，或买方资信了解不够，或专门为买方特制的商品，往往采取上述规定方法，确保合同按期履行。

③ 收到信汇、电汇或票汇后若干天内装运。在 FOB 条件电汇支付的情况下，普遍使用这种方法。例如：收到你方 30% 电汇货款后 30 天内装运（shipment will be effected within 30days after receipt of your 30% deposite of the total amount by T/T.）。

④ 笼统规定近期装运。例如：立即装运（immediate shipment），即刻装运（prompt shipment），尽速装运（shipment as soon as possible）。

（二）规定装运时间的注意事项

1. 考虑货源与船源的实际情况

不同的服装有不同的生产周期，有的长些，有的短些，根据具体情况测算好生产周期，以便在生产即将结束时与船公司衔接好承运日期，避免造成有货无船，或有船无货的被动局面。

2. 装运期限应当适度

装运期限的长短，应视不同的商品和租船订舱的实际情况而定，过短会给船、货的安排带来困难；过长会造成买方积压资金，影响卖方售价，不利成交。

3. 注意装运期与开证日期的衔接，避免使用笼统的规定方法

一般来说，开证日期比装运日期要提前 30～45 天（根据不同商品具体而定）。例如，2008 年 12 月底以前交货，信用证务必于 11 月 15 日前开出（shipment not later than the end of Dec, 1999, letter of credit should be opened before Nov 15, 2008）。

二、装运港（地）和目的港（地）

装运港（port of shipment）是指货物起始装运的港口，对于FOB合同，装运港为合同要件；目的港（port of destination）是指最终卸货的港口，对于CIF合同，目的港为合同要件。装运港和目的港的确定，不仅关系到卖方履行交货义务和货物风险何时转移，而且关系到运费、保险费以致成本和售价的计算等问题，因此必须在合同中具体规定。

1. 装运港的规定方法及注意事项

装运港一般由卖方提出，买方同意后确定。应选择接近货源地、储运设施较完备的港口，同时考虑港口和国内运输的条件及费用水平。

① 一般情况下，规定一个装运港，例如，在大连港装运（shipment from Dalian）。

② 如数量较大或来源分散，集中一点装运有困难，可规定两个或两个以上装运港。

③ 有时货源不十分固定，可不规定具体港口。例如，在中国港口装运（shipment from Chinese port）。目前我国的装运港主要有大连港、秦皇岛港、香港、烟台港、青岛港、连云港、南通港、上海港、宁波港、温州港、福州港、厦门港、汕头港、广州港、黄埔港、湛江港、北海港及台湾省的基隆港和高雄港等。

2. 目的港的规定方法及注意事项

目的港一般由买方提出，卖方同意后确定。通常规定一个目的港；有时明确目的港有困难，买方可规定两个或两个以上的目的港；个别也有作笼统规定的，如目的港：伦敦/利物浦/曼彻斯特（port of destination: London/ Liverpool/ Manchester）。或目的港：欧洲主要港口（European main ports—E.M.P.）。

在出口交易中，选择目的港应当注意如下问题。

① 对目的港的规定要力求具体明确。比如"非洲主要港口"、"西欧主要港口"，究竟哪些港口为主要港口，并无统一解释，且各港口情况不一，易引起纠纷，应避免使用。但在实际业务中，也可允许在同一区域规定两个或两个以上的邻近港口作为可供选择的目的港，以照顾那些在订约时不能确定目的港的中间商客户。但要在合同中明确规定：

第一，选港所增加的运费、附加费应由买方承担；

第二，买方应在开证同时宣布最后目的港。

② 注意目的港的具体条件。比如，有无直达班轮航线、装卸条件及运费、附加费水平等。这些直接关系到货运成本及租船订舱等问题。

③ 一般不接受指定某个码头卸货。如需要可视承运人是否接受，再作规定。

④ 注意国外港口有无重名问题。有的港口名称世界上有十几个之多，如维多利亚（Victoria）、波特兰（Portland）等。为了避免错发错运，合同中应明确注明目的港所在国家和地区的名称。

⑤ 不能接受内陆城市为目的港的条件（多式联运除外）。对内陆国家通过海运出口的，应选择距离该国目的地最近的港口为目的港。否则，就要承担从港口到内陆城市这段路程的运费和风险。

三、分批装运和转船

分批装运（partial shipment）和转船（transhipment）直接关系到买卖双方的经济利益，是否需要分批装运和转运应根据需要和可能在合同中做出明确而具体的规定。

（一）分批装运

1. 含义

分批装运是指一笔成交的货物，分若干批次在不同航次、车次、班次装运。而同一船只、同一航次中多次装运货物，即使提单装船日期不同，装货港口不同，也不能按分批装运论处。

2. 分批装运的原因

① 数量大，卖方不能做到货物一次交付或备货资金不足。

② 有的进口商，本人无仓库，货到后直接送工厂加工。提前到货无处存放，迟交货可能造成停产。

③ 运输条件的限制。

3. 分批装运的规定方法

① 只注明允许分批装运，但不作具体规定。例如，partial shipment is allowed。

② 规定时间和数量的分批。例如，7、8、9月每月装1000吨（shipment during July/August/September 1000 m/ts monthly）。规定等量分批装运时，最好在等量前加"约"字，以便灵活掌握。类似限批、限时、限量的条件，卖方应严格履行约定，只要其中任何一批未按时、按量装运，就可作为违反合同论处。如采用L/C支付，一批未按时交付，则本批及以后各批均失效。

③ 规定不准分批装运。例如，partial shipment is not allowed.。

（二）转船

1. 转船的含义

货物装运后，需要通过中途港转运的称为转船（transhipment），买卖双方可以在合同中商定"允许转船"（transhipment to be allowed）条款。

2. 转船的原因。

① 无直达船舶。

② 规定用集装箱装运，但装运港无装卸设备，必须集中到其他口岸装箱。

（三）分批装运和转船的有关规定

在信用证业务中，除非信用证明示不准分批装运和转船，否则卖方有权分批装运和转船。

四、装运通知

装运通知（shipping advice）可在两种情况下进行。一是在FOB条件下，卖方应在规定的装运期前30~45天向买方发出货物备妥通知，以便买方派船接货。买方接到通知后，也应将船名、抵港受载日期告知卖方，以便装货。另一种情况是在货物装船后，卖方在约定时间，将合约号、品名、件数、重量、金额、船名、装船的日期等电告买方，以便买方做好报关接货的准备。特别是按CFR或CPT条件成交时，卖方交货后，更应及时向买方发出装运通知。这一条款的规定可以明确双方责任，相互配合，做好船货衔接及融洽双方业务关系。

五、滞期费、速遣费条款

滞期费（demurrage）是指在规定的装卸期限内，租船人未完成装卸作业，给船方造成经济损失，租船人对超过的时间向船方支付一定的罚金。

速遣费（dispatch money）是指在规定的装卸期限内，租船人提前完成装卸作业，使船方节省了在港开支，船方向租船人支付一定的奖金。按惯例，速遣费一般为滞期费的一半。滞期、速遣条款的规定要与租船合同规定的内容协调起来，避免出现一面支付滞期费，另一方面又要支付速遣费的矛盾局面。

第三节　运输单据

进出口贸易中的运输单据是承运人收到承运货物签发给出口商的证明文件，它是交接货物、处理索赔与理赔以及向银行结算货款或进行议付的重要单据。在国际货物运输中，运输单据的种类很多，其中包括海运提单、铁路运单、航空运单、邮包收据和承运货物收据等，现将主要运输单据简述如下。

一、海运提单

（一）海运提单的性质和作用

海运提单（bill of lading，B/L）简称提单，是指由船长或船运公司或其代理人签发的，证明已经收到特定货物，允诺将货物运至特定的目的地，并交付给收货人的凭证。海运提单也是收货人在目的港据以向船运公司或其代理人提取货物的凭证。海运提单从性质上讲是货物所有权凭证，通常做成正本三份，副本两份，有正反面条款，船公司根据卖方/货代的托运委托制作（有些受益人自制提单后交承运人签署），海运提单是承运人收到货物后出具的货物收据，也是承运人所签署的运输契约的证明，提单还代表所载货物的所有权。收货人在目的港提取货物时，必须提交正本提单。

（二）海运提单的种类

海运提单可以从不同角度，予以分类。

1. 按照货物是否已经装船分类

① 已装船提单（shipped on board B/L），是指货物全部装船后，由承运人签发给托运人的提单。这种提单上必须表明货物已装某某船上，并载有装船日期，同时还应由船长或其代理人签字。这种提单对收货人按时收有一定保障，因此，买方在合同中一般都规定卖方必须提供已装船提单。

② 备运提单（received for shipment B/L），是指承运人收到托运的货物，尚未装船而向托运人签发的提单。这种提单没有载明装货日期，也没有注明船名。因将来货物何时装运，难以预料，故买方一般不愿接受这种提单。

2. 按照提单上有无对货物外表状况不良的批注分类

① 清洁提单（clean B/L），是指在装船时托运的货物外表状况良好，承运人未在提单上加列有关货损或包装不良之类批注的提单。合同中一般都规定卖方提供"清洁提单"。

② 不清洁提单（unclean B/L；foul B/L），是指承运人加注了有关托运货物外表状况不良或存在缺陷等批注的提单。如提单上加注"外包装破裂"或"铁条松散"等。这类提单买方通常都不接受，银行也会拒付货款。

3. 按照提单收货人抬头方式不同分类

① 记名提单（straight B/L），是指在收货人栏内具体写明收货人名称的提单。这种提单只能由提单上指定的收货人提货，通常不能进行背书转让。一般用于贵重物品、展览品或援助物资。

② 指示提单（order B/L），是指提单的"收货人"栏内只填写"凭指定"（to order）或"凭某人指定"（to order of……）字样的提单。这种提单可经背书后转让给第三人。背书又分为两种，一种是"空白背书"，指仅由背书人在提单背面签字盖章；一种是"记名背书"，指背书人除了在提单上签字盖章外，还要列明被背书人的名字。这类提单在国际贸易中使用较普遍，我国出口业务中大多采用"凭指示"空白背书的提单，习惯上称为"空白抬头、空白背书"提单。

③ 不记名提单（open B/L），是指在提单"收货人"栏内不填明收货人或指示人名称，而是留空白，或仅填写"来人"（the bearer）字样的提单。这种提单无须背书即可任意转让，持有人凭该提单即可提货，所以风险较大，在国际贸易中较少使用。

4. 按照运输方式不同分类

① 直达提单（direct B/L），是指中途不经过转船，直接驶往目的港所签发的提单。

② 转船提单（transhipment B/L），是指需在中途换船再驶往目的港所签发的提单。在转船提单中则应注明"在××港转船"字样。

③ 联运提单（through B/L），是指在由海运和其他运输方式所组成的联合运输时，由第一承运人签发的包括全程运输的提单。联运提单虽然包括全程运输，但签发提单的承运人，只承担他负责的航程的货损责任。

5. 按照提单内容的简繁分类

① 全式提单（long form B/L），是指通常所使用的，背面列有承运人和托运人的权利、义务的详细条款的提单。

② 略式提单（short form B/L），是指略去背面条款，仅有正面必要项目的提单。它又分为租船合同项下的提单和班轮合同项下的提单。前者受租船合同的约束，不能成为一个完整的独立文件，因此银行或买方在接受这种提单时，往往要求卖方提供租船合同副本；后者是为了简化单证而采用的，银行可以接受。

（三）海运提单的格式和内容

海运提单的格式和内容没有统一的规定，各个船公司都有自己的提单格式，但大同小异（见表4-1）。一般包括：正面记载事项和背面运输条款。

1. 提单正面的内容

提单正面的记载事项，分别由托运人和承运人或代理人填写，通常包括下列事项：①托运人；②收货人；③被通知人；④收货地或装货港；⑤目的港或卸货港；⑥船名及航次；⑦唛头及件号；⑧货名及件数；⑨重量和体积；⑩运费预付或运费到付；⑪正本提单的份数；⑫船公司或其代理人的签章；⑬签发提单的地点及日期。

此外，提单正面还有承运人印就的几个条款如下：

① 外表状况良好条款：说明外表状况良好的货物已经装在该船，并应在该船卸货港或该船所能安全到达并保持浮泊的附近地点卸货。

② 内容不知条款：说明重量、尺码、标志、号数、品质、内容和价值是托运人所提供的，承运人装船时并未核对。

③ 承认接受条款：说明托运人、收货人和本提单的持有人接受并同意本提单和背面所载的一切印刷、书写或打印的规定、责任事项和条件。

2. 提单背面的内容

通常印有运输条款。这些条款是作为确定承运人与托运人之间，以及承运人与收货人及提单持有人之间的权利、义务的主要依据。包括：①法律诉讼条款；②承运人责任条款；③免责条款；④有关改航、换装、改卸目的港、甲板货物、危险货物、冷藏货物、装货、卸货、交货、共同海损等条款；⑤赔偿条款；⑥运费条款；⑦留置权条款等。

（四）有关提单的国际公约

由于提单的利益关系人常分属于不同国籍，提单的签发地或起运港和目的港又分处于不同的国家，而提单又是各船运公司根据本国有关法规自行制定的，其格式、内容和词句并不完全相同，一旦发生争议或涉及诉讼，就会产生提单的法律效力和使用法规的问题，因此，统一各国有关提单的法规，一直是各国追

表 4-1　海运提单

托运人 Shipper		CHINA OCEAN SHIPPING COMPANY
		总公司 HEAD OFFICE：北京　BEIJING
		广州　CANTON
收货人 Consignee	或受让人 or assigns	分公司 BRANCH OFFICE：上海　SHANGHAI
		天津　TIENTSIN
		电报挂号　CABLE ADDRESS："COSCO"
通　知 Notify		提单　　　　　　　　　　　正　本
		BILL OF LADING　　　　ORIGINAL
		直运或转船
船　名 Vessel	航　次 Voy	DIRECT OR WITH TRANSHIPMENT
		装货单号　　　　　　　提单号
		S/O No.　　　　　　　B/L No.
装货港 Port of Loading		卸货港 Port of Discharge
国籍 Nationality	中华人民共和国 THE PEOPLE'S REPUBLIC OF CHINA	运费在　　　　　支付 Freight Payable at

托运人所提供的详细情况
Particulars furnished by the Shipper

标志和号数 Marks and Numbers	件数 No. Of Packages	货名 Description of Goods	毛重 Gross Weight	尺码 Measurement

合计件数（大写）
Total Packages (in words)

上列外表情况良好的货物（另有说明者除外）已装在上列船上并应在上列卸货港或该船所能安全到达并保持浮泊的附近地点卸货。

Shipped on board of the vessel named above in apparent good order and condition (unless otherwise indicated) the goods or packages specified herein and to be discharged at the above mentioned port of discharge or as near thereto as the vessel may safety get and be always afloat.

重量、尺码、标志、号数、品质、内容和价值是托运人所提供的，承运人在装船时并未核对。

The weight, measure, marks, numbers, quality, contents and value, being particulars furnished by the Shipper are not checked by the Carrier on loading.

托运人、收货人和本提单的持有人兹明白表示接受并同意本提单和它背面所载的一切印刷、书写或打印的规定、免责事项和条件。

The Shipper, Consignee and the Holder of this Bill of Lading hereby expressly accept and agree to all printed, written or stamped provisions, exceptions and conditions of this Bill of Lading, including those on the back hereof.

运费和其他费用　　　　　Freight and Charges：	为证明以上各节，承运人或其代理人已签署本提单一式份，其中一份经完成提货手续后，其余各份失效。
	In witness whereof, the Carrier or his Agent has signed Bills of Lading all of this tenor and date, one of which being accomplished, the others to stand void.
请托运人特别注意本提单内与该货保险效力有关的免责事项和条件。Shippers are requested to note particularly the exceptions and conditions of this Bill of Lading with reference to the validity of the insurance upon their goods.	签单日期 Dated…………………………at……………………… 　　　　　　　　　　　船　长 　　　　　………………………For the Master

求的目标。当前已经生效、在统一各国有关提单的法规方面起着重要作用的国际公约有三种。

1.《海牙规则》

海牙规则（Hague Rules）全称为《统一提单的若干法律规定的国际公约》。也是关于提单法律规定的第一部国际公约。海牙规则第4条2款列举了11项免责事项。11项免责事项，尤其是航行和管船过失亦免责奠定了海牙规则关于承运人的不完全过失责任制的基础。对于索赔和诉讼时效，海牙规则均规定了较短时间。索赔通知为交货前或当时，货物灭失、损坏不明显为移交后3日内并以书面形式提交，但双方进行联合检查者除外。海牙规则规定了一年的诉讼时效，自货物交付或应当交付之日起一年内。对于责任限制，海牙规则规定了每件或每单位100英镑的最高赔偿额。但托运人装货前就货物性质和价值另有声明并载入提单的则不在此限。

至于适用范围，公约适用于任何缔约国内签发的提单。这使海牙规则的适用范围有限。因而，人们常常用提单（B/L）中的首要条款（paramount clause）扩大海牙规则的适用范围。

总体看来，《海牙规则》无论是对承运人义务的规定，还是免责事项，索赔诉讼、责任限制，均是体现着承运方的利益，而对货主的保护则相对较少，这也是船货双方力量不均衡的体现。力量不均衡势力相互妥协的产物不可避免地有各种缺点和不足，比如期限过短、限额过低等。而且，随着国际经贸的发展，海牙规则的部分内容已经落后，不适应新的需要，对其修改已成为一种必然趋势。这样，从20世纪60年代开始，国际海事委员会着手开始修改海牙规则。

2.《维斯比规则》

《维斯比规则》是《修改统一提单若干法律规定的国际公约议定书》（Protocol to Amend the International Convention forthe Unification of Certain Rules of Law Relating to Bills of lading）的简称。于1968年6月23日在布鲁塞尔外交会议上通过，自1977年6月23日生效。截至1996年9月，参加该规则的国家共有29个，其中包括英国、法国、德国、荷兰、西班牙、挪威、瑞典、瑞士、意大利和日本等主要航运国家。因该议定书的准备工作在瑞典的维斯比完成而得名。《维斯比规则》是《海牙规则》的修改和补充，故常与《海牙规则》一起，称为《海牙－维斯比规则》。

3.《汉堡规则》

《汉堡规则》（即《1978年联合国海上货物运输公约》）全文共分七章三十四条条文，在《汉堡规则》的制定中，除保留了《海牙－维斯比规则》对《海牙规则》修改的内容外，对《海牙规则》进行了根本性的修改，是一个较为完备的国际海上货物运输公约，明显地扩大了承运人的责任。其主要内容如下：

① 承运人的责任原则。《海牙规则》规定承运人的责任基础是不完全过失责任制，它一方面规定承运人必须对自己的过失负责，另一方面又规定了承运人对航行过失及管船过失的免责条款。而《汉堡规则》确定了推定过失与举证责任相结合的完全过失责任制。规定凡是在承运人掌管货物期间发生货损，除非承运人能证明承运人已为避免事故的发生及其后果采取了一切可能的措施，否则便推定：损失系由承运人的过失所造成，承运人应承担赔偿责任，很明显，《汉堡规则》较《海牙规则》扩大了承运人的责任。

② 承运人的责任期间。《汉堡规则》第四条第一款规定："承运人对货物的责任期间包括在装货港、在运输途中以及在卸货港，货物在承运人掌管的全部期间。"即承运人的责任期间从承运人接管货物时起到交付货物时止。与《海牙规则》的"钩至钩"或"舷至舷"相比，其责任期间扩展到"港到港"。解决了货物从交货到装船和从卸船到收货人提货这两段没有人负责的空间，明显地延长了承运人的责任期间。

③ 承运人赔偿责任限额。《汉堡规则》第六条第一款规定："承运人对货物灭失或损坏造成的损失所需的赔偿责任，以灭失或损坏的货物每件或每其他装运单位相当于835记账单位或毛重每公斤2.5记账单位的金额为限，两者中以其较高的数额为准。"

从上述规定可以看出，《汉堡规则》的赔偿不但高于《海牙规则》，也高于《海牙－维斯比规则》的规定，较之《海牙－维斯比规则》的规定提高了25%。

二、铁路运单

铁路运输分为国际铁路联运和通往港澳的国内铁路运输两种方式，分别使用国际铁路货物联运单和承运货物收据。

1. 国际铁路货物联运单

国际铁路联运运单是国际铁路联运的主要运输单据，它是参加联运的发送国铁路与发货人之间订立的运输契约，对收、发货人和铁路都具有法律效力。当发货人向始发站提交全部货物，并付清应由发货人支付的一切费用，经始发站在运单和运单副本上加盖始发承运日期戳记，证明货物已被接受承运后，即认为运输合同已经生效。

运单正本随同货物达到终点站，并交给收货人，是铁路同收货人交接货物，核收运杂费用的依据。运单副本加盖日戳后是卖方办理银行结算的凭证之一。

2. 承运货物收据

承运货物收据是在特定运输方式下所使用的一种运输单据，它既是承运人出具的货物收据，也是承运人与托运人签订的运输契约。我国内地通过铁路销往港澳地区的货物，一般多委托中国对外贸易运输公司承办。当出口服装装车发运后，对外贸易运输公司即签发一份承运货物收据给托运人，以作为办理结汇的凭证。同时它还是收货人凭以提货的凭证。

承运货物收据的格式与海运提单基本相通，主要区别是：它只有第一联为正本，在该正本的反面印有"承运简章"，载明承运人的责任范围。该简章第二条规定由该公司承运的货物，在铁路、轮船、公路、航空及其他运输机构范围内，应根据各机构的规章办理。因此可见这种"承运货物收据"，不仅适用于铁路运输，也可用于其他的运输方式。

三、航空运单

航空运单是承运人与托运人之间签订的运输契约，也是承运人或其代理人签发的货物收据。航空运单不仅应有承运人或其代理人签字，还必须有托运人签字。航空运单与铁路运单一样，不是物权凭证，不能凭以提取货物，必须作成记名抬头，不能背书转让。收货人凭航空公司的到货通知单和有关证明提货。航空运单正本一式三份，分别交托运人、航空公司和随机带交收货人，副本若干份由航空公司按规定分发。

四、邮政收据

邮包收据是寄件人与收件邮局之间订立的运输契约证明，寄件人只要向邮局办理一次托运手续，一次付清邮资并取得邮包收据。待邮件运抵目的地，收件人即可凭当地邮局的到件通知和身份证明提取邮件。邮包收据不具有物权凭证作用，也不能背书转让。

五、多式联运单据

多式联运单据是由承运人或其代理人签发，其作用与海运提单相似，既是货物收据也是运输契约的证明、在单据作成指示抬头或不记名抬头时，可作为物权凭证，经背书可以转让。

多式联运单据表面上和联运提单相仿，但联运提单承运人只对自己执行的一段负责，而多式联运承运人对全程负责；联运提单由船公司签发，包括海洋运输在内的全程运输，多式联运单据由多式联运承运人签发，也包括全程运输，但多种运输方式中，可以不包含海洋运输。

思考题与情景实训

一、名词解释
1. 班轮运输　2. 国际铁路货物联运　3. 清洁提单　4. 已装船提单　5. 分批装运　6. 多式联运单据
7. 滞期费　8. 速遣费　9. 转运

二、简答题
1. 国际货物运输包括那几种运输方式？应该如何选择？
2. 班轮运输运费的计算标准有哪几种？
3. 租船运输包括哪几种形式？他们各有哪些特点？
4. 班轮提单的性质和作用表现在哪几方面？
5. 买卖合同中的装卸时间有哪些规定方法？规定装卸时间应注意什么问题？
6. 为什么在买卖合同中要规定装运通知的条款？
7. 提单的性质和作用如何？国际上有关提单的国际公约有哪些？

三、计算题
1. 某公司出口箱装货物一批，报价为每箱35美元CFR利物浦，英国商人要求改报FOB价。已知，该批货物体积每箱长45厘米、宽40厘米、高25厘米，每箱毛重35千克，商品计费标准为W/M，每运费吨基本运费率为120美元，并加收燃油附加费20%，货币附加费10%。我方应改报FOB价为多少？

2. 我国大连运往某港口一批男式衬衫，计收运费标准W/M，共200箱，每箱毛重25公斤，每箱体积长49厘米、宽32厘米、高19厘米，基本运费率每运费吨60美元，特殊燃油附加费5%，港口拥挤费10%，试计算200箱应付多少运费？

四、情景实训
1. 某年10月我国某出口公司与荷兰商人签订了出口一批服装的合同，合同规定装运期为当年的11、12月，目的港为鹿特丹，付款为不可撤销的即期信用证。可是由于种种原因，货物于第二年的1月11日才装船完毕，于是我方公司请求外轮代理公司以前一年12月31日的日期签发"已装船提单"，并凭此向银行办理了结汇手续。货到鹿特丹后买方查实提单签发日期是虚假的。立即向我方提出索赔。试问我方是否应赔偿？

2. 信用证规定：从中国港口运至神户100吨原棉，不许分批装运。受益人交来单据中包含两套提单：

第一套提单表明载货船名为"Zhuang He"，航程为"018"，装运港为"Tianjin"，卸货港为"Kobe"，净重为"51.48吨"，装运日期为"7月11日"。

第二套提单表明载货船名为"Zhuang He"，航程为"018"，装运港为"Qingdao"，卸货港为"Kobe"，净重为"51.05"公吨，装运日期为"7月17日"。

银行接受单据付款。问：(1)银行付款的依据是什么？(2)此批货物的装运日期应为哪天？

第五章 国际服装贸易运输保险

- 第一节 海上服装运输保险的承保范围
- 第二节 我国海洋服装运输保险的险别
- 第三节 伦敦保险协会海运保险条款
- 第四节 其他运输方式下的货运保险
- 第五节 国际服装运输保险实务

目的与要求

通过对国际货运保险基本知识的学习，掌握我国海运货物保险条款中的各种险别及其承保范围；了解伦敦保险协会海运货物保险条款；掌握合同中的保险条款和保险费的计算；熟悉保险单的种类和作用。

重点与难点

海运保险的承保范围和承保险别；保险费的计算与投保操作；合同保险条款的订立。

第一节 海上服装运输保险的承保范围

海运保险是各类保险中发展最早的一种，这是由于商船在海洋航行中风险大、海运事故频繁所致。

一、风险

海洋运输货物保险的风险主要分为海上风险和外来风险两类。

（一）海上风险

海上风险在保险界也被称为海难，是指船舶、货物在海上运输过程中发生损失的不确定性，具体是指保险公司承保的在海上和海与陆上、内河与驳船相连接的地方所发生的风险，包括自然灾害和意外事故。在保险业务中，这些风险所指的内容大致包括下列内容。

1. 自然灾害

自然灾害（natural calamities），是指由于自然界的变异引起的破坏力量所造成的现象，如恶劣气候、雷电、地震、海啸、火山爆发、洪水等。

2. 意外事故

意外事故（fortuitous accidents），是指船舶搁浅、触礁、沉没、互撞或与其他固体物如流冰、码头碰撞，以及失踪、失火、爆炸等意外原因造成的事故或其他类似事故。在保险业中，对上述灾害及事故解释如下：

① 搁浅。是指船舶与海底、浅滩、堤岸在事先无法预料到的意外情况下发生触礁，并搁置一段时间，使船舶无法继续行进以完成运输任务。但规律性的潮汛涨落所造成的搁浅则不属于保险搁浅的范畴。

② 触礁。是指载货船舶触及水中岩礁或其他阻碍物（包括沉船）。

③ 沉没。是指船体全部或大部分已经没入水面以下，并已失去继续航行能力。若船体部分入水，但仍具航行能力，则不视作沉没。

④ 碰撞。是指船舶与船或其他固定的、流动的固定物猛力接触。如船舶与冰山、桥梁、码头、灯标等相撞。

⑤ 火灾。是指船舶本身、船上设备以及载运的货物失火燃烧。

⑥ 爆炸。是指船上锅炉或其他机器设备发生爆炸和船上货物因气候条件（如温度）影响产生化学反应引起的爆炸。

⑦ 失踪。是指船舶在航行中失去联络，音讯全无，并且超过了一定期限后，仍无下落和消息，即被认为是失踪。

（二）外来风险

外来风险是指海上风险以外的各种风险，分为一般外来风险和特殊外来风险两种。

1. 一般外来风险

一般外来风险，指因偷窃、破碎、渗漏、沾污、受潮、受热、串味、生锈、钩损、短量、淡水雨淋等外来原因造成一定的损失。

2. 特殊外来风险

特殊外来风险，主要是指由于军事、政治及行政法令等原因造成的风险，从而引起货物损失。如战争、罢工、交货不到、拒收等。

二、海上损失与费用

（一）海上损失

海上损失，是指被保险的货物在运输过程中，由于发生海上风险导致保险标的直接或间接的损失。海上损失分为全部损失和部分损失两种。

1. 全部损失

全部损失（total loss），又称全损，全部损失分为实际全损和推定全损。

① 实际全损（actual total loss），是指保险标的全部灭失，或保险标的损坏后不能复原，或标的物权丧失已无法复归于被保险人，或载货船舶失踪经过相当长时间仍无音讯等。

② 推定全损（constructive total loss），是指被保险的货物的实际全损已经不可避免，或者恢复、修复受损货物以及运送货物到原定目的地所花费的费用超过该货物运往目的地的货物价值。

在发生推定全损时，被保险人可以要求保险人按保险货物的部分损失赔偿，也可以要求按推定全损赔付。在按推定全损赔付时，必须向保险人提出委付（abandonment），经保险人同意，才能按推定全损赔付。所谓委付是指保险标的发生推定全损的时候，被保险人自愿将保险标的的一切权利转移给保险人，请求保险人按保险标的的全部保险金额予以赔偿的表示。

2. 部分损失

部分损失（partial loss），是指保险标的一部分毁损或灭失，部分损失可以分为共同海损和单独海损。

（1）共同海损

共同海损（general average，简称 G.A.）是指载货的船舶在航行途中遭遇自然灾害或意外事故，威胁到船、货等各方面的共同安全，船方为解除共同危险或使航程得以继续进行，有意识地采取措施所做出的一些特殊牺牲和支出的额外费用。例如，载货船舶在航行中搁浅，船长为了使船、货脱险，下令将部分货物抛弃，船舶浮起转危为安。被弃的货物就是共同海损的牺牲。再如，在船舶搁浅后，为谋求脱险起浮而不正常地使用船上机器，导致主机破坏，船舶无法航行，被其他船拖至安全港。因此支付救助的报酬，就是额外费用。

共同海损的成立，一般应具备以下几个条件。

① 载货船舶必须确实遭遇危及货、船等共同安全的风险，载货船舶处在危难之中。风险必须实际存在并且是不可避免的产生，而不是主观臆断。如果因船长判断错误，采取了某些措施，或因可以预测的常见事故所造成的损失，不能构成共同海损。

② 共同海损牺牲必须是自愿的和有意识的行动所造成的。共同海损牺牲的产生是由人为的故意行动，而不是遭遇海上风险造成的意外损失。

③ 共同海损牺牲和费用的支出必须是合理的。共同海损牺牲和费用的支出必须以解除危难局面为限，船长不能滥用职权，任意扩大物资牺牲和费用的支出。

④ 共同海损牺牲和费用支出的目的仅限于为船舶、货等各方面的共同安全。

⑤ 损失必须是共同海损行为的直接结果。例如，当载货船舶遇到危险，开始往海中抛货，在抛货时海水溅入或冲入船舱，造成其他货物损失，此项损失也属于共同海损。共同海损牺牲和费用支出都是为使船舶、货物和运费免于损失，因而应该由船舶、货物或运费等方面按最后获救的价值共同按比例分摊，通常称为共同海损分摊（G.A.contribution）。

（2）单独海损

单独海损（particular average）是指被保险货物受损后，尚未达到全损程度，仅为部分损失，而这种部分损失不属于共同海损，由各受损者单独负担的损失。例如，载货船舶在航行中遇到狂风巨浪，海水入舱造成部分货物受损。

除上述损失外,货物在运输途中,还有由于外来风险引起的种种损失。例如,由于偷窃行为所遭受的损失和因战争所遭受的损失等。

[案例] 某轮船从天津港驶往新加坡,航行途中船舶货舱起火,大火蔓延到机舱,船长为了船货的共同安全,决定采取紧急措施,往船舱中灌水灭火,火虽然被扑灭,但是由于主机受损,无法继续航行,于是船长决定雇佣拖船将船拖回新港修理,检修后,重新驶往新加坡,事后调查,这件事故造成的损失有:800 箱货物被火烧坏;500 箱货物由于灌水灭火受到损失;主机和部分甲板被烧坏;拖船费用;额外增加的燃料和船长、船员工资。从上述各项的性质来看,哪些属于单独海损?哪些属于共同海损?

分析:800 箱货物被火烧坏、主机和部分甲板被烧坏属于单独海损,因为损失是由于承保范围内的风险直接导致的;500 箱货物由于灌水灭火受到的损失、拖船费用、额外增加的燃料和船长、船员工资属于共同海损,因为损失是由于风险发生后,为了解除共同危险,有意并合理地作出的额外损失。

(二)海上费用

海上费用(maritime charges),是指海上风险造成的费用损失。海上费用包括施救费用和救助费用。

1. 施救费用

施救费用(sue and labour charges),又称单独海损费用,是指当被保险货物遭受保险责任范围内的自然灾害和意外事故时,被保险人或其代理人或其受雇人等为抢救被保险货物,防止损失继续扩大所支付的费用。保险人对这种施救费用负责赔偿。

2. 救助费用

救助费用(salvage charge),是指被保险货物遭受承保范围内的灾害事故时,除保险人和被保险人以外的无契约关系的第三者采取救助措施,获救成功,依据国际上的法律,被救方应向救助的第三者支付的报酬。救助费用应由保险人负责赔偿。保险人在赔付时,必须要求救助成功。国际上,一般称为"无效果、无报酬"(No cure, No pay)。

(三)外来风险的损失

外来风险的损失是指除海上风险以外的其他风险所造成的损失。这类损失不是按损失的程度区分成全损和部分损失,而是按造成损失的原因分类,以作为保险公司承保的依据。

一种是一般外来风险所造成的风险和损失。这类风险损失,通常是指偷窃、短量、破碎、雨淋、受潮、受热、发霉、串味、沾污、渗漏、钩损和锈损等。

另一种是特殊的外来原因造成的风险和损失。这类风险损失主要是指由于军事、政治、国家政策法令和行政措施等原因所致的风险损失,如战争和罢工等。

除上述各种风险损失外,保险货物在运输途中还可能发生其他损失。如运输途中的自然损耗以及由于货物本身特点和内在缺陷所造成的货损等。这些损失不属于保险公司承保的范围。

第二节 我国海洋服装运输保险的险别

保险险别是指保险人对风险和损失的承保和责任范围。在保险业务中,各种险别的承保责任是通过各种不同的保险条款规定的。为了适应国际货物海运保险的需要,中国人民保险公司根据我国保险实际情况并参照国际保险市场的习惯做法,分别制定了各种条款总称为"中国保险条款"(China Insurance Clause, CIC),其中包括《海洋运输货物保险条款》和《海洋运输货物战争险条款》。投保人可以根据货物的特点和航线与港口实际情况自行选择投保适当的险别。

按中国保险条款规定,我国海运货物保险的险别可分为基本险和附加险两种类型。

一、基本险

基本险别又称主险,是可以独立承保的险别。中国人民保险公司所规定的基本险别包括平安险(free from particular average, F. P. A)、水渍险(with particular average, W. A or W. P. A)和一切险(all risks)。

(一)平安险

平安险的责任范围包括:
① 货物在运输途中由于自然灾害造成的实际全损或推定全损。
② 由于运输工具发生意外事故而造成的全部或部分损失。
③ 在运输工具发生搁浅、触礁、沉没、焚毁等意外事故之前或之后,又在海上遭受了恶劣气候、雷电、海啸等自然灾害而使货物造成部分损失。
④ 在装卸、转船过程中一件或数件货物落海所造成的全损或部分损失。
⑤ 由于共同海损造成的牺牲、分摊和救助费用。
⑥ 发生承保责任范围内的危险,被保险人对货物采取抢救、防止或减少损失的措施而支付的合理费用,但以不超过该货物的保险金额为限。
⑦ 运输工具遭受海难后,需要在中途港口或避难港口停靠而引起的卸货、装货、存仓以及运送货物而产生的特别费用。
⑧ 运输契约订有"船舶互撞责任"条款,据该条款规定应由货主偿还船方的损失。

[案例]有一批货物已经投保了平安险,该货在装船的过程中有8件落海,其中5件因打捞及时,仅造成部分损失,其余3件灭失。试分析,以上损失保险公司是否赔偿?

分析:在这种情况下根据平安险承保责任范围的规定,在装卸或转运时由于一件或数件甚至整批货物落海所造成的全部损失或部分损失,保险公司都应该赔偿,因此保险公司应该对该批货物中的8件货物进行赔偿。

(二)水渍险

水渍险的责任范围,除负责上述平安险所规定各项责任外,还负责货物由于恶劣气候、雷电、海啸、地震、洪水等自然灾害所造成的货物部分损失。

[案例]我方出口一批纯棉床单,价值50,000美元,按发票金额加成10%向中国人民保险公司投保水渍险,货物在转船装卸的过程中遇到下雨,货物抵达目的港时,收货人发现该批床单上有明显的雨水浸渍,损失达到70%,问:可否就该损失向保险公司索赔?

分析:因为下雨是一般外来风险,不是自然灾害,所以该损失不在水渍险的承保责任范围内,保险公司不予赔偿。

(三)一切险

一切险的责任范围,除负责上述平安险和水渍险所规定的各项责任范围外,还负责货物在运输途中由于外来原因所造成的全部或部分损失。

[案例]某出口公司出口丝绸5,000码,按照中国人民保险公司海洋运输保险条款投保水渍险,货到目的港,发现有200码丝绸被淡水浸泡,请问:保险公司是否予以赔偿?如果此批货物投保"一切险",保险公司是否予以赔偿?

分析：淡水雨淋是一般外来风险，不在水渍险的承保范围内，投保水渍险，保险公司不予赔偿；如果投保一切险，保险公司方予以赔偿。

通过对以上三种险别的分析我们知道在三种基本险中，平安险是承保责任范围最小，所缴保险费最少的基本险别；而一切险的责任范围最大，保险费也最高。

（四）基本险的除外责任

是指保险人不予赔偿的损失和费用。这种除外责任一般是非意外的、非偶然的或比较特殊的风险。
① 被保险人的故意行为或过失行为造成的损失。
② 由于发货人的包装不善等责任所引起的损失。
③ 被保险货物在保险责任开始前就已经存在品质不良或数量短缺所形成的损失。
④ 被保险货物的自然损耗、品质特性及市价下跌、运输延迟所形成的损失和费用。

（五）基本险的责任起讫期限

保险公司对发生的损失赔偿与否，还要看是否在其承保责任期限内。我国《海洋运输货物保险条款》除了规定了上述各基本险外，还对保险责任起讫作了具体规定。

保险责任起讫是指保险人对被保险货物承担保险责任的有效时间。被保险货物如果在有效期内发生保险责任范围内的风险损失，被保险人有权进行索赔；否则，无权索赔。

基本险的责任起讫通常采用国际保险业惯用的"仓至仓条款（warehouse to warehouse clauses）"，即：从保险人承保货物运离保险单所载明的启运地发货人仓库时开始，直至该项货物被运抵保险单所载明的目的地收货人仓库时为止。

但是，应注意"仓至仓条款"也不是绝对的，要受某些条件的限制。
① 当货物从目的港卸离海轮时起算，满60天时，则不论货物是否进入收货人仓库，保险责任均告终止。
② 如保险货物运至目的港，收货人提货后并未运往保险单上所载明的仓库，而是进行转运，则保险责任从开始转运时终止。
③ 如货物在运至保险单所载明的目的港以前，在某一仓库发生分组、分派、或分成几批的情况，则该仓库就作为收货人仓库，保险责任即从货物运至该仓库时终止。
④ 如对某些内陆国家的出口货物，内陆运输距离长，时间长，在港口卸货后，无法在保险条款规定的期限内运至目的地（60天），被保险人可以要求扩展保险期限。即向保险人申请扩展，经保险公司同意后，出立凭证予以延长，每日加收一定的保险费。
⑤ 当发生非正常运输情况，如：运输延迟、绕道、被迫卸货、航线变更等，被保险人及时通知保险人，加交保险费，可以按照扩展条款办理。

[案例] 2010年8月，我某外贸公司以CFR大连从国外进口一批高档西装面料，并据卖方提供的装船通知及时向中国人民保险公司投保了水渍险，后来由于国内用户发生变更，我方通知承运人货改卸青岛港。在货由青岛港装火车运往大连途中遇到山洪，致使部分货物受损，我进口公司据此向保险公司索赔，但遭拒绝。保险公司拒赔有无道理？说明理由。

如果海轮正常于9月1日抵达大连港并开始卸货，9月3日全部卸在码头货棚中而未运往收货人的仓库。
问：保险公司的保险责任至哪一天终止？

分析：保险公司拒赔有道理。依据上述"仓至仓"条款的表述，被保险货物需转运到非保险单所载明的目的地时,则以该项货物开始转运时保险责任终止。本案例中,保险单所载明的目的地是大连港,后来又临时通知改卸青岛港,但未通知保险公司进行更改,则保险公司的保险责任在货物改卸青岛港时已终止。因此,在此之后货物由青岛港转运途中遇到山洪,而导致的货物损失不应由保险公司来赔偿。

保险公司的保险责任到11月2日即告终止。依据上述"仓至仓"条款的表述,保险责任以被保险货物在卸载港全部离海轮后满六十天为止。案例中,全部卸完货是在9月3日,向后推算60天正好是11月2日。当然,如果在11月2日前这批高档西装面料被运进了收货人的仓库,则不论哪一天进入该仓库,保险责任即告终止。

二、附加险

在海洋运输业务中,进出口商除了投保货物的上述基本险别外,还可以根据货物的特点和实际需要,酌情再选择若干个适当的附加险别。附加险别包括一般附加险别和特殊附加险别。

1. 一般附加险

一般附加险不能作为单独的项目投保,而只能在投保基本险或水渍险的基础上,根据货物的特性和需要加保一种或若干种一般附加险。如果加保一切附加险,这就叫投保一切险。可见一般附加险被包括在一切险的承保范围内,故在投保一切险时,不存在再加保一般附加险的问题。

由于被保险的货物品种繁多,性能和特点各异,而一般的外来风险又多种多样,所以一般附加险的种类也很多,主要包括以下险别。

① 偷窃、提货不着险。

② 淡水雨淋险。

③ 短量险。

④ 混杂、沾污险。

⑤ 渗漏险。

⑥ 碰损、破碎险。

⑦ 串味、异味险。

⑧ 受潮、受热险。

⑨ 钩损险。

⑩ 包装破裂险。

⑪ 锈损险。

2. 特殊附加险

特殊附加险是以导致货损的某些政府行为风险作为承保对象的,它不包括在一切险范围,不论被保险人投任何基本险,要想获取保险人对政府行为等政治风险的保险保障,必须与保险人特别约定,经保险人特别同意。否则,保险人对此不承担保险责任。特殊附加险只能在投保"平安险"、"水渍险"和"一切险"的基础上加保。特别附加险包括以下险别。

① 交货不到险。

② 进口关税险。

③ 舱面险。

④ 拒收险。

⑤ 黄曲霉素险。

⑥ 出口货物到香港（包括九龙在内）或澳门存仓火险责任扩展条款。
⑦ 海上货物运输罢工险等。
⑧ 海上货物运输战争险。

凡是加保战争险，保险公司则按照战争保险条款的责任范围，对由于战争和其他各种敌对行为所造成的损失负赔偿责任，按照中国人民保险公司的保险条款规定，战争险不能作为一个单独的项目投保，而只能在投保上述三种基本险别之一的基础上加保。战争险的保险责任起讫和货物运输险不同，它不采用"仓至仓"条款，而是从货物装上船开始到货物运抵目的港卸离船面为止，即只负责水面风险。

[案例] 我方按CIF条件出口一批服装面料。合同规定投保一切险加海上货物运输战争险、罢工险。货物卸至目的港码头后，当地码头工人开始罢工。在工人与政府的武装力量对抗中，该批面料有的被铺在地上，有的被当作掩体，有的丢失，总共损失达2/5左右。

分析：案例中损失属于因罢工直接造成的损失，根据1981年1月1日CIC罢工险条款所规定的责任范围保险公司应负责赔偿。

第三节　伦敦保险协会海运保险条款

随着我国服装国际贸易的快速发展，办理保险业务的保险公司不仅仅局限于国内保险公司，在进出口业务中，各外商保险公司和中外合资保险公司同样也可以办理保险业务。在国际保险市场上，各国保险组织都制定有自己的保险条款。但最为普遍采用的是英国伦敦保险业协会所制订的《协会货物条款》(Institute Cargo Clause, ICC)、我国企业按CIF或CIP条件出口服装时，一般按《中国保险条款》投保，但如果国外客户要求按《协会货物条款》投保，一般可予接受。因此对英国伦敦协会海运保险条款我们也必须了解和掌握。

一、海运货物保险条款的种类

《协会货物条款》的现行规定于1982年1月1日修订公布，共有6种险别，具体如下：

① 协会货物条款（A）[简称ICC（A）]。ICC（A）可以独立投保，其责任范围较大，采取"一切险减除外责任"的方式。

② 协会货物条款（B）[简称ICC（B）]。
ICC（B）可以独立投保，其责任范围采用"列明风险"的方法。
ICC（B）的除外责任，除对"海盗行为"和"恶意损害"的责任不负责外，其余均与ICC（A）的除外责任相同。

③ 协会货物条款（C）[简称ICC（C）]。ICC（C）可以独立投保，其责任范围也采取"列明风险"的方式。

④ 协会战争险条款（货物）(IWCC)。

⑤ 协会罢工险条款（货物）(ISCC)。

⑥ 恶意损害险（malicious damage clause）。

上述ICC（A）、ICC（B）、ICC（C）三种险别都有独立、完整的结构，对承保风险和除外责任都有明确的规定，因而可以单独投保。上述的战争险和罢工险，也具有独立体系，如果保险公司同意，在必要时，也可以作为独立的险种投保。唯独恶意损害险属于附加险别，其条款内容比较简单。

二、主要险别的承保范围与除外责任

（一）ICC（A）险的承保范围与除外责任

1. ICC（A）险的承保范围

ICC（A）险相当于中国保险条款中的一切险，其责任范围更为广泛，故采用承保"除外责任"之外的一切风险的方式表明其承保范围。即除了"除外责任"项下所列示风险保险人不予负责外，其他风险均予负责。ICC（B）险大体上相当于水渍险。ICC（C）险相当于平安险，但承保范围较小些。ICC（B）险和ICC（C）险都采用列明风险的方式表示其承保范围。六种险别中，只有恶意损害险，属于附加险别，不能单独投保，其他五种险别的结构相同，体系完整。因此，除ICC（A）、ICC（B）、ICC（C）三种险别可以单独投保外，必要时，战争险和罢工险在征得保险公司同意后，也可作为独立的险别进行投保。

2. ICC（A）险的除外责任

ICC（A）险的除外责任包括下列几个方面。

① 一般除外责任。如因包装或准备不足或不当所造成的损失；使用原子或热核武器所造成的损失和费用。

② 不适航、不适货除外责任。主要是指被保险人在被保险货物装船时已知船舶不适航，以及船舶、运输工具、集装箱等不适货。

③ 战争除外责任。

④ 罢工除外责任。

（二）ICC（B）险的承保范围与除外责任

1. ICC（B）险的承保范围

ICC（B）险对承保风险的做法是采用"列明风险"的方法，即在条款的首部开宗明义地把保险人所承保的风险一一列出。ICC（B）险的承保范围如下。

保险标的物的灭失或损失可合理地归因于下列任何之一者，保险人予以赔偿。

① 火灾、爆炸。
② 船舶或驳船触礁、搁浅、沉没或倾覆。
③ 陆上运输工具倾覆或出轨。
④ 船舶、驳船或运输工具同水以外的外界物体碰撞。
⑤ 在避难港卸货。
⑥ 地震、火山爆发。
⑦ 共同海损牺牲。
⑧ 抛货。
⑨ 浪击落海。
⑩ 海水、湖水或河水进入船舶、驳船、运输工具大型海运箱或储存处所。
⑪ 货物在装卸时落海或摔落造成整件的全损。

2. ICC（B）险的除外责任

ICC（B）与ICC（A）的除外责任基本相同，但有下列两点区别。

① ICC（A）只对被保险人的故意不法行为所造成的损失、费用不负赔偿责任，对于被保险人之外的任何个人或数人故意损害和破坏标的物或其他任何部分的损害要负赔偿责任。但在ICC（B）下，保险人对此也不负赔偿责任。

② ICC（A）对海盗行为列入承保范围，而ICC（B）对海盗行为不负赔偿责任。

（三）ICC（C）险的承保范围与除外责任

1. ICC（C）险的承保范围

ICC（C）的风险责任规定，也和ICC（B）险一样，采用"列明风险"的方式，可是仅对"重大意外事故"（major casualties）所致损失负责，对非重大意外事故和自然灾害所致损失均不负责。ICC（C）险的承保风险是：

① 火灾、爆炸；
② 船舶或驳船触礁、搁浅、沉没或倾覆；
③ 陆上运输工具倾覆或出轨；
④ 船舶、驳船或运输工具与水以外的任何外界物体碰撞；
⑤ 在避难港卸货；
⑥ 共同海损牺牲；
⑦ 抛货。

2. ICC（C）险的除外责任

ICC（C）险的除外责任与ICC（B）险完全相同。

（四）恶意损害险的承保

恶意损害险是新增加的附加险别，承保被保险人以外的其他人（如船长、船员等）的故意破坏行动所致被保险货物的灭失或损坏。但是，恶意损害如果是出于政治动机的人的行动，不属于恶意损害险承保范围，而应属罢工险的承保风险。由于恶意损害险的承保责任范围已被列入ICC（A）险的承保风险，所以，只有在投保ICC（B）险和ICC（C）险的情况下，才在需要时可以加保。

三、主要险别的保险期限

伦敦保险协会海运货物保险条款也是采用"仓至仓"条款的规定办理，保险期限与我国的保险期限的规定大致相同，但是规定比较详细。

现将ICC（A）、ICC（B）、ICC（C）三种险别条款中保险人承保的风险列表说明，具体请见表5-1。

表5-1 伦敦保险协会货物保险条款A、B、C承保风险一览表

责 任 范 围	A	B	C
火灾、爆炸	○	○	○
船舶或驳船触礁、搁浅、沉没或倾覆	○	○	○
陆上运输工具倾覆或出轨	○	○	○
船舶、驳船或运输工具与水以外的任何外界物体碰撞	○	○	○
地震、火山爆发或雷电	○	○	×
在避难港卸货	○	○	○
共同海损牺牲	○	○	○

续表

责 任 范 围	A	B	C
抛货	○	○	○
浪击落海	○	○	×
海水、湖水或河水进入船舶、驳船、运输工具大型海运箱或储存处所	○	○	×
货物在装卸时落海或摔落造成整件的全损	○	○	×
由于被保险人以外的其他人（如船长、船员等）的故意破坏行为所造成的损失和费用	○	×	×
海盗行为	○	×	×
下列"除外责任"范围以外的一切风险	○	×	×
除 外 责 任	A	B	C
被保险人的故意破坏行为所造成的损失和费用	×	×	×
自然渗漏，重量或容量的自然损耗或自然磨损	×	×	×
包装或准备不足或不当造成的损失和费用	×	×	×
保险标的的内在缺陷或特性造成的损失和费用	×	×	×
直接由于延迟引起的损失和费用	×	×	×
由于使用任何原子武器或核裂变等造成的损失和费用	×	×	×
船舶不适航，船舶、装运工具、集装箱等不适货	×	×	×
战争风险	×	×	×
罢工风险			

注："○"代表在承包范围内；"×"代表不在承包范围内。

第四节　其他运输方式下的货运保险

一、陆上运输货物保险

陆上运输货物保险是货物运输保险的一种，分为陆运险和陆运一切险两种。

（一）陆运险的责任范围

被保险货物在运输途中遭受暴风、雷电、地震、洪水等自然灾害，或由于陆上运输工具（主要是指火车、汽车）遭受碰撞、倾覆或出轨。如在驳运过程，包括驳运工具搁浅、触礁、沉没或由于遭受隧道坍塌、崖崩或火灾、爆炸等意外事故所造成的全部损失或部分损失。保险公司对陆运险的承保范围大至相当于海运险中的"水渍险"。

（二）陆运一切险的责任范围

除包括上述陆运险的责任外，保险公司对被保险货物在运输途中由于外来原因造成的短少、短量、偷窃、渗漏、碰损、破碎、钩损、雨淋、生锈、受潮、霉、串味、沾污等全部或部分损失，也负赔偿责任。

（三）陆上运输货物保险的除外责任

① 被保险人的故意行为或过失所造成的损失。
② 属于发货人所负责任或被保险货物的自然消耗所引起的损失。
③ 由于战争、工人罢工或运输延迟所造成的损失。

（四）责任起讫

陆上货物运输保险责任的起讫期限与海洋运输货物保险的仓至仓条款基本相同，是从被保险货物运离保险单所载明的启运地发货人的仓库或储存处所开始运输时生效，包括正常陆运和有关水上驳运在内，直至该项货物送交保险单所载明的目的地收货人仓库或储存处所，或被保险人用作分配、分派或非正常运输的其他储存处所为止。但如未运抵上述仓库或储存处所，则以被保险货物到达最后卸载的车站后，保险责任以60天为限。

二、航空运输货物保险

（一）保险责任

本保险分为航空运输险和航空运输一切险两种。被保险货物遭受损失时，本保险按保险单上订明承保险别的条款负赔偿责任。

1. 航空运输险

本保险的保险范畴如下。
① 被保险货物在运输途中遭受雷电、火灾、爆炸或由于飞机遭受恶劣气候或其他危难事故而被抛弃，或由于飞机遭受碰撞、倾覆、坠落或失踪意外事故所造成的全部或部分损失。
② 被保险人对遭受承保责任内危险的货物采取抢救、防止或减少货损的措施而支付的合理费用，但以不超过该批被救货物的保险金额为限。

2. 航空运输一切险

除包括上列航空运输险的责任外，本保险还负责被保险货物由于外来原因所致的全部或部分损失。

（二）除外责任

本保险对下列损失，不负赔偿责任。
① 被保险人的故意行为或过失所造成的损失。
② 属于发货人责任所引起的损失。
③ 保险责任开始前，被保险货物已存在的品质不良或数量短差所造成的损失。
④ 被保险货物的自然损耗、本质缺陷、特性以及市价跌落、运输延迟所引起的损失或费用。
⑤ 航空运输货物战争险条款和货物运输罢工险条款规定的责任范围和除外责任。

（三）责任起讫

① 本保险负"仓至仓"责任，自被保险货物运离保险单所载明的起运地仓库或储存处所开始运输时生效，包括正常运输过程中的运输工具在内，直至该项货物运达保险单所载明目的地收货人的最后仓库或储存处所或被保险人用作分配、分派或非正常运输的其他储存处所为止。如未运抵上述仓库或储存处所，则以被保险货物在最后卸载地卸离飞机后满30天为止。如在上述30天内被保险的货物需转送到非保险单所载明的目的地时，则以该项货物开始转运时终止。

② 由于被保险人无法控制的运输延迟、绕道、被迫卸货、重行装载、转载或承运人运用运输契约赋予的权限所作的任何航行上的变更或终止运输契约，致使被保险货物运到非保险单所载目的地时，在被保险人及时将获知的情况通知保险人，并在必要时加缴保险费的情况下，本保险仍继续有效。保险责任按下述规定终止。

a. 被保险货物如在非保险单所载目的地出售，保险责任至交货时为止。但不论任何情况，均以被保险的货物在卸载地卸离飞机后满30天为止。

b. 被保险货物在上述30天期限内继续运往保险单所载原目的地或其他目的地时，保险责任仍按上述第"①"款的规定终止。

三、邮包运输保险

邮包运输保险是指承保邮包通过海、陆、空三种运输工具在运输途中由于自然灾害、意外事故或外来原因所造成的包裹内物件的损失。根据《中国人民保险公司邮包保险条款》的规定，邮包运输保险的险别分为邮包险和邮包一切险。

（一）保险责任

邮包保险按其保险责任分为邮包险（parcel post risks）和邮包一切险（parcel post all risks）两种。邮包险与海洋运输货物保险水渍险的责任相似，邮包一切险与海洋运输货物保险一切险的责任基本相同。

（1）邮包险　负责赔偿被保险邮包在运输途中由于恶劣气候、雷电、海啸、地震、洪水等自然灾害或由于运输工具遭受搁浅、触礁、沉没、碰撞、倾覆、出轨、坠落、失踪，或由于失火、爆炸等意外事故所造成的全部或部分损失。此外，该保险还负责被保险人对遭受承保责任范围内危险的货物采用抢救、防止或减少损失的措施而支付的合理费用，但以不超过获救货物的保险金额为限。

（2）邮包一切险　包括邮包险的责任外，还负责被保险邮包在运输途中由于外来原因所致的全部或部分损失。

（二）除外责任

邮包运输货物保险的除外责任与海运货物险的除外责任基本相同。

（三）责任起讫

其责任起讫为自被保险邮包离开保险单所载起运地点寄件人的处所运往邮局时开始生效，直至该项邮包运达本保险单所载目的地邮局，自邮局签发到货通知书当日午夜起算满十五天终止。但是在此期限内邮包一经交至收件人的处所时，保险责任即行终止。

（四）索赔期限

本保险索赔时效，从被保险邮包递交收件人起算，最多不超过两年。

第五节　国际服装运输保险实务

一、合同中的保险条款

在服装贸易中，运输保险是以处于运输中的服装为保险标的的，采用的贸易术语不同，办理保险的人就不同，但是不管以何种贸易术语达成的交易，均会涉及风险如何划分以及由谁负责投保的问题。如采用

CIF和CIP等贸易术语，则应由卖方负责办理保险；而在FOB、CFR、FCA等贸易术语下则由买方办理保险。再加上服装的种类繁多，保险条款设有多种险别，投保加成率又无统一的标准，所以在服装贸易中有必要就以上内容作出明确的规定，以免日后产生不必要的纠纷。

（一）投保金额的约定

保险条款是国际货物买卖合同的重要组成部分之一，它涉及买卖双方的利益。一般来说，保险条款所涉及的内容有保险金额、投保险别、保险费、保险单证和保险适用条款等。

保险金额（amount insured）是指保险公司可能赔偿的最高金额，习惯上按发票金额加一成（10%）预期利润和业务费用。

保险金额的计算公式为： 保险金额=CIF价格×（1+投保加成率）

投保人交付保险费是保险合同生效的前提条件。保险费是保险公司经营保险业务的基本收入，也是保险公司所掌握的保险基金，即损失赔偿基金的主要来源。计收保险费的公式是：

$$保险费 = 保险金额 \times 保险费率$$

如按CIF或CIP价加成投保，则上述公式应改为：

$$保险费 = CIF（或CIP）价 \times （1+投保加成率）\times 保险费率$$

例：我国某外贸公司出口一批女装，按CIF条件成交，合同规定按发票金额110%投保一切险和战争险，如出口发票金额为150000美元，一切险保险费率为0.6%，战争险保险费率为0.03%。试问：投保金额是多少？应付保险费多少？

解：投保金额=CIF货价×(1+加成率)=150000×（1+10%）=165000美元

保险费=保险金额×保险费率=165000×（0.6%+0.03%）=1039.5美元

（二）险别的约定

在办理投保业务时选择什么险别投保是非常重要的问题。

1. 根据货物的性质及包装选择投保险别

用不同材料制作的服装相同的风险之下，遭受的损失程度往往是不相同的。如有的服装面料容易受潮、霉变等，那就应该在基本险别的基础上加保受潮、受热险。另外还要考虑货物的包装情况，特别是一些容易破损的包装，对货物致损的影响较大，保险公司对由于包装不良或由于包装不适合国际货物运输的一般要求而使货物受损的情况不负责任。

2. 根据运输工具所经过的路线选择投保险别

运输工具不同，选择投保的险别也相应不同，如采用空运的服装，应该选择投保航空运输货物保险的有关险别。此外，根据不同的运输路线，自动选择合适的险别，如途经海盗经常出没的水域或战争热点地区，应考虑货物遭受意外袭击的因素。

3. 根据可保利益的归属选择投保的险别

在国际货物贸易中保险责任与可保利益有时是统一的，有时则是脱节的。当两者统一时，要视被保险货物的实际需要选择合适的险别；当两者不统一时，选择的险别则通常是承保范围最小、保险费用最低的险别。

凡我国出口以CIF或CIP条件成交的，通常按照中国人民保险公司现行的货物运输保险险别并根据商品的特点及海上风险的程度，由双方约定投保的险别。

（三）以哪一个保险公司的保险条款为准

目前，我国通常采用中国人民保险公司1981年1月1日生效的货物运输保险条款为依据。但有时国外客户要求按照英国伦敦保险业协会货物保险条款为准，我方也可以通融接受。

(四)保险投保人的约定

采用不同的贸易术语,办理投保手续、支付保险费的责任也不同。如采用CIF和CIP贸易术语,则由卖方负责办理保险;采用FOB、CFR、FCA贸易术语,则由买方办理保险。

二、进口货物的投保手续

按FOB、CFR、FCA和CPT条件成交的进口货物,由我进口服装企业自行办理保险。为简化投保手续和避免漏保,一般采用预约保险的做法,即被保险人(投保人)和保险人就保险标的物的范围、险别、责任、费率以及赔款处理等条款签订长期性的保险合同。投保人在获悉每批货物起运时,应将船名、开船日期及航线、货物品名及数量、保险金额等内容,书面定期通知保险公司。保险公司对属于预约保险合同范围内的商品,一经起运,即自动承担保险责任。

未与保险公司签订预约保险合同的进口企业,则采用逐笔投保的方式,在接到国外出口方的装船通知或发货通知后,应立即填写"装货通知"或投保单,注明有关保险标的物的内容、装运情况、保险金额和险别等,交保险公司,保险公司接受投保后签发保险单。

我国进口货物的保险金额原则上是以CIF价作为保险金额不再加成,其中的运费率和保险费率均采用平均值计算,一般为:

FOB进口保险金额=FOB货价×(1+平均运费率)/(1-平均保险费率)

CFR进口保险金额=CFR货价/(1-平均保险费率)

三、出口货物投保手续

在实际业务中,凡按CIF和CIP条件成交的出口货物,由出口企业向当地保险公司逐笔办理投保手续。应根据合同或信用证规定,在备妥货物,并确定装运日期和运输工具后,按规定的保险险别和保险金额,向保险公司投保。投保时应填制投保单并支付保险费,保险公司凭此出具保险单或保险凭证。

投保的日期应不迟于货物装船的日期,出口保险的保险金额中,应包括货价、买方的交易费用、预期利润以及因货损而可能产生的违约的赔偿责任,称之为加成投保。投保金额若合同没有明确规定,应按CIF或CIP价格加成10%,如买方要求提高加成比率,一般情况下可以接受,但增加的保险费应由买方负担。

保险单证是主要的出口单据之一,保险单证所代表的保险权益经背书后可转让。卖方在向买方(或银行)交单前,应先行背书。

为发展我国的保险事业,我国出口一般按照CIF条件或者CIP条件。在签订出口合同时,双方除了约定投保险别、保险金额等内容外,还应明确订明按照CIC条款向中国人民保险公司适用的保险条款投保。通常在保险合同中也要注明由卖方投保。在合同中可写明"由卖方按照发票金额的××%投保××险(险别名称),按照中国人民保险公司1981年1月1日有关海洋运输货物保险条款为准。"

四、保险合同的形式

保险单证是保险人与被保险人之间权利和义务的契约,是被保险人或受让人索赔和保险人理赔的依据,也是进出口贸易结算的主要单据之一。保险单证可以背书转让。我国常用的保险单证有:保险单和保险凭证。

(一)保险单

保险单(insurance policy)俗称大保单,它是保险人和被保险人之间成立保险合同关系的正式凭证,因险别的内容和形式有所不同，海上保险最常用的形式有船舶保险单、货物保险单、运费保险单、船舶所有人责任保险单等。其内容除载明被保险人、保险标的、运输工具、险别、起讫地点、保险期限、保险价值和保险金额等项目外，还附有关保险人责任范围以及保险人和被保险人的权利和义务等方面的详细条款。保险单是被保险人向保险人索赔或对保险人上诉的正式文件，也是保险人理赔的主要依据。保险单可转让，通常是被保险人向银行进行押汇的单证之一。在CIF合同中，保险单是卖方必须向买方提供的单据。保险单格式见图5-1。

（二）保险凭证

保险凭证（insurance certificate）俗称小保单。它是保险人签发给被保险人，证明货物已经投保和保险合同已经生效的文件。保险凭证具有与保险单同等的效力，但在信用证规定提交保险单时，一般不能以保险凭证代替。

五、保险索赔

指当被保险人的货物遭受承保责任范围内的风险损失时，被保险人向保险人提出的索赔要求。在国际贸易中，如由卖方办理投保，卖方在交货后即将保险单背书转让给买方或其收货代理人，当货物抵达目的港（地），发现残损时，买方或其收货代理人作为保险单的合法受让人，应就地向保险人或其代理人要求赔偿。中国保险公司为便利我国出口货物运抵国外目的地后及时检验损失，就地给予赔偿，已在100多个国家建立了检验或理赔代理机构。至于我国进口货物的检验索赔，则由有关的专业进口公司或其委托的收货代理人在港口或其他收货地点，向当地人民保险公司要求赔偿。被保险人或其代理人向保险人索赔时，应做好下列几项工作。

① 当被保险人得知或发现货物已遭受保险责任范围内的损失，应及时通知保险公司，并尽可能保留现场。由保险人会同有关方面进行检验，勘察损失程度，调查损失原因，确定损失性质和责任，采取必要的施救措施，并签发联合检验报告。

② 当被保险货物运抵目的地，被保险人或其代理人提货时发现货物有明显的受损痕迹、整件短少或散装货物已经残损，应立即向理货部门索取残损或短量证明。如货损涉及第三者的责任，则首先应向有关责任方提出索赔或声明保留索赔权。在保留向第三者索赔权的条件下，可向保险公司索赔。被保险人在获得保险补偿的同时，必须将受损货物的有关权益转让给保险公司，以便保险公司取代被保险人的地位或以被保险人名义向第三者责任方进行追偿。保险人的这种权利，叫做代位追偿权（the right of subrogation）。

③ 采取合理的施救措施。保险货物受损后，被保险人和保险人都有责任采取可能的、合理的施救措施，以防止损失扩大。因抢救、阻止、减少货物损失而支付的合理费用，保险公司负责补偿。被保险人能够施救而不履行施救义务，保险人对于扩大的损失甚至全部损失有权拒赔。

④ 备妥索赔证据，在规定时效内提出索赔。保险索赔时，通常应提供的证据有：保险单或保险凭证正本；运输单据；商业发票和重量单、装箱单；检验报告；残损、短量证明；向承运人等第三者责任方请求赔偿的函电或其他证明文件；必要时还需提供海事报告；索赔清单，主要列明索赔的金额及其计算依据，以及有关费用项目和用途等。根据国际保险业的惯例，保险索赔或诉讼的时效为自货物在最后卸货地卸离运输工具时起算，最多不超过两年。

第五章　国际服装贸易运输保险

保险单序号:PICC No.00057511

中国人民保险公司 河北省分公司
PICC The People's Insurance Company of China, HeBei Branch

总公司设于北京　一九四九年创立
Head Office Beijing　Established in 1949

货物运输保险单
CARGO TRANSPORTATION INSURANCE POLICY

发票号(INVOICE NO.) 09-02822
合同号(CONTRACT NO.) QFG2002-1　保单号次 POLICY NO. PYCA2002130301000000137
信用证号(L/C NO.) LCE6200200005

被保险人 Insured: CHINA TAOHUA GLASS GROUP CORPORATION

中国人民保险公司(以下简称本公司)根据被保险人的要求,由被保险人向本公司缴付约定的保险费,按照本保险单承保险别和背面所载条款与下列条款保下货物运输保险,特立本保险单。
THIS POLICY OF INSURANCE WITNESSES THAT THE PEOPLE'S INSURANCE COMPANY OF CHINA (HEREINAFTER CALLED "THE COMPANY") AT THE REQUEST OF THE INSURED AND IN CONSIDERATION OF THE AGREED PREMIUM PAID TO THE COMPANY BY THE INSURED, UNDERTAKES TO INSURE THE UNDERMENTIONED GOODS IN TRANSPORTATION SUBJECT TO THE CONDITIONS OF THIS POLICY AS PER THE CLAUSES PRINTED OVERLEAF AND OTHER SPECIAL CLAUSES ATTACHED HEREON.

标 记 MARKS & NOS.	包装及数量 QUANTITY	保险货物项目 DESCRIPTION OF GOODS	保险金额 AMOUNT INSURED
N/M	散装10000吨 IN BULK	SODA ASH DENSE	USD901620.00

总保险金额 TOTAL AMOUNT INSURED: US DOLLARS NINE HUNDRED ONE THOUSAND SIX HUNDRED AND TWENTY ONLY
保费 PREMIUM: ARRANGED　　装载日期 DATE OF COMMENCEMENT: NOV.19,2002　　装载运输工具 PER CONVEYANCE: GREAT IMMENSITY
自 FROM: OREGON, USA　　经 VIA:　　至 TO: QINHUANGDAO
承保险到 CONDITIONS: COVERING ALL RISKS AS PER OCEAN MARINE CARGO CLAUSES (1/1/1981) OF THE PEOPLE'S INSURANCE COMPANY (WAR CLAUSES IS INCLUDED)

所保货物,如发生保险单项下可能引起索赔的损失或损坏,应立即通知本公司下述代理人查勘,如有索赔,应向本公司提交保险单正本(本保险单共有___份正本)及有关文件,如一份正本已用于索赔,其余正本自动失效。
IN THE EVENT OF LOSS OR DAMAGE WHICH MAY RESULT IN A CLAIM UNDER THIS POLICY, IMMEDIATE NOTICE MUST BE GIVEN TO THE COMPANY'S AGENT AS MENTIONED HEREUNDER. CLAIMS, IF ANY, ONE OF THE ORIGINAL POLICY WHICH HAS BEEN ISSUED IN ___ ORIGINAL(S) TOGETHER WITH THE RELEVENT DOCUMENTS SHALL BE SURRENDERED TO THE COMPANY. IF ONE OF THE ORIGINAL POLICY HAS BEEN ACCOMPLISHED, THE OTHERS TO BE VOID.

中国人民保险公司秦皇岛市开发区支公司
TEL:0335-8051480/8051058
TELEX:
CABLE:
FAX:0335-8051597

图5-1　保险单格式

思考题与情景实训

一、名词解释
1. 共同海损　2. 单独海损　3. 实际交货　4. 仓至仓条款　5. 实际全损　6. 推定全损

二、简答题
1. 在海运货物保险中，保险公司承保哪些风险、损失和费用？
2. 简述海上风险及损失的种类和内容。
3. 请用实例说明施救费用与救助费用的区别。
4. 我国海洋运输货物保险条款包括哪些险别？其承保范围有何不同？其除外责任与保险期限又是如何规定的？
5. 伦敦保险协会货物保险条款规定承保哪几种险？
6. 采用CIF成交时，按照国际惯例，保险金额如何确定？

三、计算题

我某进出口公司按CIF条件对外出口，发票总额为2,500美元，按发票总值110%投保一切险和战争险，保险费率分别为0.6%和0.04%，我进出口公司应付多少保险费？

四、情景实训
1. 假如你是蓝天进出口公司的业务员，在一笔服装出口业务中，采用CIF贸易术语，投保由我方办理，请考虑按照下列险别进行投保是否妥当？

（1）一切险、淡水雨淋险、钩损险；

（2）水渍险、受潮受热险；

（3）偷窃险、战争险、罢工险。

2. 我国某外贸服装企业签订了一份FOB合同，货物在装船后，向买方发出装船通知，买方向保险公司投保了"仓至仓条款一切险"，但货物在从卖方仓库运往码头途中遭遇暴雨淋湿了10%。事后我们以保险单含有仓至仓条款为由要求保险公司赔偿此项损失，但遭到保险公司拒绝。后来我方又请求买方以投保人名义凭保险单向保险公司索赔，也遭到保险公司拒绝。试问在上述情况下，保险公司能否拒赔？为什么？

3. 某外贸公司按照CIF术语出口一批货物，装运前向保险公司按照发票总值的110%投保平安险，6月初货物装妥顺利开航。载货船舶于6月13日在海上遭到暴风雨，致使一部分货物受到水渍，损失价值2100美元。数日后，该轮又突然触礁，致使该批货物又遭到部分损失，价值9000美元。请问：保险公司对该批货物的损失是否赔偿？为什么？

4. 某货轮在航行途中因电线短路，第三舱内发生火灾，经灌水灭火后统计损失，被火烧毁货物价值5000美元，因灌水救火被水浸坏货物损失6000美元。船方宣布该轮共同海损，试根据上述案例分析回答下列问题：

（1）该轮船长宣布共同海损是否合理？

（2）被火烧毁的货物损失5000美元，船方是否应该赔偿？理由是什么？

（3）被水浸湿的货物损失6000美元属于什么性质的损失？应由谁负责赔偿？

5. 2011年8月，我国某外贸公司以CFR大连从国外进口一批高档西装面料，并据卖方提供的装船通知及时向中国人民保险公司投保了水渍险，后来由于国内用户发生变更，我方通知承运人货物改卸青岛港。在货由青岛港装火车运往大连途中遇到山洪，致使部分货物受损，我进出口公司据此向保险公司索赔，但遭拒绝。保险公司拒赔有无道理？说明理由。

如果海轮正常行驶于9月1日抵达大连港并开始卸货，9月3日全部卸完在码头货棚中而没有运往收货人的仓库。请问：保险公司的保险责任至哪一天终止？

6. 一艘开往新加坡装满棉布的货轮，在航行途中甲舱突然起火，乙舱并未起火，但船长并未调查便认为都已着火，命令对两舱进行灌水施救，结果甲舱棉布大部分被烧毁，剩下一部分及其乙舱全部棉布发生严重水渍。请问：甲乙两舱造成的损失各为何种损失？

第六章　服装的价格

- 第一节　服装价格的掌握
- 第二节　作价方法的选择
- 第三节　计价货币的选择
- 第四节　佣金和折扣
- 第五节　合同中的服装价格条款

目的与要求

要求学生了解国际贸易的价格构成、定价原则、影响价格的因素，学会出口价格的计算方法，掌握主要贸易术语之间的价格换算、佣金与折扣的意义及计算方法，熟悉成本核算的几个指标，做到能正确的对外报价，正确的订立合同中的价格条款。

重点与难点

确定进出口商品价格的基本原则、计价货币的选用、买卖合同中价格条款的规定方法以及佣金、折扣的计价和支付；成本核算、价格换算、佣金和折扣的计算。

第一节　服装价格的掌握

国际贸易商品的价格是国际货物销售合同中的主要条款之一，也是交易双方磋商的核心内容，在国际货物买卖中，如何确定进出口商品价格和规定合同中的价格条款，是交易双方最为关心的一个问题。在实际业务中，能否正确合理地确定国际贸易商品的价格，不但直接关系到进出口公司的经济效益，有时甚至会影响出口国及进口国的经济政策，因此，正确掌握进出口商品价格，合理采用各种作价办法，选用有利的计价货币，适当运用与价格有关的佣金和折扣方法，并订好合同中的价格条款非常重要。

一、进出口货物的作价原则

我国对外交易报价的原则，是随行就市，并以国际市场价格水平为依据。但也根据不同货物、货源情况，结合购销意图，按照国别地区政策，贯彻平等互利原则，统一掌握制定，并由有关的商业协会加以协调。

1. 以国际市场价格水平为依据

国际市场价格是指一种商品在国际贸易中，在一定时期内，具有代表性的成交价格。国际市场价格受供求关系的影响，围绕着商品的价值上下波动。

2. 贯彻国别（地区）政策

在一般情况下，商品要按国际市场价格水平作价，但有时为了配合一国的国际贸易政策，对有些国家或地区的价格，可以略低于国际价格水平出售，也可以略高于国际市场价格购买。

3. 结合购销意图

在制定某商品的进出口商品价格时，应该结合购销意图。滞销积压商品可考虑适当降低价格以刺激需求；畅销商品则应合理上调价格。为了控制市场，与对手竞争，有时需以较低价格销售；有些商品是为了开拓市场、打开销路，价格也可以适当低于当地的价格水平。

二、制定价格考虑的因素

1. 要考虑商品的质量和档次

在国际市场上，一般都贯彻按质论价的原则，好的商品价格高。品质的优劣，档次的高低，包装装潢的好坏，式样的新旧，商标、品牌的知名度，都影响商品的价格。

2. 要考虑季节性需求的变化

在国际市场上，某些节令性商品，如赶在节令前到货，抢行应市，即能卖上好价。过了节令的商品，其售价往往很低，甚至以低于成本的价格出售。例如圣诞节的装饰物，就要赶在节前销售，过了圣诞节就无人问津。因此，应充分利用季节性需求的变化，切实掌握好季节性差价，争取按对我方有利的价格成交。

3. 要考虑交货地点和交货条件

在国际贸易中，由于交货地点和交货条件不同，买卖双方承担的责任、风险和费用有别，在确定进出口商品价格时，必须考虑这些因素。

4. 要考虑成交数量

按国际贸易的习惯做法，成交量的大小影响价格。即成交量大时，在价格上应给予适当优惠，或者采用数量折扣的办法；反之，如成交量过少，甚至低于起订量时，也可以适当提高出售价格。那种不论成交量多少，都采取同一个价格成交的做法是不当的，我们应当掌握好数量方面的差价。

5. 要考虑运输距离

国际货物买卖，一般都要通过长途运输。运输距离的远近，影响运费和保险费的开支，从而影响商品的价格。因此，确定商品价格时，必须核算运输成本，做好定价工作，以体现地区差价。

6. 要考虑支付条件和汇率变动的风险

支付条件是否有利和汇率变动风险的大小，都影响商品的价格。例如，同一商品在其他交易条件相同的情况下，采取预付货款和凭信用证付款方式下，其价格应当有所区别。同时，确定商品价格时，一般应争取采用对自身有利的货币成交，如采用不利的货币成交时，应当把汇率变动的风险考虑到货价中去，即适当提高出售价格或压低购买价格。

此外，交货期的远近、市场销售习惯和消费者的爱好等因素，对确定价格也有不同程度的影响，我们必须在调查研究的基础上通盘考虑，权衡得失，然后确定适当的价格。

三、服装价格核算

价格核算，就是有进出口经营权的服装企业对进出口活动进行成本核算。价格核算的目的主要是为了提高经济效益，可以掌握出口总成本、出口销售外汇净收入和人民币净收入等数据，并计算和比较各种服装出口的盈亏情况，具有现实意义。出口总成本是指出口服装的进货成本加上出口前的一切费用和税金；出口销售外汇净收入是指出口服装按FOB价出售所得的外汇净收入；出口销售人民币净收入是指出口服装的FOB价按当前外汇牌价折成人民币的数额。根据这些数据，可以计算出价格核算的主要指标数据——出口服装盈亏率、出口服装换汇成本和出口创汇率三项。

1. 出口服装盈亏率

出口服装盈亏率是指出口服装盈亏额与出口总成本的比率。出口盈亏额是指出口销售人民币净收入与出口总成本的差额，前者大于后者为盈利；反之为亏损。用公式表示为

$$出口服装盈亏率 = \frac{出口服装盈亏额}{出口总成本} \times 100\%$$

出口服装盈亏额 = 出口销售人民币净收入 - 出口总成本

其中

出口销售人民币净收入 = FOB出口服装的外汇净收入 × 银行外汇买入价

出口总成本 = 出口服装的进货成本 + 定额费用 - 出口退税收入

定额费用一般包括银行利息、工资支出、交通费用、仓储费用、港口费用、商检报关费以及其他管理费用，通常为出口商品购进价的5%～10%，由各个企业根据出口服装的实际情况自行核定。

$$出口退税收入 = \frac{出口服装购进价}{1 + 增值税率} \times 退税率$$

例如：某公司购买某商品的进货价为RMB￥68000，出口后外汇净收入为USD10000。试问：该公司的该商品盈亏率是多少？（假设USD1=RMB￥8）

解：$出口盈亏率 = \dfrac{出口销售人民币净收入 - 出口总成本}{出口总成本} \times 100\%$

$= \dfrac{10000 \times 8 - 68000}{68000} \times 100\%$

$= 17.65\%$

2. 出口服装换汇成本

出口服装换汇成本也是用来反映服装盈亏的一项重要指标，它是指以服装的出口总成本与出口所得的外汇净收入之比，从而得出用多少人民币换回一美元。出口服装换汇成本如果高于银行的外汇牌价，则说明出口为亏损；反之，则说明出口有盈利。其计算公式为：

$$出口商品换汇成本 = \frac{出口总成本（人民币）}{FOB出口销售外汇净收入（美元）}$$

例如：某出口公司出口某产品，进货价为每打RMB￥30.2，出口价为每打USD4.2 FOB上海，试计算该商品的换汇成本。（银行的外汇牌价为USD1=RMB￥8.27）

解：出口换汇成本 $= \frac{30.2}{4.2} = 7.19$

7.19＜8.28，换汇成本低于银行外汇牌价。

3. 出口创汇率

出口创汇率是指加工成成品出口的外汇净收入与原料外汇成本的比率。如原料为国内自己生产，则其外汇成本可按原料的FOB出口价计算；如原料是进口的，则按该原料的CIF价计算。通过出口的外汇净收入和原料外汇成本的对比，可以看出成品出口的创汇情况，从而确定出口成品是否有利可图。特别是对于服装贸易而言，在进行高档服装的生产时，目前我国还有很多纺织服装出口公司都是开展加工贸易，尤其是进料加工，因此核算出口创汇率显得更为必要。其计算公式为

$$出口创汇率 = \frac{成品出口外汇净收入 - 原料外汇成本}{原料外汇成本} \times 100\%$$

例如：某公司从外国进口棉花，经过加工制成棉布后出口。已知进口棉花的费用为USD 335000，加工后出口外汇净收入为USD 525000。试问：该批货物的出口创汇率是多少？

解：出口创汇率 $= \frac{525000 - 335000}{335000} \times 100\%$

$= 56.72\%$

此外，在出口服装的价格掌握上，还要防止出现不计成本、不计盈亏、单纯追求成交量或者一味追求高价和高额利润的偏向。因为如果出口服装价格定得过高，会削弱我国服装出口的竞争能力，从而有失去订单的可能性；而如果价格定得过低，会给企业甚至是国家带来经济损失。

四、常用贸易术语价格换算

价格换算主要是指不同贸易术语所表示的价格之间的换算，因为不同贸易术语，价格构成因素不同，即包括不同的从属费用。例如，FOB贸易术语不包括从装运港至目的港的运费和保险费，而CIF贸易术语则包括运费和保险费。有时一方按某种贸易术语报价，对方要求改报其他贸易术语，这就涉及价格的换算。以下是最常用的FOB、CFR和CIF三种价格的换算方法及公式。

（一）以FOB价为基础换算

公式一：CFR=FOB+运费

公式二：$CIF = \frac{FOB + 运费}{1 - 保险费率 \times (1 + 投保加成率)}$

例如：我某进出口公司外销某种商品，对外报价为每箱450美元FOB大连，后外商要求改报CIF汉堡，问我方报价应改为多少？（运费每箱50美元，保险费率0.8%，投保加成率10%）

解：$CIF价 = \frac{FOB + 运费}{1 - 保险费率 \times (1 + 投保加成率)}$

$= \frac{450 + 50}{1 - 0.8\% \times (1 + 10\%)}$

$= 504.4$ 美元

所以，我方改报价为每箱504.4美元CIF汉堡。

（二）以CFR为基础换算

公式一：FOB = CFR − 运费

公式二：$CIF = \dfrac{CFR}{1 - 保险费率 \times (1 + 投保加成率)}$

例如：若我国某出口公司原报价CFR单价是100美元，现外商要求改报CIF价，在不影响我国出口外汇净收入的前提下，我方应报价多少？（按发票金额110%投保一切险和战争险，保险费率两者合计为1%）

解：$CIF = \dfrac{CFR}{1 - 保险费率 \times (1 + 投保加成率)} = \dfrac{100}{1 - 1\% \times (1 + 10\%)}$
　　　= 101.1122 美元

（三）以CIF价为基础换算

公式一：FOB = CIF × [1 − 保险费率 × （1 + 投保加成率）] − 运费

公式二：CFR = CIF × [1 − 保险费率 × （1 + 投保加成率）]

例如：某公司出口货物对外报价为每公吨2000美元CIF New York，每公吨货物出口运费为150美元，投保一切险费率为1%，则其FOB价应为：

FOB价 = 2000 × （1 − 1% × 110%） − 150 = 1828 美元

第二节　作价方法的选择

在国际货物买卖中，采用的作价办法主要有以下几种。

一、固定价格

我国进出口合同，绝大部分都是在双方协商一致的基础上，明确地规定具体价格。这也是国际上常见的做法。按照各国法律的规定，合同价格一经确定，就必须严格执行。除非合同另有约定，或经双方当事人一致同意，任何一方都不得擅自更改。固定价格具有明确、具体和便于核算的特点。然而，由于商品市场行情变化频繁，价格涨落不定，因此，在合同中采用固定价格，就意味着买卖双方要承担从订约到交货付款以至转售时价格变动的风险。如果交货时市场价格高于合同中的固定价格，对卖方不利；反之对买方不利。为了减少风险，促成交易，提高合同的履约率，买卖商品的作价也就逐渐采取一些变通的做法。

为了减少价格风险，在采用固定价格时必须做到以下几点。

① 研究影响商品供需的各种因素，在此基础上对价格作出判断。
② 对客户的资信状况进行了解、研究，慎重选择订约的对象。
③ 对国际市场价格波动较大的商品慎重考虑。

二、非固定价格

（一）种类

1. 在合同中只规定作价方式，具体价格留待以后确定

它又可分为以下两种。

① 在价格条款中明确规定计价方法。

② 只规定作价时间。这种方式由于未就作价方式作出规定，容易给合同带来较大的不稳定性，这种方式一般只应用于有长期贸易关系的老客户。

2. 暂定价

即由双方在合同中先订立一个初步价格，作为开立信用证和初步付款的依据，待日后确定最后价格再进行最后清算，多退少补。

3. 部分固定价格，部分非固定价格

交货期近的价格在订约时固定下来，余者在交货前一定时期内作价。

（二）非固定价格的利弊

非固定价格是一种变通做法，在行情变动剧烈或双方未能就全部货物的价格取得一致意见时，采用这种作价办法有下列好处。

① 有助于暂时解决双方在价格方面的分歧，先就其他条款达成协议，早日签约。

② 有利于解除客户对价格风险的顾虑，使之敢于签订交货期长的合同。数量、交货期的早日确定，不但有利于巩固和扩大出口市场，也有利于生产、收购和出口计划的安排。

③ 对交易双方，虽不能完全排除价格风险，但对卖方来说，可以不失时机地做成生意；对买方来说，可以保证一定的转售利润。

但是，也应当看到，由于非固定价格的做法是先签约后定价，合同的关键条款即价格条款，是在签约之后由双方按一定的方式来确定的。这就不可避免地给合同带来较大的不稳定性，存在着双方在定价时不能取得一致意见而使合同无法执行的可能，以及由于合同定价条款规定不当而使合同失去法律效力的危险。

（三）采用非固定价格条款应注意的问题

1. 酌情确定作价标准

为减少非固定价格条款给合同带来的不稳定因素，消除双方在作价方面的矛盾，明确订立作价标准就是一个重要的、必不可少的前提，作价标准可根据不同商品酌情作出规定。例如，以某商品交易所公布的价格为准，或以某国际市场价格为准等。

2. 明确规定作价时间

关于作价时间的确定，可以采用下列几种做法。

① 在装船前作价。一般是规定在合同签订后若干天或装船前若干天作价。采用此种作价办法，交易双方仍要承担自作价至付款转售时的价格变动风险。

② 装船时作价。一般是指按提单日期的行市或装船月的平均价作价。这种做法实际上只能在装船后进行，除非有明确的客观的作价标准，否则卖方不会轻易采用，因为他怕承担风险。

③ 装船后作价。一般是指在装船后若干天，甚至在船到目的港后进行作价，采用这类做法，卖方承担的风险也较大，故一般很少使用。

3. 非固定价格对合同成立的影响

在采用非固定价格的场合，由于双方当事人并未就合同的主要条件——价格取得一致，因此，就存在着按这种方式签订的合同是否有效的问题。目前，大多数国家的法律都认为，合同中要规定作价办法，即是有效的，有的国家法律甚至认为合同价格可留待以后由双方确立的惯常交易方式决定。《联合国国际货物销售合同公约》允许合同中规定"如何确定价格"，但对"如何确定价格"却没有规定或作进一步的解释，为了避免争议和保证合同的顺利履行，在采用非固定价格时，应尽可能将作价办法作出明确具体的规定。

三、价格调整条款

在国际货物贸易中，有的合同除规定具体价格外，还规定有各种不同的价格调整条款。例如："如卖方对其他客户的成交价高于或低于合同价格5%，对本合同未执行的数量，双方协商调整价格。"这种做法的目的，是把价格变动的风险限定在一定范围之内，以提高客户经营的信心。

这种价格调整也被称为滑动价格，是指根据合同的规定，在一定条件下货价可以在将来调整的价格，合同中的价格实际上只是暂定价格。滑动价格的使用，主要针对交易周期较长的商品，从合同成立到结汇，时间较长，为了避免因原材料、物价、工资等的变化而承担风险，就需要对成交时的价格进行适当的调整。

第三节　计价货币的选择

计价货币是指合同中规定用来计算价格的货币。进出口业务中选择使用何种计价结算货币，关系到买卖双方的切身利益。计价货币选择得当，就会减少和避免汇率变动的风险；反之就会遭受损失。一般来说，出口（或构成债权）时，最好选择"硬货币"（即有升值趋势的货币），这样对出口商无风险。例如：美国出口商向日本出口一批商品，计价1500000日元，选用美元作为计价货币。即期汇率为1美元=150日元，到期应收回10000美元。然而到期支付时，汇率变成1美元=125日元，美出口商到期可收回12000美元，比签订合同时，多收入2000美元。而进口时选择"软货币"（即有贬值趋势的货币）。例如：德国一公司借入10000英镑，合32000马克（即期汇率1英镑=3.20马克）。但到期时英镑下跌，汇率为1英镑=3.00马克，此时购买10000英镑支付借款只需30000马克，节省2000马克。但由于国际金融市场汇价变化频繁，"硬货币"和"软货币"只是相对而言的，而且相互转化很快，今日被视为"硬货币"的货币，明天可能就成为了"软货币"。因此，为减少外汇风险，除进口和出口业务中分别使用"软币"和"硬币"外，还可采用以下方式。

一、降低进口价格或提高出口价格

这是指在出口不能使用"硬币"，进口不能使用"软币"时，可适当提高出口商品价格，把该货币在卖方收汇时可能下跌的幅度考虑进去；进口则可适当压低进口商品价格，把计价货币和支付货币在付汇时可能上升的幅度考虑进去。

二、"软""硬"货币结合使用

各种货币的"软"与"硬"是相对的，而且是有时间性的，为防止汇率变化的风险，特别是考虑到甲币之"软"即乙币之"硬"的转化速度很快，在进出口贸易中，如果要求只以某一种货币计价付款，使交易双方中的一方单独承担汇率风险，一般是难以接受的，因此在不同的合同中适当地使用"软币"和"硬币"相结合的办法，使汇率风险由交易双方合理分担。

三、订立外汇保值条款

订立外汇保值条款的具体做法有两种。

（1）确定订约时计价货币与另一种货币（其币值与计价货币具有相反变化趋势）的汇率，支付时按当日汇率把币值具有相反趋势变化的货币折算成计价货币支付。

（2）确定订约时计价货币与一揽子货币的平均汇率，支付时按当日的计价货币与一揽子货币的平均汇率把一揽子货币折算成原计价货币支付。

第四节　佣金和折扣

一、佣金

佣金（commission）是指卖方或买方支付给中间商代理买卖或介绍交易的服务酬金。佣金是市场经济发展的必然产物，随着国际货物贸易的日益发展，中间代理商的作用也更加明显，正确运用佣金制度，有利于调动中间代理商的积极性和扩大交易。因此，物色好中间代理商、合理确定佣金额度和约定好进出口合同中佣金条款，具有重要的意义。

1. 佣金的规定方法

在价格条款中，对于佣金的规定，有下列几种方法。

① 用文字表示。例如，每公吨1000美元，CIF香港，包括佣金3%。

② 用英文字母"C"代表佣金，并注明佣金的百分比。例如，每公吨1000美元，CIFC3%，香港。

③ 佣金也可以用绝对数表示。例如，每公吨支付佣金50美元。

买卖双方在洽谈交易时，如果将佣金明确表示出来并写入价格条款中，称为"明佣"。如果交易双方对佣金虽然已经达成协议，但却约定不在合同中表示出来，约定的佣金由一方当事人按约定另行支付，则称为"暗佣"。国外中间商为了赚取"双头佣"（即中间商从买卖双方都获取佣金），或为了达到逃汇或逃税的目的等，往往要求采取"暗佣"的做法。

2. 佣金的计算方法

计算佣金有不同的方法，最常见的是以买卖双方的成交额或发票金额为基础计算佣金。

佣金的计算公式为：单位货物佣金额＝含佣价×佣金率

净价的计算方法为：净价＝含佣价－单位货物佣金额＝含佣价×（1－佣金率）

含佣价的计算方法为：含佣价＝$\dfrac{净价}{1-佣金率}$

例如：某公司对外报价某商品每件200美元CIFC3%伦敦，现外商要求改报CIFC5%伦敦，我方根据此情况应报多少？

解：净价＝200×（1－3%）＝194美元

CIFC5%＝194÷（1－5%）＝204.21美元

二、折扣

折扣（discount, rebate, allowance）是指卖方给予买方一定的价格减让。从性质上看，它是一种价格上的优惠。在我国对外贸易中，使用折扣主要是为了照顾老客户、确保销售渠道与扩大销售等。折扣如同佣金一样，都是市场经济的必然产物，正确运用折扣，有利于调动采购商的积极性并扩大销路。在国际货物贸易中，它是出口厂商加强对外竞销的一种手段。

1. 折扣的规定办法

在国际货物贸易中，折扣通常在约定价格条款时用文字明确表示出来。折扣有"明扣"和"暗扣"之分。凡在价格条款中明确规定折扣率的，称为"明扣"；凡交易双方就折扣问题已达成协议，而在价格条款中却不明示折扣率的，称为"暗扣"。

关于明示的折扣，可酌情采取适当的规定办法。例如："CIF伦敦每公吨200美元，折扣3%。"（US$200 per metric ton CIF London including 3% discount.）本例还可这样表示："CIF伦敦，每公吨200美元，减3%折扣。"（US$200 per metric ton CIF London less 3% discount.）此外，折扣也可以用绝对数来表示，例如："每公吨折扣6美元。"

2. 折扣的计算与支付方法

折扣通常是以成交额或发票金额为基础计算出来的。其计算方法如下。

单位货物折扣额＝原价（或含折扣价）×折扣率

卖方实际净收入＝原价－单位货物折扣额

例如：我某公司以每公吨520美元CIF香港，含折扣2%的价格对外出口一批货物，那么，我方每公吨扣除折扣的净收入为多少？

解：我方单位商品净收入＝520×（1－2%）＝509.6美元

三、佣金和折扣的支付方法

① 佣金通常由我出口企业收到全部货款后再支付给中间商或代理商。
② 折扣一般由买方在支付货款时扣除。
③ 具体的支付时间应该在合同中详细列明。

第五节 合同中的服装价格条款

国际货物买卖合同中的价格条款应真实反映买卖双方价格磋商的结果，条款内容应完整、明确、具体、准确。

一、价格条款的基本内容

进出口合同中的价格条款，一般包括商品的单价和总值两项基本内容。单价通常由四个部分组成，即包括计量单位、单位价格金额、计价货币和贸易术语。例如，每公吨CIF洛杉矶2000美元（US$2000 per M/T CIF Los Angeles）。总值（或称总价）是单价同数量的乘积，也就是一笔交易的货款总金额。

二、规定价格条款的注意事项

为了使价格条款的规定明确合理，必须注意下列事项。
① 合理确定商品的单价，防止作价偏高或偏低。
② 根据经营意图和实际情况，在权衡利弊的基础上选用适当的贸易术语。
③ 灵活运用各种不同的作价办法，以避免价格变动的风险。
④ 争取选择有利的计价货币，以免遭受市值变动带来的风险，如采用不利的计价货币时，应当加订保值条款。
⑤ 参照国际贸易的习惯做法，注意佣金和折扣的合理运用。
⑥ 如交货品质和数量约定有一定的机动幅度，则对机动部分的作价也应一并规定。

⑦ 单价中涉及的计量单位、计价货币、装卸地名称，必须书写正确、清楚，以利合同的履行。
⑧ 如包装材料和包装费另行计价时，对其计价办法也应一并规定。

例如，单价：每短吨600美元CIF纽约，海运运费按日本班轮费率每公吨120美元计算。
Unit Price: USD 600 per short ton CIF New York. The Ocean Freight is based on USD 120 per metric ton quoted by Japanese liner's freight tariff rate.

思考题与情景实训

一、名词解释
　　1. 出口服装盈亏率　　2. 出口服装换汇成本　　3. 出口创汇率　　4. 佣金　　5. 折扣

二、简答
　　1. 影响商品成交价格的具体因素有哪些？
　　2. 商品单价有哪些内容构成？
　　3. 订立进出口合同价格条款时应注意哪些事项？

三、计算题
　　1. 某公司向香港客户报手套200箱，每箱132.6港元CIF香港，客户要求改报价CFR香港5%佣金价。假定保险费相当于CIF价的2%，在保持原报价格不变的情况下，试求：
　　（1）CFRC5%香港价应报多少？
　　（2）200箱应付给客户多少佣金？
　　2. 某公司出口商品对外报价为每吨1200英镑FOB黄埔，对方来电要求改报CIFC5%伦敦，试求：CIFC5%伦敦价为多少？（已知保险费率为1.68%，运费合计为9.68英镑）
　　3. 某公司出口某商品1000箱，对外报价为每箱22美元FOBC3%广州，外商要求改报每箱CIFC5%汉堡。已知运费为每箱1美元，保险费为FOB价的0.8%，请问
　　（1）要维持出口销售外汇净收入不变，CIFC5%应改报为多少？
　　（2）已知进货成本为106元人民币/箱，每箱商品流通费为进货成本的3%，出口退税为30元人民币/箱，该商品的出口销售盈亏率及换汇成本是多少？（US$100=RMB￥827.36, £100=RMB￥1120.14～1120.24）
　　4. 某公司出口服装1000件，每件15美元CIF洛杉矶，总金额15000美元，其中运费2010美元，保险费102美元。进货每件人民币95元，共计95000元（含增值税17%），费用定额率为10%，出口退税率9%。当时银行美元买入价为8.28元。求该笔业务的出口换汇成本。

四、情景实训
　　1. 判断下列我方出口单价的写法是否正确，如有误，请更正并说明理由。
　　（1）每码3.5元CIFC香港。
　　（2）每箱100英镑CFR英国。
　　（3）每打6美元FOB纽约。
　　（4）每双18瑞士法郎FOB净价减1%折扣。
　　（5）2 000日元CIF大连包括3%佣金。
　　2. 被告从一家瑞士制造商处用瑞士法郎购买产品，产品需进口到美国通过分销商进行销售。进口商与分销

商的合同中包含了一个"滑动价格条款",即允许进口商向分销商提高售价以适应原材料和工资等成本的提高。后来美元与瑞士法郎的汇率发生极大变化时,滑动价格条款出现问题。当瑞士法郎升值后,进口商的利润减少了85%,于是进口商提价10%以保护自己的利益。分销商认为按合同条款中的有关规定,滑动价格条款只适用于制造成本提高,但在本案中制造成本并未提高。进口商则坚持由于外汇升值而增加的成本,应该通过滑动价格条款提高售价去解决。而且,外汇风险(即瑞士法郎升值)已使合同变得在商业上履行起来实在困难。问题:分销商提起诉讼,要求进口商应以原来的价格履约。谁会获胜呢?为什么?我们从中应吸取什么教训?

阅读链接

1. http://www.ccct.org.cn/ccct/ccct/showmsg.jsp？trrfnum=gn01&msrfnum=gn0100007926
· 汇率波动加剧不利于我国对美出口贸易(中国纺织品进出口商会)
2. http://www.bgyks.com/baokaozhinan/kaoshineirong/7798699.html
· 主要贸易术语费用及换算(报关员考试网)

第七章 国际服装贸易货款的支付

- 第一节 支付工具
- 第二节 汇付和托收
- 第三节 信用证
- 第四节 其他服装贸易支付方式
- 第五节 支付方式的选用

目的与要求

通过对国际贸易支付工具、支付方式的学习,使学生熟悉国际货款结算的方式及其特点;了解各种结算单证的内容与作用;掌握货款支付的规定方法;合理选用结算方式并知晓具体的运作程序;灵活运用和订立合同支付条款的内容。

重点与难点

支付工具;支付方式;支付方式的选用;合同中的支付条款。

第一节　支付工具

国际货款收付大多使用非现金结算，即：使用代替现金作为流通手段和支付手段的信用工具来结算国际间的债权债务。"票据"是国际上通行的结算和信贷工具，是可以流通、转让的债权凭证。国际贸易中使用的票据，主要是汇票，其次是本票和支票。

一、汇票

（一）汇票的定义和内容

1. 汇票的定义

汇票（bill of exchange）是国际结算中使用最为广泛的一种票据。根据《中华人民共和国票据法》的定义：汇票是出票人签发的，委托付款人在见票时或者在指定日期无条件支付确定的金额给收款人或者持票人的票据。

根据各国广泛引用或参照的《英国票据法》的规定：汇票是由一人签发给另一人的无条件书面命令，要求受票人见票时或于未来某一规定的或可以确定的时间，将一定金额的款项支付给某一特定的人或其指定的人或持票人。

2. 汇票的内容

它包括表明"汇票"的字样、出票人、付款人、收款人、汇票金额、付款期限、出票日期和地点、付款地点、出票人签字、无条件支付的委托。

汇票的当事人有：出票人（drawer）、付款人（drawee）、收款人（payee）。

汇票的收款人有三种写法：限制性抬头（此种汇票不能转让）；指示性抬头（记名抬头）（此种汇票经抬头人背书后，可以自由转让）；持票人或来人抬头（无须背书即可转让）。

汇票的付款期限有以下几种规定方法：见票即付款；见票后××天付款；出票后××天付款；提单日后××天付款；指定日期付款。

对于见票后或出票后或提单后固定日期付款的汇票，其时间的计算，均不包括见票日、出票日或提单日，但必须包括付款日，即"算尾不算头"。

按照各国票据法的规定，汇票的要项必须齐全，否则受票人（付款人）有权拒付。汇票不仅是一种支付命令，而且是一种可转让的流通证券。

（二）汇票的种类

根据出票人、承兑人、付款时间及有无随附单据的不同，汇票可分为四类。

1. 按出票人的不同分类

按出票人的不同，汇票可分为银行汇票（banker's draft）和商业汇票（commercial draft）。

银行汇票是银行对银行签发的汇票，一般多为光票。在国际结算中，银行签发汇票后，一般交汇款人寄交国外收款人向指定的付款银行取款。出票银行将付款通知书寄国外付款银行，以便其在收款人持票取款时核对，核对无误后付款。付款方式中的票汇使用的就是银行汇票。

商业汇票是企业或个人向企业、个人或银行签发的汇票。商业汇票通常由出口人开立，向国外进口人或银行收取货款时使用，多为随附货运单据的汇票，在国际结算中，使用较多。

2. 按承兑人的不同分类

按承兑人的不同，汇票可分为商业承兑汇票（commercial acceptance draft）和银行承兑汇票（banker's acceptance draft）。

商业承兑汇票是企业或个人承兑的远期汇票，托收方式中使用的远期汇票即属于此种汇票；银行承兑汇票是银行承兑的远期汇票，信用证中使用的远期汇票即属于此种汇票。

3. 按付款时间不同分类

按付款时间不同，汇票可分为即期汇票（sight draft, demand draft）和远期汇票（time draft, usance draft）。

即期汇票是指持票人向付款人提示后付款人立即付款的汇票。即期付款只需在汇票固定格式栏内打上"at sight"。若已印有"at sight"，可不填。若已印有"at ____sight"，应在横线上打"—"。

远期汇票是在未来的特定日期或一定期限付款的汇票。远期汇票的付款时间主要有四种规定方法。

① 见票后××天付款，填上"at ×× days after sight"，即以付款人见票承兑日为起算日，××天后到期付款。

② 出票后××天付款，填上"at ×× days after date"，即以汇票出票日为起算日，××天后到期付款，将汇票上印就的"sight"划掉。

③ 提单日后××天付款，填上"at ×× days after B/L"，即付款人以提单签发日为起算日，××天后到期付款。将汇票上印就的"sight"划掉。

④ 某指定日期付款，指定××××年××月××日为付款日。例如"On 25th Feb.2008"，汇票上印就的"sight"应划掉。这种汇票称为"定期付款汇票"或"板期汇票"。托收方式的汇票付款期限，如D/P即期者，填"D/P at sight"；D/P远期者，填"D/P at ×× days sight"；D/A远期者，填"D/A at ×× days sight"。

4. 按有无附属单据分类

按有无附属单据的不同，分为光票（clean draft）和跟单汇票（documentary draft）。

光票是不附带货运单据的汇票，常用于运费、保险费、货款尾数及佣金的收付；跟单汇票是附带货运单据的汇票，它除了人的信用外，还有物的保证。

（三）汇票样本及填写规范

1. 英文汇票样本

汇票
BILL OF EXCHANGE

No. 汇票编号_____ Date: 出票日期_____

Exchange for ___汇票金额___

At_____付款期限_____sight of this second of exchange（first of the same tenor and date unpaid）pay to the order of ___收款人___

the sum of _____

Drawn under 出票条款_____

L/C No. _____ Dated 开证日期_____

To. ___付款人___

出票人签章_____

2. 填写规范

（1）汇票

简称B/E。汇票名称一般使用bill of exchange、exchange、draft。一般已印妥。但英国的票据法没有汇票必须注名称的规定。

汇票一般为一式两份，第一联、第二联在法律上无区别。其中一联生效则另一联自动作废。中国港澳地区一次寄单可只出一联。为防止单据可能在邮寄途中遗失造成的麻烦，一般远洋单据都按两次邮寄。

（2）汇票号码（No.）

由出票人自行编号填入，一般使用发票号兼作汇票的编号。

在国际贸易结算单证中，商业发票是所有单据的核心，以商业发票的号码作为汇票的编号，表明本汇票属第×××号发票项下。实务操作中，银行也接受此栏是空白的汇票。

（3）出票日期（dated）

即填写汇票出具的日期。

（4）汇票金额（exchange for）

此处要用小写数字（amount in figures）表明，填写小写金额，一般要求汇票金额使用货币缩写和用阿拉伯数字表示。例如：USD1,234.00。大小写金额均应端正的填写在虚线格内，不得涂改，且大小写金额要一致。除非信用证另有规定，汇票金额不得超过信用证金额，而且汇票金额应与发票金额一致，汇票币别必须与信用证规定和发票所使用的币别一致。

（5）付款期限（at ____ sight…）

付款期限一般可分为即期付款和远期付款两类。

（6）收款人（pay to the order of）

也称"抬头人"或"抬头"。在信用证方式下通常为出口地银行。

汇票的抬头人通常有三种写法。

① 指示性抬头（demonstrative order）。例如，"付××公司或其指定人"（pay ×× Co., or order；pay to the order of ×× Co.）。

② 限制性抬头（restrictive order）。例如，"仅付××公司"（pay ×× Co. only）或"付××公司，不准流通"（pay ×× Co. not negotiable）。

③ 持票人或来票人抬头（payable to bearer）。例如，"付给来人"（pay to bearer）。这种抬头的汇票无须持票人背书即可转让。

在我国对外贸易中，指示性抬头使用较多，在信用证业务中要按照信用证规定填写。若来证规定"由中国银行指定"或来证对汇票收款人未规定，此栏应填上："pay to the order of Bank of China"（由中国银行指定）；若来证规定"由开证行指定"，此栏应填上"Pay to the order of ×× Bank"（开证行名称）。

（7）汇票金额（the sum of）

要用文字大写（amount in words）表明。填大写金额，先填写货币全称，再填写金额的数目文字，句尾加"only"相当于中文的"整"字。例如，united states dollars one thousand two hundred and thirty four only。大小写金额均应端正的填写在虚线格内，不得涂改，且必须与汇票的小写金额一致。除非信用证另有规定，汇票金额不得超过信用证金额，而且汇票金额应与发票金额一致，汇票币别必须与信用证规定和发票所使用的币别一致。

（8）信用证号码（L/C No）

填写信用证的准确号码，如非信用证方式则不填。

（9）开证日期（dated）

填写信用证的准确开证日期，而非出具汇票的日期，如非信用证方式则不填。

（10）付款人（To）

信用证方式下付款人通常为进口地开证银行。根据UCP600规定，信用证方式的汇票以开证行或其指定银行为付款人，不应以申请人为汇票的付款人。如果信用证要求以申请人为汇票的付款人，银行将视该汇票为一份附加的单据；而如果信用证未规定付款人的名称，汇票付款人亦应填开证行名称。

在信用证业务中，汇票付款人是按信用证"draw on ××"、"draft on ××"或"drawee"确定。例如,"… available by beneficiary's draft（s）on applicant"条款表明,以开证申请人为付款人；又如,"… available by draft（s）drawn on us"条款表明,以开证行为付款人；再如,"drawn on yourselves/you"条款表明以通知行为付款人。信用证未明确付款人名称者,应以开证行为付款人。如非信用证方式,则填进口商名称。

（11）右下方空白栏（authorized signature）

出票人,即出口商签字,填写公司名称。

（四）汇票的使用

汇票的使用就是汇票的处理手续,主要包括出票、提示、承兑、付款、背书、拒付与追索等。

1. 出票

出票（to draw）是指出票人签发汇票并将其交给收款人的行为。通过出票设立债权,出票人成了票据的主债务人,它担保汇票被付款人承兑或付款,倘若付款人拒付,持票人可向出票人追索票据,出票人就得自行清偿债务。

2. 提示

提示（presentation）是持票人向付款人出示汇票要求承兑或付款的行为。付款人见到汇票,即为见票（sight）。提示分为两种。①承兑提示:持远期汇票要求付款人承诺到期付款的提示。②付款提示:持即期汇票或到期的远期汇票要求付款人付款的提示。不论是承兑提示还是付款提示,均应在规定的时间内进行,否则丧失追索权。

3. 承兑

承兑（acceptance）是远期汇票付款人在持票人作承兑提示时,明确表示同意按出票人的指示付款的行为。承兑包括两个动作:一是付款人在汇票上写"承兑"（accepted）字样,并注上日期和签名;二是把承兑的汇票交还持票人或另制承兑通知书交给持票人。付款人收到汇票后3日内承兑或拒绝承兑。远期汇票一经承兑,付款人成为承兑人,是汇票的主债务人,而出票人则退居为从债务人。持票人可将汇票在市场上背书转让,使其流通。

4. 付款

付款（payment）是即期汇票的付款人和远期汇票的承兑人接到付款提示时,履行付款义务的行为。持票人获得付款时,应在汇票上签收,并将汇票交给付款人存查。汇票一经付款,汇票上的债权债务即告结束。

5. 背书

在国际市场上,汇票又是一种流通工具,可以流通转让。背书（endorsement）是转让票据权利的一种法定手续,即持票人在汇票背面签上自己的名字或再加上受让人的名字,并把汇票交给受让人的行为。背书后,原持票人成为背书人,担保受让人所持汇票得到承兑和付款,否则,受让人有权向背书人追索清偿债务。与此同时,受让人成为被背书人,取得了汇票的所有权,可以再背书再转让,直到付款人付款把汇票收回。对于受让人来说,在他前面的所有背书人和出票人都是他的"前手";对于出让人来说,在他后面的所有受让人都是他的"后手"。后手有向前手追索的权利。汇票转让次数越多,为汇票权利作担保的人也越多。背书的方式主要有三种。①限制性背书:即不可转让背书。②空白背书:也称不记名背书,票据背面只有背书人名称而无受让人签名。此类背书只凭交付即可转让。③记名背书:又称特定背书,指汇票背面既有背书人签名,又有被受让人签名。这种背书受让人可继续背书将汇票转让。

6. 拒付与追索

拒付（dishonour）是持票人提示汇票要求承兑或付款时遭到拒绝承兑或付款的行为,又称退票。破产、死亡、避而不见,也属此范围。遭到拒付后,持票人有权通知其前手,直至通知到出票人,这种行为被称为拒付通知。并由公证人作出证明拒付事实的文件,这个文件被称为拒绝证书。不能提供拒绝证书的,则丧失对其前手的追索权。

追索权(right of recourse)是汇票遭到拒付时,持票人对背书人、出票人及其他票据债务人行使请求偿还汇票金额、利息及费用的权利。

二、支票

(一)支票的定义和内容

1. 支票的定义

对于支票的定义,《英国票据法》的定义是:支票是指以银行为付款人的即期汇票(A cheque is a bill of exchange drawn bank payable on demand)。具体来说,支票是银行存款户对银行签发的授权银行对某人或其指定人或执票来人即期支付一定金额的无条件书面支付命令。

《中华人民共和国票据法》第八十一条给支票所下的定义是:支票是出票人签发的,委托办理支票存款业务的银行或者其他金融机构在见票时无条件支付确定的金额给收款人或者持票人的票据。支票的出票人按照签发的支票金额承担付款责任。

2. 支票的内容

《中华人民共和国票据法》第八十四条规定支票必须记载下列事项:

① 表明"支票"的字样;
② 无条件支付的委托;
③ 确定的金额;
④ 付款人名称;
⑤ 出票日期;
⑥ 出票人签章。

使用支票要注意三点。一是支票金额不得超过其存款金额。二是支票到手并不意味着货款到手,有时也有突发事件:客户被当局冻结了银行账户,支票被付款行拒付退回;买方向出票银行称支票丢失,银行也会停止付款。三是支票付款即使到账也不能算资金收妥,因为,支票付款后一般都有7～10天的退单期,退单期内出票人要求退回支票款均有效。

(二)支票的种类

1. 根据抬头方式分类

支票根据抬头方式可区分为记名支票和不记名支票。

记名支票(cheque payable to order)是在支票的收款人一栏,写明收款人姓名,如"限付某甲"(pay a only)或"指定人"(pay a order),取款时必须由收款人签章,方可支取。

不记名支票(cheque payable to bearer)又称空白支票,支票上不记载收款人姓名,只写"付来人"(pay bearer)。取款时持票人无须在支票背后签章,即可支取。此项支票仅凭交付而转让。

2. 根据对货款有无特殊限制分类

支票根据对货款有无特殊限制可分为普通支票和划线支票。

普通支票(open cheque)又称敞口支票、非划线支票,即一般没有划线的支票。普通支票可由持票人向付款银行提取现金,也可以委托银行代收票款入账。

划线支票(crossed cheque)是在支票正面划两道平行线的支票。划线支票与一般支票不同,划线支票非由银行不得领取票款,故只能委托银行代收票款入账。使用划线支票的目的是为了在支票遗失或被人冒领时，还有可能通过银行代收的线索追回票款。

3. 保付支票

保付支票（certified cheque）是指为了避免出票人开出空头支票，保证支票提示时付款，支票的收款人或持票人可要求银行对支票"保付"。保付是由付款银行在支票上加盖"保付"戳记，以表明在支票提示时一定付款。支票一经保付，付款责任即由银行承担。出票人、背书人都可免于追索。付款银行对支票保付后，即将票款从出票人的账户转入一个专户，以备付款，所以保付支票提示时，不会退票。

4. 银行支票

银行支票（certified cheque）是由银行签发，并由银行付款的支票，也是银行即期汇票。银行代顾客办理票汇汇款时，可以开立银行支票。

5. 旅行支票

旅行支票（traveller's cheque）是银行或旅行社为旅游者发行的一种固定金额的支付工具，是旅游者从出票机构用现金购买的一种支付手段。和其他支票相比，旅行支票有以下特点。

① 金额比较小。

② 没有指定的付款人和付款地点。可在出票银行、旅行社的国外分支机构或代办点取款。

③ 比较安全。旅行者在购买旅行支票和取款时，必须履行初签、复签手续，两者相符才能取款。

④ 汇款人同时也是收款人。其他支票只有先在银行存款才能开出支票，而旅行支票是用现金购买的，类似银行汇票，只不过旅行支票的汇款人同时也是收款人。

⑤ 不规定流通期限。由于发行旅行支票要收取手续费，占用资金不用付息，有利可图，所以，各银行和旅行社竞相发行旅行支票。

三、本票

（一）本票的定义和内容

1. 本票的定义

本票（promissory note）是一个人向另一个人签发的，保证即期或定期或在可以确定的将来的时间，对某人或其指定人或持票人支付一定金额的无条件书面承诺。

《中华人民共和国票据法》第七十三条规定本票的定义是：本票是出票人签发的，承诺自己在见票时无条件支付确定的金额给收款人或持票人的票据。第2款接着规定，本法所称本票，是指银行本票。

2. 本票的内容

拿到一张本票后，这张本票是否生效，根据《中华人民共和国票据法》规定，这张本票要求具备以下的必要项目。

① 表明"本票"的字样。

② 无条件支付的承诺。

③ 确定的金额。

④ 收款人名称。

⑤ 出票日期。

⑥ 出票人签章。

本票上未记载前款规定事项之一的，本票无效。

本票上记载付款地、出票地等事项的，应当清楚、明确，但是没有记载并不影响本票的效力。《中华人民共和国票据法》第七十六条规定：本票上未记载付款地的，出票人的营业场所为付款地。本票上未记载出票地的，出票人的营业场所为出票地。

（二）本票的种类

本票按出票人的不同分为一般本票和银行本票两种。

① 商业本票（trader's note）是由工商企业或个人签发的本票，也称为一般本票。商业本票有即期和远期之分。

② 银行本票（banker's note）是由银行签发的本票，银行本票均为即期本票。在国际贸易结算中使用的本票，大都是银行本票。有的银行发行见票即付、不记载收款人的本票或来人抬头的本票，它的流通性与纸币相似。根据我国《票据法》的规定，银行本票仅限于由中国人民银行审定的银行或其他金融机构签发。

四、本票、汇票和支票的异同点

本票、汇票和支票在票据法上的意义是三者都是票据，但三者既有相同点，又有区别。

（一）相同点

1. 具有同一性质

① 都是设权有价证券。

② 都是格式证券。

③ 都是文字证券。

④ 都是可以流通转让的证券。

⑤ 都是无因证券。

2. 具有相同的票据功能

（1）汇兑功能

凭借票据的这一功能，解决两地之间现金支付在空间上的障碍。

（2）信用功能

票据的使用可以解决现金支付在时间上的障碍。票据本身不是商品，它是建立在信用基础上的书面支付凭证。

（3）支付功能

票据的使用可以解决现金支付在手续上的麻烦。票据通过背书可进行多次转让，在市场上成为一种流通、支付工具，减少现金的使用。而且由于票据交换制度的发展，票据可以通过票据交换中心集中清算，简化结算手续，加速资金周转，提高社会资金使用效益。

（二）主要区别

汇票、本票和支票的主要区别，如表7-1所示。

表7-1 汇票、本票和支票的主要区别

鉴别点	汇票	支票	本票
性质	无条件的书面支付命令	无条件的书面支付命令	无条件的书面支付承诺
当事人	出票人、付款人、收款人	出票人、付款人、收款人	出票人、付款人
付款时间	有即期和远期之分 远期汇票要承兑	只有即期	有即期和远期之分，远期本票无需承兑
份数	多份	一份	一份

续表

鉴别点	汇票	支票	本票
主债务人	承兑前是出票人；承兑后是承兑人	出票人	出票人
有无到期日记载	有	都是即期	有
出票人担保的责任	付款和承兑	付款	自付款

第二节 汇付和托收

一、汇付

（一）汇付的定义

汇付（remittance）又称汇款，是付款人委托所在国银行，将款项以某种方式付给收款人的结算方式。在汇款方式下，结算工具（委托通知或汇票）的传送方向与资金的流动方向相同，因此称为顺汇。

（二）汇付当事人

汇付业务涉及的当事人有汇款人（remitter）、收款人（payee）、汇出行（remitting bank）和汇入行（paying bank）四个。

① 汇款人——即付款人。合同中的买方或其他经贸往来中的债务人。

② 收款人——合同中的卖方或其他经贸往来中的债权人。

③ 汇出行——即汇出款项的银行。买方所在地银行。

④ 汇入行——即解付汇款的银行。汇出行的代理行，卖方所在地银行。一般来说，汇款人与汇出行之间订有合约关系，汇出行与汇入行之间订有代理合约关系。

（三）汇付的种类

1. 电汇

电汇（telegraphic transfer, T/T）是汇出行以电报、电传或SWIFT（环球同业银行金融电讯协会）等电讯手段向汇入行发出付款委托的一种汇款方式。

电汇以电报、电传作为结算工具，安全迅速，费用也较高，由于电报、电传的传递方向与资金的流向是相同的，因此电汇也是属于顺汇。

使用电汇时，汇出行根据汇款人的申请，拍发加押电报、电传或SWIFT给另一国的代理行（汇入行）。汇入行核对密押后，通知收款人取款，收款人收取款项后出具收据作为收款凭证。汇入行解付汇款后，将付讫借记通知书寄给汇出行转账，一笔汇款业务得以完成。电汇费用高，但交款迅速，业务中广泛使用。

电汇中的电报费用由汇款人承担，银行对电汇业务一般均当天处理，不占用汇款资金，所以，对于金额较大的汇款或通过SWIFT或银行间的汇划，大多采用电汇方式。

2. 信汇

信汇（mail transfer, M/T）是以航空信函向汇入行发出付款委托的一种汇款方式。使用信汇时，汇款人向汇出行提出申请，并交款付费给汇出行，取得信汇回执。汇出行把信汇委托书邮寄汇入行，委托汇入行解付汇款，汇入行凭以通知收款人取款。收款人取款时在"收款人收据"上签字后，交给汇入行，汇入行凭以解付汇款，同时将付讫借记通知书寄给汇出行，从而使双方的债权债务得到清算。信汇费用低廉，但收款时间长,业务中较少使用。

3. 票汇

票汇(remittance by banker's demand draft, D/D)是以银行即期汇票作为支付工具的汇款方式。使用票汇时,汇款人填写申请,并交款付费给汇出行。汇出行开立银行汇票交给汇款人,由汇款人自行邮寄给收款人。同时汇出行将汇票通知书或称票根(advice or drawing)邮寄给汇入行。收款人持汇票向汇入行取款时,汇入行验对汇票与票根无误后,解付票款并把付讫借记通知书寄给汇出行,以结清双方的债权债务。

票汇与信汇、电汇不同的地方:票汇的汇入行无须通知收款人取款,而由收款人向汇入行取款;汇票背书后可以转让,而信汇委托书则不能转让流通。

(四)汇付的业务程序

汇付的业务程序如图7-1所示。

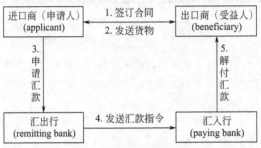

图7-1 汇付的业务程序

(五)汇付需要注意的事项

作为境内收款人如果想更快收妥款项,则应提示境外汇款人按下列要求填写汇款申请书。

① 正确填列收款人全称、账号(必须注明收款人开户银行的交换行号)及开户银行英文名全称。

② 如企业在境外账户行办理汇款时,则应该在汇款申请书中的收款人银行的代理行一栏填写开户银行的相对应境外账户行名称。开户银行账户行资料可向开户银行查询。

③ 收款人银行名称要准确,最好要有银行SWIFT号码。

④ 收款人名称为开户银行名称。

⑤ 收款人账号:A/C NO:××××(填写开户银行在境外账户行的相对应的币种的有关账号)。

⑥ 备注或附言中应注明实际的收款单位名称和账号(收款人单位账号组成必须是行号+收款人账号,A/C NO:×××——×××××××)。

(六)汇付的使用

利用汇款方式结算货款,银行只提供服务,不提供信用,货款能否结清,完全取决于买方的信用,因此属于商业信用。业务中汇款主要用于预付货款、货到付款及货款尾数、佣金、运费的结算,在采用分期付款和延期付款的交易中也较多使用汇付形式。

1. 预付货款

预付货款(payment in advance)是指在订货时或交货前汇付货款的办法。预付货款中,进口商为了减少预付风险,可以采用凭单付汇(remittance against documents)的方法,即进口商先将货款汇给出口地银行,指示其凭出口人提供的指定单据和装运凭证付款。

2. 货到付款

货到付款(payment after arrival of the goods)是指出口方收到货款以前,先交出单据或货物,然后由进口商主动汇付货款的方法。常用于寄售业务，即出口人先将货物运至国外，委托当地商人按事先规定的条件代为出售，货物售出后再付款给出口人。另外，为适应空运到货迅速的特点，在空运条件下，进口方可采取凭卖方发货通知汇付货款的作法。总之，货到付款主要用于新产品销售、拓展新市场、大公司内部交易等。

二、托收

（一）托收的概念

托收（collection）是出口人委托银行向进口人收款的一种支付方式。卖方发货后，将装运单证和汇票通过卖方的代理行送交进口商，进口商履行付款条件，银行才交出单证。托收项下汇票的传递方向与资金流向相反，所以人们称其为逆汇。银行在托收业务中只提供服务，不提供信用，货款能否收回取决于进口商的信誉，属于商业信用。托收项下出口人向进口人提供信用和资金融通，可以吸引客户、调动其经营积极性、扩大出口。对进口人的好处是不用垫付资金。

托收方式主要涉及四个当事人。

① 委托人（principal）：又称出票人（drawer），即将单据交给银行委托其向国外的债务人收取票款的人。在进出口贸易中，委托人通常为出口商。

② 托收行（remitting bank）：指接受委托人委托而代为收款的银行，在进出口交易中，托收行为出口商所在地银行，且多为其开户行。

③ 代收行（collecting）：指受托收行委托，向债务人收取款项的银行，一般为托收行设在债务人所在地的国外分行或代理行。在进出口贸易中，代收行为进口商所在地的银行。

④ 付款人（payer）：即债务人，在进出口贸易中一般为进口商。

上述当事人是托收业务中的基本当事人，有时还有可能有以下当事人。

① 提示行（presenting bank）：也称交单行，是跟单托收中向付款人提示汇票和单据的银行。一般情况下，代收行委托与付款人有往来账户关系的银行为提示行，也可以由自己作为提示行。

② 需要时的代理（principals representative in case of need）：托收业务中如果发生付款人拒付，委托人为了防止无人照料货物的情况，在付款地事先制定的代理人。此代理人通常在发生拒付时代为料理货物，如存仓、保险、转售或运回等事宜。

（二）托收的种类

根据是否随附货运单据，托收方式可以分成光票托收和跟单托收两大类。

1. 光票托收

光票托收是出口商只开汇票，不随附货运单据的托收。用于样品、货款尾数的收付。

2. 跟单托收

跟单托收是出口商将汇票连同货运单据一起交给银行委托代收货款的方式。根据交单条件的不同，可分为付款交单和承兑交单。

（1）付款交单

付款交单（documents against payment，D/P）是出口人的交单以进口人的付款为条件。按照支付时间不同又可分为即期付款交单和远期付款交单两种。

① 即期付款交单（D/P at sight）：进口人见票时立即付款，领取货运单据。

② 远期付款交单（D/P after sight）：进口人见票时承兑，待汇票到期时，买方付款领取货运单据。

（2）承兑交单

承兑交单（documents against acceptance，D/A）是出口人的交单以进口人的承兑为条件。即进口人承兑汇票后即可领取货运单据，待汇票到期时再付款。

（三）托收的主要特点

托收属于商业信用，银行办理托收业务时，既没有检查货运单据正确与否或是否完整的义务，也没有承担付款人必须付款的责任。托收虽然是通过银行办理，但银行只是作为出口人的受托人行事，并没有承担付款的责任，进口人不付款与银行无关。出口人向进口人收取货款靠的仍是进口人的商业信用。

如果进口人拒绝付款，除非另外有规定，银行没有代管货物的义务，出口人仍然应该关心货物的安全，直到对方付清货款为止。

托收对出口人的风险较大，D/A比D/P的风险更大。跟单托收方式是出口人先发货，后收取货款，因此对出口人来说风险较大。进口人付款靠的是他的商业信誉，如果进口人破产倒闭，丧失付款能力，或货物发运后进口地货物价格下跌，进口人借故拒不付款，或进口人事先没有领到进口许可证，或没有申请到外汇，被禁止进口或无力支付外汇等，出口人不但无法按时收回货款，还可能造成货款两空的损失。如果货物已经到达进口地，进口人借故不付款，出口人还要承担货物在目的地的提货、存仓、保险费用和可能变质、短量、短重的风险，如果货物转售它地，会产生数量与价格上的损失，如果货物转售不出去，出口人就要承担货物运回本国的费用以及承担可能因为存储时间过长被当地政府贱卖的损失等。虽然，上述损失出口人有权向进口人索赔，但在实践中，在进口人已经破产或逃之夭夭的情况下，出口人即使可以追回一些赔偿，也难以弥补全部损失。尽管如此，在当今国际市场出口竞争日益激烈的情况下，出口人为了推销商品占领市场，有时也不得不采用托收方式。如果对方进口人信誉较好，出口人在国外又有自己的办事机构，则风险可以相对小一些。

托收对进口人比较有利，可以免去开证的手续以及预付押金，还有可以预借货物的便利。当然托收对进口人也不是没有一点风险的。如，进口人付款后才取得货运单据，领取货物，如果发现货物与合同规定不符，或者根本就是假的，也会因此而蒙受损失，但总的来说，托收对进口人比较有利。

（四）托收的业务程序

托收的业务程序如图7-2所示。

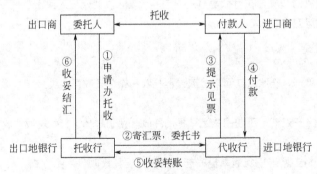

图7-2 托收的业务程序

① 委托人（即出口商）填写托收委托书，开立汇票，连同货运单据送交托收行代收货款。

② 托收行将汇票连同货运单据，寄交进口方所在地代收行，委托其代收货款。

③ 代收行收到汇票和货运单据，即向付款人做出付款提示。

④ 如为即期付款交单，付款人立即付款赎单；如为远期付款交单，付款人先承兑，到期付款赎单；如为承兑交单，付款人承兑后取得单据，到期付款。

⑤ 代收行通知托收行，款已收妥转账。
⑥ 托收行将货款交给委托人。

（五）托收需要注意的事项

① 调查进口人的资信情况，经营能力和经营作风。根据情况确定授信额度、成交金额与交货进度，避免买方借故资金紧张延期付款。国外代收行的选择要经过托收行的同意，才能利用。业务中尽量不使用承兑交单。

② 争取使用CIF或CIP价格成交。采用CIF或CIP贸易术语，提货前货物如果受损，买方拒付，我方可凭保险单向保险公司索赔；如果必须由买方保险，则出口商除应在货物装运后及时通知对方投保外，还可以投保"卖方利益险"，以防货物遇险，买方未投保又不付款赎单时，可由我方自己的保险公司索赔。

③ 明确付款到期日。北欧和拉美许多国家习惯把"单到"付款或承兑，视为"货到"付款或承兑，这样会拖延付款时间，对我方不利，因此要明确规定。

④ 了解进口国有关规定。欧洲有些国家不做远期D/P，拉美国家则把远期D/P当成D/A处理。另外，有时货到单据未到，需要存仓、保险。有些国家海关规定货进仓60天内无人提货即公开拍卖。因此，我们应了解是否做远期D/P业务及货物存仓管理办法等。

⑤ 明确责任。了解国际商会《托收统一规则》（URC522）的主要内容，以便掌握托收当事人的权利、义务和责任。

⑥ 拒付前后的措施。

事前应注意如下问题。a.提交的单证要符合销售合同和进出口国的要求。常见的单证错误有：保单和提单没有正确地签名和背书；汇票出票人未签字；发票金额和汇票金额不符；CFR和CIF价格条件，提单没有注明"运费预付"字样；CIF价格条件，单证中没有保险单或者保险金额小于发票金额。b.注意进口国的外汇管制是否严格。如是否允许资金汇出；买方是否需将其本国货币兑换成外币支付；买方是否要等待外汇的分配。

事后应注意：及时了解拒付原因及货物状况，尽快联系客户或新的买家；在D/P条件下，货被提走，应追究代收行责任；如果货物到港买方拒不赎单，出口人应及时对货物进行处理，以减少损失。

（六）托收的国际惯例

国际商会为给办理托收业务的银行与委托人提供可遵循的共同规则，以利于商业和金融业的发展，已于1958年草拟了《商业单据托收统一规则》（Uniform Rules for Collection of Commercial Paper）（即国际商会192号出版物）。之后，国际商会又于1967年修订和公布该规则，称为国际商会254号出版物，从而在银行办理托收业务中取得统一术语、定义、程序和原则，为国际商业活动，特别是委托银行代收货款时得以遵循和参考。为适应国际贸易发展的需要，特别是考虑到实际业务中不仅有跟单托收，也有光票托收，国际商会于1978年再次对上述规则进行修订，并定名为《托收统一规则》（Uniform Rules for Collection）（即国际商会第322号出版物），该规则于1979年1月1日生效。

随着国际贸易不断发展，银行和委托人普遍认为现存的规则已不能适应实际业务的需要，纷纷提出很多意见和建议。于是国际商会银行委员会从1993年着手对第322号出版物进行了修订，最后于1995年5月由国际商会银行委托会一致通过，并定名为国际商会第522号出版物，简称"URC522"。于1996年1月1日实行。

第三节 信用证

一、信用证的含义

信用证（letter of credit，L/C）是开证行根据申请人的请求，向受益人开立的有一定金额的，在一定期限内凭规定单据在指定地点支付的书面保证。信用证实质上是银行代表其买方向卖方有条件地承担付款责任的凭证。

信用证项下银行的服务有了质的飞跃，既提供服务，又提供信用和资金融通，属于银行信用。信用证具有银行的保证作用，使买卖双方免去了互不信任的顾虑。对卖方来说，装运后凭规定的单据即可向银行取款；对买方来说，付款即可得到货运单据，通过信用证条款控制卖方。同时，信用证还具有融通资金作用，以缓解资金紧张的矛盾。但是，信用证的使用也有不完善之处，如：买方不按时、按要求开证，故意设陷阱，使卖方无法履行合同，甚至遭受降价、拒付、收不回货款的损失；卖方造假单据使之与证相符，欺骗买方货款；信用证费用高，业务手续繁琐，审证、审单技术性较强，稍有失误，就会造成损失。

二、信用证的当事人

信用证的当事人基本上有以下六个。

① 开证申请人（applicant）。又称开证人（opener）。申请开证的人，一般是买方，是指向银行申请开立信用证的人。它要在规定的时间内开证，交开证押金并及时付款赎单。

② 开证行（opening bank；issuing bank）。是指接受开证申请人的要求和指示，或根据其自身的需要开立信用证的银行，一般是进口地银行。有权收取开证手续费，正确及时开证，负第一性付款责任。

③ 通知行（advising bank；notifying bank）。受开证行委托，将信用证转递给受益人的银行，一般是出口地银行。它通常是开证行的代理行（correspondent bank）。卖方通常指定自己的开户行作为通知行。它负责鉴别来证的表面真实性，如果无法鉴别，则应告知受益人。

④ 受益人（beneficiary）。有权使用信用证的人，一般是卖方。它有按时交货、提交符合要求的单据、索取货款的权利和义务，又有对持票人保证汇票被承兑和付款的责任。

⑤ 议付行（negotiating bank）。根据开证行的授权买入或贴现受益人提交的符合信用证规定的票据的银行。如遭拒付，它有权向受益人追索垫款。

⑥ 付款行（paying bank；drawee bank）。开证行的付款代理，代开证行验收单据，付款后，无权向受益人追索。

此外，还可能涉及其他派生出的当事人，主要有如下几类。

① 偿付行（reimbursing bank）。它也是开证行的付款代理，但它不负责审单，只是代替开证行偿还议付行垫款的第三国银行。当开证行收到单据发现不符而拒绝付款时，可向索偿行（一般是议付行）追索。

② 保兑行（confirming bank）。应开证行请求在信用证上加具保兑的银行，它具有与开证行相同的责任和地位。它对受益人独立负责，在付款或议付后，不能向受益人追索。

③ 承兑行（accepting bank）。是对信用证项下的汇票和单据履行承兑手续的银行。承兑行可以是开证行，也可以是通知行或其他指定的银行。承兑行在承兑后倒闭或丧失付款能力的则由开证行承担最后付款责任。

④ 转让行（transferring bank）。应受益人的委托，将信用证转让给信用证的受让人即第二受益人的银行。它一般为通知行、议付行、付款行或保兑行。

三、信用证支付的一般程序

信用证支付的一般程序见图7-3。

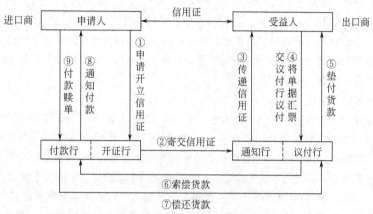

图7-3　信用证支付的一般程序

① 进口商根据合同规定填写开证申请书，向开证行申请开立信用证。

② 开证行接受进口方开证申请，收取开证押金后，依据开证申请书的内容开出信用证，寄往出口商所在地通知行。

③ 通知行鉴定信用证真实性后通知受益人。

④ 受益人审核信用证与合同相符后，按信用证规定装运货物，备齐各种货运单据并开立汇票，在信用证规定的交单期和有效期内送交当地议付行。

⑤ 议付行按信用证条款审核"单证、单单"一致后，按汇票金额扣除贴现和手续费，将余额垫付给出口商。议付后，议付行应在信用证背面作有议付事项的必要记录，称为"背批"，以防超额和重复议付。

⑥ 议付行将汇票和货运单据寄给开证行或付款行索偿。

⑦ 开证行或付款行核对单证无误后，付款给议付行。

⑧ 开证行通知进口商付款赎单。

⑨ 进口商付款赎单，凭单提货。

四、信用证的主要内容

① 对信用证本身的说明。如其种类、性质、有效期及到期地点。

② 对货物的要求。根据合同进行描述。

③ 对运输的要求。

④ 对单据的要求，即货物单据、运输单据、保险单据及其他有关单证。

⑤ 特殊要求。

⑥ 开证行对受益人及汇票持有人保证付款的责任文句。

⑦ 国外来证大多数均加注："除另有规定外，本证根据国际商会《跟单信用证统一惯例（2006年修订）》即国际商会第600号出版物（《UCP600》）办理。"

⑧ 银行间电汇索偿条款（T/T Reimbursement Clause）。

五、信用证的特点

信用证是银行信用的支付方式，有以下三个特点。

1. 开证银行负有第一性付款责任

信用证是由开证银行以自己的信用作出付款的保证。在信用证付款条件下，银行负有第一性付款责任。信用证方式下，出口人可持信用证向开证行凭单索偿，无须先找进口人，即使进口人已经丧失偿付能力，只要受益人提交了符合信用证条款规定的单据，开证行对受益人的付款责任就不受影响。国际商会《跟单信用证统一惯例》(第600号出版物）第7条关于开证行责任条款规定：只要规定的单据提交给指定银行或开证行，并且构成相符交单，则开证行必须承付。

2. 信用证是一种独立自主文件

信用证的开立是以买卖合同作为依据，但信用证一经开出，即成为独立于买卖合同和其他合同之外的另一种契约，不受买卖合同和其他合同的约束。《跟单信用证统一惯例》（第600号出版物）第四条规定："就其性质而言，信用证与可能作为其开立基础的销售合同或其他合同是相互独立的交易。即使信用证中含有对此类合同的任何援引，银行也与该合同无关，且不受其约束。因此，银行关于承付、议付或履行信用证项下其他义务的承诺，不受申请人基于与开证行或与受益人之间的关系而产生的任何请求或抗辩的影响。"所以，信用证是一项独立自主文件，开证银行和参与信用证业务的其他银行只按信用证规定履行自己的义务。

3. 信用证是一种单据交易

在信用证项下，实行凭单付款原则。《跟单信用证统一惯例》（第600号出版物）信用证业务是一种纯粹的单据业务，实行的是"凭单付款"的原则。只要受益人或其指定人能提交符合信用证条款的单据，开证行就应承担付款、承兑或议付的责任，至于货物是否符合合同的规定，银行不介入，即"银行认单不认货"。《跟单信用证统一惯例》（第600号出版物）第十四条规定：按指定行事的指定银行、保兑行（如果有的话）及开证行须审核交单，并仅基于单据本身确定其是否在表面上构成相符交单。

六、信用证的种类

（一）以信用证项下的汇票是否附有货运单据分类

以信用证项下的汇票是否附有货运单据划分为跟单信用证和光票信用证。

1. 跟单信用证

指凭跟单汇票进行议付的信用证。跟单信用证在进行议付时，要求随附代表货物所有权的单据凭证。国际贸易中绝大多数商品进出口的结算使用跟单信用证。跟单信用证的发展削弱了货主的风险，其根本的作用是能够保证卖方得到货款，买方得到货物。当买方从国外进口货物时，向本国银行申请开具向卖方（或信用证的受益方）付款的信用证，卖方根据销售合同规定的运输方式，将能够证明货物已经出运而且符合信用证要求的文件交与银行议付。证明货物出运的主要单据是提单，除此之外还有一些双方约定的单据，如原产地证明、商业发票、保险单等。

2. 光票信用证

光票信用证是不附单据、受益人可以凭开立收据或汇票分批或一次在通知行领取款项的信用证。大多是在非贸易结算的情况下使用。光票信用证下的单据没有货运单据，因此对进口商的风险比较大，无法通过各种单据对货物的交付、质量、数量等予以控制。进口商得依赖出口商的信用，否则会出现货款两空的境地。开证行也无法利用货运单据来防范风险,只能基于进口商的信用或进口商提供的其他担保,因此银行的风险也是比较大的。

(二)以开证行所负的责任为标准分类

以开证行所负的责任为标准分为不可撤销信用证与可撤销信用证两种。

1. 不可撤销信用证

指信用证一经开出,在有效期内,未经受益人及有关当事人的同意,开证行不能片面修改和撤销,只要受益人提供的单据符合信用证规定,开证行必须履行付款义务。

2. 可撤销信用证

开证行不必征得受益人或有关当事人同意有权随时撤销的信用证,应在信用证上注明"可撤销"字样。但《UCP600》规定:信用证是不可撤销的,即使未如此表明。即:取消了《UCP500》中"可撤销信用证"类型,因为"可撤销信用证"在实际业务鲜有使用。这也意味着在新的惯例实施后,所有的信用证都将是不可撤销的。

(三)以有无另一银行加以保证兑付分类

以有无另一银行加以保证兑付分为保兑信用证和不保兑信用证两种。

1. 保兑信用证

指开证行开出的信用证,由另一银行保证对符合信用证条款规定的单据履行付款义务。对信用证加以保兑的银行,称为保兑行。

2. 不保兑信用证

开证行开出的信用证没有经另一家银行保兑。

(四)根据付款时间不同分类

根据付款时间不同分为即期信用证、远期信用证和假远期信用证。

1. 即期信用证

指开证行或付款行收到符合信用证条款的跟单汇票或装运单据后,立即履行付款义务的信用证。

2. 远期信用证

指开证行或付款行收到信用证的单据时,在规定期限内履行付款义务的信用证。

3. 假远期信用证

信用证规定受益人开立远期汇票,由付款行负责贴现,并规定一切利息和费用由开证人承担。这种信用证对受益人来讲,实际上仍属即期收款,在信用证中有"假远期"条款。

(五)根据受益人对信用证的权利可否转让分类

根据受益人对信用证的权利可否转让分为可转让信用证和不可转让信用证。

1. 可转让信用证

指信用证的受益人(第一受益人)可以要求授权付款、承担延期付款责任,承兑或议付的银行(统称"转让行"),或当信用证是自由议付时,可以要求信用证中特别授权的转让银行,将信用证全部或部分转让给一个或数个受益人(第二受益人)使用的信用证。开证行在信用证中要明确注明"可转让"(transferable),且只能转让一次。

2. 不可转让信用证

指受益人不能将信用证的权利转让给他人的信用证。凡信用证中未注明"可转让",即是不可转让信用证。

(六)循环信用证

循环信用证指信用证被全部或部分使用后,其金额又恢复到原金额,可再次使用,直至达到规定的次数或规定的总金额为止。它通常在分批均匀交货情况下使用。在按金额循环的信用证条件下,恢复到原金额的具体做法有如下三种。

1. 自动式循环

每期用完一定金额后,不需等待开证行的通知,即可自动恢复到原金额。

2. 非自动循环

每期用完一定金额后,必须等待开证行通知到达,信用证才能恢复到原金额使用。

3. 半自动循环

即每次用完一定金额后若干天内,开证行未提出停止循环使用的通知,自第×天起即可自动恢复至原金额。

(七)对开信用证

指两张信用证申请人互以对方为受益人而开立的信用证。两张信用证的金额相等或大体相等,可同时互开,也可先后开立。它多用于易货贸易或来料加工和补偿贸易业务。

(八)对背信用证

又称转开信用证,指受益人要求原证的通知行或其他银行以原证为基础,另开一张内容相似的新信用证,对背信用证的开证行只能根据不可撤销信用证来开立。对背信用证的开立通常是中间商转售他人货物,或两国不能直接办理进出口贸易时,通过第三者以此种办法来沟通贸易。原信用证的金额(单价)应高于对背信用证的金额(单价),对背信用证的装运期应早于原信用证的规定。

(九)预支信用证

指开证行授权代付行(通知行)向受益人预付信用证金额的全部或一部分,由开证行保证偿还并负担利息,即开证行付款在前,受益人交单在后,与远期信用证相反。预支信用证凭出口人的光票付款,也有要求受益人附一份负责补交信用证规定单据的说明书,当货运单据交到后,付款行在付给剩余货款时,将扣除预支货款的利息。

(十)备用信用证

又称商业票据信用证、担保信用证。指开证行根据开证申请人的请求对受益人开立的承诺承担某项义务的凭证。即开证行保证在开证申请人未能履行其义务时,受益人只要凭备用信用证的规定并提交开证人违约证明,即可取得开证行的偿付。它是银行信用,对受益人来说是备用于开证人违约时,取得补偿的一种方式。

七、SWIFT信用证

SWIFT是环球同业银行金融电讯协会的简称,环球同业银行金融电讯协会是国际银行同行业间的国际合作组织,成立于1973年,目前全球许多国家的银行已使用SWIFT系统。SWIFT的使用给银行的结算提供了安全、可靠、快捷、标准化、自动化的通信业务,从而大大提高了银行的结算速度。

凡依据SWIFT网络系统设计的特殊格式,通过SWIFT网络系统传递信用证的信息,即通过SWIFT开立或通知的信用证称为SWIFT信用证,也有称为"环银电协信用证"。由于格式标准化,目前信用证的格式主要使用 SWIFT 电文。

SWIFT 具有以下特点。

① SWIFT 需要会员资格。我国的大多数专业银行都是 SWIFT 会员。

② SWIFT 的费用较低。SWIFT 的费用约只有电传的 18%，电报的 2.5%。

③ SWIFT 的安全性较高。SWIFT 的密押。

④ SWIFT 的格式标准化。对于 SWIFT 电文，要求采用统一的格式。

信用证样本

ISSUING BANK: CYPRUS POPULAR BANK LTD, LARNAKA

开证行：塞浦路斯的开证行

ADVISING BANK: BANK OF CHINA, SHANGHAI BRANCH.

通知行：中国上海的通知行

SEQUENCE OF TOTAL   *27: 1/1

序列号：1/1（指只有一张电文）

FORM OF DOC. CREDIT   *40A: IRREVOCABLE

跟单信用证形式：不可撤销的信用证

DOC. CREDIT NUMBER   *20: 186/08/10014

信用证号码：186/08/10014

DATE OF ISSUE   31C: 080105

开证日：2008年1月5日（如果这项没有填，则开证日期为电文的发送日期）

EXPIRY   *31D: DATE 080229 PLACE CHINA

信用证有效期：2008年2月29日在中国到期

APPLICANT   *50: LAIKI PERAGORA ORPHANIDES LTD.,
                    020 STRATIGOU TIMAGIA STREET,
                    6046, LARNAKA,
                    CYPRUS

信用证开证申请人：塞浦路斯的进口商

BENEFICIARY   *59: SHANGHAI TEXTILE PRODUCTS IMP. AND EXP.
                    CO., LTD.
                    27 ZHONGSHAN DONGYI ROAD, SHANGHAI,
                    CHINA

受益人：上海纺织品进出口公司（即出口商），中山东一路27号，中国上海

AMOUNT   *32B: CURRENCY USD AMOUNT 6625.00

信用证项下的金额：6625.00美元

AVAILABLE WITH/BY *41D: ANY BANK
                    BY NEGOTIATION

议付适用银行：任何议付行

DRAFT AT …   42C: AT SIGHT

开立汇票：即期

DRAWEE   *42D: LIKICY2N×××
                *CYPRUS POPULAR BANK LTD
                *LARNAKA

付款人：塞浦路斯开证行

                              拉纳卡
PARTIAL SHIPMENT   43P: ALLOWED
是否允许分批装运：   允许
TRANSSHIPMENT   43T: ALLOWED
转运：   允许
LOADING IN CHARGE 44A: SHANGHAI PORT
装运港口：   上海港
FOR TRANSPORT TO… 44B: LIMASSOL PORT
目的港：   利马索尔港口
LATEST DATE OF SHIP. 44C: 080214
最迟装运期：   2008年2月14日
DESCRIPT. OF GOODS 45A:
                          ALL COTTON BED SHEETS
                          AS PER S/C NO. E03SG121.
货描：   全棉红色床单
                          具体规格按照第E03SG121销售合同所述。
DOCUMENTS REQUIRED 46A:
须提供的单据：

+COMMERCIAL INVOICE IN QUADRUPLICATE ALL STAMPED AND SIGNED BY BENEFICIARY CERTIFYING THAT THE GOODS ARE OF CHINESE ORIGIN.
由受益人签署盖章的商业发票一式四份，声明货物原产地为中国。

+FULL SET OF CLEAN ON BOARD BILL OF LADING MADE OUT TO ORDER OF SHIPPER AND BLANK ENDORSED, MARKED FREIGHT PREPAID AND NOTIFY APPLICANT.
全套清洁已装船提单，作成以"凭发货人指示，空白背书"为抬头，注明运费预付，通知人为开证申请人。

+PACKING LIST IN TRIPLICATE SHOWING PACKING DETAILS SUCH AS CARTON NO. AND CONTENTS OF EACH CARTON.
装箱单一式三份，需注明装箱的详情，如：箱号和每箱的具体内容。

+CERTIFICATE STAMPED AND SIGNED BY BENEFICIARY STATING THAT THE ORIGIAL INVOICE AND PACKING LIST HAVE BEEN DISPATCHED TO THE APPLICANT BY COURIER SERVICE 2 DAYS BEFORE SHIPMENT.
受益人签署盖章的声明书，表示发票和装箱单正本已经在装船前的两天通过快递寄给开证申请人。

+ORIGINAL CERTIFICATE OF ORIGIN PLUS ONE COPY ISSUED BY CHAMBER OF COMMERCE.
商会签发的原产地证明书一份正本，一份副本。

ADDITIONAL COND.   47A:
附加指示：

+EACH PACKING UNIT BEARS AN INDELIBLE MARK INDICATING THE COUNTRY OF ORIGIN OF THE GOODS. PACKING LIST TO CERTIFY THIS.

每件包装上要刷制不可磨损的标志，表明商品的原产国。

装箱单上也要注明。

+INSURANCE IS BEING ARRANGED BY THE BUYER.

保险由买方（进口方）办理。

+A USD50.00 DISCREPANCY FEE, FOR BENEFICIARY'S ACCOUNT, WILL BE DEDUCTED FROM THE REIMBURSEMENT CLAIM FOR EACH PRESENTATION OF DISCREPANT DOCUMENTS UNDER THIS CREDIT.

每个不符点50美元的修改费用由受益人支付，在该信用证项下提示不符单据时从议付金额中扣除。

+THIS CREDIT IS SUBJECT TO THE U.C.P. FOR DOCUMENTARY CREDITS (2007 REVISION) I.C.C., PUBLICATION NO. 600.

本信用证以《跟单信用证统一惯例》（UCP600）（2007年版）为依据。

DETAILS OF CHARGES 71B: ALL BANK CHARGES OUTSIDE CYPRUS ARE FOR THE ACCOUNT OF THE BENEFICIARY.

详细（其他）费用：塞浦路斯以外的所有银行费用由受益人负担。

PRESENTATION PERIOD 48: WITHIN 15 DAYS AFTER THE DATE OF SHIPMENT BUT WITHIN THE VALIDITY OF THE CREDIT.

交单期：装船后的15天内，同时要在信用证有效期内。

CONFIRMATION *49: WITHOUT

（有无）保兑：无

INSTRUCTION 78: ON RECEIPT OF DOCUMENTS CONFIRMING TO THE TERMS OF THIS DOCUMENTARY CREDIT, WE UNDERTAKE TO REIMBURSE YOU IN THE CURRENCY OF THE CREDIT IN ACCORDANCE WITH YOUR INSTRUCTIONS, WHICH SHOULD INCLUDE YOUR UID NUMBER AND THE ABA CODE OF THE RECEIVING BANK.

其他注意事项：一收到符合该信用证项要求的单据后，我们将承担根据你方指示支付相应款项的义务，你方应同时说明你公司银行账户和收款行的"美国银行家协会代码"。

第四节 其他服装贸易支付方式

一、银行保函

（一）银行保函的定义

银行保函（letter of guarantee）又称"银行保证书"、"银行信用保证书"或简称"保证书"。银行作为保证人向受益人开立的保证文件。银行保证被保证人未向受益人尽到某项义务时，则由银行承担保函中所规定的付款责任。保函内容根据具体交易的不同而多种多样；在形式上无一定的格式；对有关方面的权利和义务的规定、处理手续等未形成一定的惯例。遇有不同的解释时，只能就其文件本身内容所述来作具体解释。

(二)银行保函的当事人

① 委托人——保函的申请人,一般是合同的债务人。
② 担保人——保函的开立人,一般是银行。
③ 受益人——通过保函取得赔偿的人。

(三)银行保函的种类

1. 投标保函

投标保函(tender guarantee),是银行应投标人的申请向招标人(受益人)发出的保证书。保证投标人在开标前绝不中途撤标或片面修改投标条件,中标后签约和交付履约保证金,否则,由银行赔偿招标人的损失。担保金额一般为项目金额的2%～5%。

2. 履约保函

履约保函(performance guarantee)在货物进出口业务中使用时,可分为进口履约保函和出口履约保函。前者是银行对进口人必须付款所做的保证,后者是银行对出口人必须交货所做的保证。

3. 还款保函

还款保函(repayment guarantee),又称预付款保函或定金保函。是银行应合同一方的申请,向另一方开立的保证书。如申请人不履行合同义务,不退还受益人预付、支付的款项,则由银行向受益人退还或支付。也是外国贷款人要求借款人提供的到期还款的银行保证。

(四)银行在开立保函时应注意的问题

国际担保业务中银行使用的绝大多数为见索即付保函,见索即付保函一经开立,银行将成为第一付款人,承担很大的风险。因此,为降低风险,银行在开立见索即付保函时应注意以下问题。

① 保函应将赔付条件具体化,应有具体担保金额、受益人、委托人、保函有效期限等。
② 银行应要求委托人提供相应的反担保或提供一定数量的保证金,银行在保证金的额度内出具保函。
③ 银行向境外受益人出具保函,属对外担保,还必须注意诸如报经外汇管理局批准等对外担保的法律规定。
④ 银行开立保函,还应该对基础合同的真实性进行认真审核,以防诈骗。

国内的银行做国内业务时大多采用的是从属性保函。从属性保函是担保人在保函中对受益人的索赔及对该索赔的受理设置了若干条件的限制,保留有一定的抗辩权利,只有在一定的条件得到满足之后,担保银行才予以受理、付款。因此,在从属性保函中,除需要注意以上四点外,怎样在索赔条款中设立条件更成为保函内容的重点。在实际操作中,有条件的索赔条款一般分为以下几种。

① 在保函中约定,受益人提出索赔请求时,由委托人提供证据证明自己已履行基础合同义务,或受益人没有履行基础合同义务。在这种情况下,由委托人承担举证责任,如果委托人不能证明,则承担举证不能的不利后果,推定受益人的索赔成立,银行承担担保责任。

② 在保函中约定,受益人提出索赔请求时,同时提出证据证明自己已经履行了基础合同义务,或能够证明委托人没有履行基础合同义务。在这种情况下,受益人负有举证责任。如果受益人不能提供证据证明,则银行不予受理,由受益人承担不利责任。受益人提供的证明材料可以是发运货物的提单副本、第三家检验机构的商检证明或检验报告、合同双方之间的往来函电、项目监理工程师出具的证明或签字认可的其他书面文件等。

③ 在保函中约定,受益人提出的索赔请求,必须经委托人同意或确认,银行才能受理。在这种情况下,银行作为金融中介的作用大为减少,保函的银行信誉转化为普通的商业信誉,对受益人的保护不利,

因此，在实际应用中不被受益人所接受。

④ 在保函中约定，受益人的索赔请求，必须经过法院或者仲裁机构生效的裁判文书确定，担保银行仅凭仲裁机构的裁决或法院的判决来实施付款或免于付款责任。担保银行于签发保函时往往无法知道申请人在保函所涉及的法律诉讼案件中究竟应承担多大的实际赔偿责任，甚至还不能肯定委托人是否必须作出这样的支付，因此，保函项下是否发生赔付，以及实际上应赔付多大的金额等，都要根据法院的有关判决来确定，而绝不能仅仅依据受益人的单方索赔予以支付。

以上这四种类型的索赔条款，是目前我国金融机构在办理从属性保函业务时经常采用，或希望采用的表述，它有利于防范受益人的无理索赔。所以，对避免使银行卷入商业纠纷，维护担保银行本身的对外形象和声誉也大有益处。

二、备用信用证

（一）备用信用证的定义

备用信用证（standby letter of credit）又称担保信用证，是指不以清偿商品交易的价款为目的，而以贷款融资，或担保债务偿还为目的所开立的信用证。

备用信用证是一种特殊形式的信用证，是开证行对受益人承担一项义务的凭证。开证行保证在开证申请人未能履行其应履行的义务时，受益人只要凭备用信用证的规定向开证行开具汇票，并随附开证申请人未履行义务的声明或证明文件，即可得到开证行的偿付。备用信用证只适用《跟单信用证统一惯例》（第600号出版物）的部分条款。

（二）备用信用证的适用

备用信用证是在有些国家禁止银行开立保函的情况下首先产生于美国、日本的。它是备用于开证申请人违约时受益人取得补偿的一种方式。一般用在投标、履约、还款、预付货款或赊销等业务中，有些国家也用于买卖合同项下货款的支付。如买方采用L/C方式，为防止卖方货物出现问题，可要求卖方开出一个备用信用证，一旦货物不符合要求，可要求开证行偿还货款。

（三）备用信用证的特点

1. 不可撤销性

除非在备用信用证中另有规定，或经对方当事人同意，开证人不得修改或撤销其在该备用证下的义务。

2. 独立性

备用信用证下开证人义务的履行并不取决于：

① 开证人从申请人那里获得偿付的权利和能力；

② 受益人从申请人那里获得付款的权利；

③ 备用信用证中对任何偿付协议或基础交易的援引；

④ 开证人对任何偿付协议或基础交易的履约或违约的了解与否。

3. 跟单性

开证人的义务要取决于单据的提示，以及对所要求单据的表面审查。

4. 强制性

备用信用证在开立后即具有约束力，无论申请人是否授权开立，开证人是否收取了费用，或受益人是否收到，或因信赖备用信用证或修改而采取了行动，它对开证行都是有强制性的。

（四）备用信用证与跟单信用证的区别

备用信用证具有一般商业信用证的基本性质，但两者仍有区别。

首先，跟单信用证在受益人履约时使用；备用信用证则在申请人违约时才能使用。其次，跟单信用证只用于货物的买卖；备用信用证可适用于货物以外的多方面的交易（如投标、借款等）。最后，跟单信用证凭符合信用证条款的单据付款；备用信用证则只凭开证申请人违约证明付款。

（五）备用信用证与保函的区别

第一，备用信用证操作程序比保函简单。第二，备用信用证到期地点可在开证行所在地也可在受益人所在地；保函只能在担保行所在地。第三，备用信用证不受任何合约的约束；保函有独立担保和附属担保。第四，备用信用证灵活多样，拥有单到付款、向开证行电索、主动借记、授权借记等多种索偿方式，还可由开证行以外的其他银行议付，使受益人获得融资；保函则只有一种方式，即单到担保行审核无误后付款。

第五节　支付方式的选用

一笔交易的顺利完成，在某种程度上也仰仗于支付方式的合理选用。在选择支付方式时，要考虑双方各自承担的风险及所能承受的能力；要确保安全收汇，资金得以活化融通；要树立信用管理观念，对客户的信用状况及其代理行的信用等级进行分析和调查。即使处于买方市场，也不要一味地迁就对方的要求。但也不要害怕风险，只接受信用证交易。通常只选择一种结算方式，但各种结算方式都有其利弊。为了加速资金周转，避开贸易风险，支付方式的结合使用，已成为一种新的发展趋势。

一、信用证与汇付相结合

这是指一笔交易的货款，部分用信用证方式支付，余额用汇付方式结算。这种结算方式的结合形式常用于允许其交货数量有一定机动幅度的某些初级产品的交易。对此，经双方同意，信用证规定凭装运单据先付发票金额或在货物发运前预付金额若干成，余额待货到目的地（港）后或经再检验的实际数量用汇付方式支付。使用这种结合形式，必须首先订明采用的是何种信用证和何种汇付方式以及按信用证支付金额的比例。

二、信用证与托收相结合

这是指一笔交易的货款，部分用信用证方式支付，余额用托收方式结算。这种结合形式的具体做法通常是：信用证规定受益人（出口人）开立两张汇票，属于信用证项下的部分货款凭光票支付，而其余额则将货运单据附在托收的汇票项下，按即期或远期付款交单方式托收。这种做法，对出口人收汇较为安全，对进口人可减少垫金，易为双方接受。但信用证必须订明信用证的种类和支付金额以及托收方式的种类，也必须订明"在全部付清发票金额后方可交单"的条款。

在合同中，对于信用证与托收结合方式的条款通常可作如下规定："买方通过卖方可接受的银行于装运月份前××天开立并送达卖方不可撤销的即期信用证，规定发票金额的××%凭即期光票支付，其余××%用托收方式即期付款交单。发票金额100%的全套货运单据随附托收项下，于买方付清发票全部金额后支出。如买方未付清全部发票金额，则货运单据须由开证行掌握凭卖方指示处理。"

三、跟单托收与预付定金相结合

进口人预付部分货款或一定比率的定金后,卖方发运货物,并从货款中扣除已收款项,将余额委托银行托收。如果进口人不付款,出口人可将货物运回,并从已收款中扣除运费等损失费用。

四、备用信用证与跟单托收相结合

出口人采用托收方式收款,同时要求进口人开立以卖方为受益人的备用信用证作为付款担保。一旦进口方拒付货款,出口方可凭进口方违约证明向开证行要求偿付。备用信用证的到期日应晚于托收付款期限后一段时间,以便卖方有时间办理追偿手续。

五、D/A 与即期 D/P 相结合

在加工装配业务中,有时来料、来件与成品分别作价,这时加工方进口料件,采用D/A付款;成品出口,采用即期D/P收款。进口付汇与出口收汇时间衔接好,以便即期收汇后保证远期承付。

六、远期 L/C 与即期 L/C 相结合

在加工贸易中,加工方进口料件,采用远期信用证付款;成品出口,采用即期信用证收款,这种方法也称对开信用证。两张信用证相互制约生效。

七、预支信用证与即期付款信用证相结合

在加工贸易中,加工方进口料件,采用即期付款信用证支付;出口成品采用预支信用证收款。委托方先开预支信用证,加工方开立光票,向开证行收汇,随即开出即期付款信用证,委托方收证后发出料件,加工方加工成品出运,制作装运单据向委托方银行收取余下金额——加工费,委托方付款提货。预付的那部分金额,加工方用以作为料件款予以抵补;加工方出口成品后,凭装运单据收取预支信用证项下的"跟单"部分金额,即加工费。这样可以由委托方向加工方融通资金,躲避外汇管制,还可简化结算手续。

八、汇付、保函、信用证三者相结合

汇付与银行保函或信用证结合使用的形式常用于成套设备、大型机械和大型交通运输工具(飞机、船舶等)等货款的结算。这类产品交易金额大,生产周期长,往往要求买方以汇付方式预付部分货款或定金,其余大部分货款则由买方按信用证规定或开立保函分期付款或迟期付款。在这种情况下,一般采用汇付、保函和信用证相结合的方式。

1. 分期付款

分期付款(progression payment)是指买方预付部分定金,其余货款根据商品制造或交货进度分若干期支付,在交付完毕时付清货款。即买方付清最后一期货款取得货物所有权。在分期付款中,产品投产前,买方可采用汇付方式,先交部分货款作为定金,付出定金之前,买方往往要求卖方提供银行保函以保证按时交货,否则退回定金。其余货款,则按生产进度或双方约定,由买方开立不可撤销的信用证,分期支付。

2. 延期付款

延期付款（deferred payment）是指买方预付部分定金后，大部分货款在交货后相当长一段时间内分期采用远期信用证支付。延期付款是卖方给予买方的信贷。具体做法是，合同签订后，买方要预付一小部分货款作为定金。大部分货款在交货后若干年内分期采用远期信用证支付。

思考题与情景实训

一、名词解释
1. 汇票　2. 本票　3. 支票　4. 托收　5. 备用信用证

二、简答题
1. 国际货款结算中常使用的支付工具有哪些？它们之间有哪些异同点？
2. 下面有三种汇票，哪种汇票可以转让？转让时有什么手续？
　(1) …pay to Smith Co., Ltd
　(2) …pay to the order of Smith Co., Ltd
　(3) …pay to bearer
3. 汇付在国际贸易中应用主要有哪几种方式？请简要说明。
4. 信用证的性质、特点和作用如何？为什么它会成为国际贸易中被广泛使用的支付方式？
5. 如何防范托收业务风险？
6. 简述国际贸易中常见的货款结算方式及其程序。
7. 银行保函与备用信用证的区别是什么？

三、情景实训
1. 中国银行旧金山分行于6月1日向华文贸易公司提示汇票，请填写三种托收方式下华文公司的工作日程。

合同中规定的托收条件	承兑日期	付款日期	取得单据日期
即期付款交单 D/P at sight			
远期付款交单见票30天付款 D/P			
承兑交单见票后30天付款 D/A			

2. 某纺织品进出口公司与国外H公司按CFR条件签订一份棉织品出口合同，合同规定装运期为10月份，但未规定具体开证日期。外商拖延开证，我方见装运期快到，从9月底开始连续多次电催外商开证。10月5日，收到开证的简电通知书（详情后告），我方因怕耽误装运期，即按简电办理装运。10月28日，外商开来信用证正本，正本上对有关单据作了与合同不符的规定。我方审证时未予注意，交银行议付时，银行也未发现，开证行即以单证不符为由，拒付货款。试分析：我方应从此事件中吸取哪些教训？

3. 某外贸企业与某美籍华人客商做了几笔小额交易，付款方式均为预付。后来客人称销路已经打开，要求增加数量。可是，由于数量太多，资金周转不开，客商要求将付款方式改为D/P at sight的情况下，当时我方考虑到D/P at sight的情况下，如果对方不去付款赎单，就拿不到单据，货物的所有权归我方所有。结果，未对客户的资信进行全面调查,就以此种方式发出了一个40英尺货柜的货物,金额为30000美元。

  货物到达目的港后,客户借口资金紧张,迟迟不去赎单。10天后,各种费用相继发生。考虑到这批货物的花色品种为客户特别制定,拉回来也是库存,便被迫改为D/A30天。可是客户将货物提出之后,就再也没有音讯。到涉外法律服务处与讨债公司一问才知道,到美国打官司费用极高,于是只好作罢。出口公司要从本案中吸取哪些教训?

第八章 服装的检验、索赔、不可抗力和仲裁

- 第一节 服装的检验
- 第二节 索赔
- 第三节 不可抗力
- 第四节 仲裁

目的与要求

通过本章的学习，使学生了解服装国际贸易中商品检验的时间、地点、机构、标准与方法、复检、检验内容以及检验证书的种类，熟悉索赔、理赔的一般做法；了解不可抗力事件的范围、不可抗力事件的处理、不可抗力事件发生后通知对方的期限与方式、不可抗力事件的出证机关等；熟悉仲裁条款约定。

重点与难点

合同中服装商品检验、索赔、不可抗力和仲裁条款的制定。

第一节 服装的检验

在国际货物买卖中,商品检验是指对卖方交付货物的质量、数量和包装进行检验或鉴定,以确定卖方所交货物是否符合买卖合同的规定。商品检验工作是国际货物买卖中交易双方交接货物必不可少的业务环节。

国际货物买卖合同中检验条款的主要内容有:检验时间和地点、检验机构、检验标准以及检验证书等。

一、检验时间和地点

据国际上的习惯做法和我国的业务实践,关于买卖合同中检验时间和地点的规定方法,主要有以下几种。

1. 在出口国检验

① 在产地检验,即货物离开生产地点之前,由卖方或其委托的检验机构人员或买方的验收人员对货物进行检验或验收。在货物离开产地之前的责任,由卖方承担。

② 在装运港/地检验,即以离岸质量、重量(或数量)为准。货物在装运港/地装运前,由双方约定的检验机构对货物进行检验,该机构出具的检验证书作为决定交货质量、重量或数量的最后依据。按此做法,货物运抵目的港/地后,买方如对货物进行检验,即使发现质量、重量或数量有问题,但也无权向卖方提出异议和索赔。

2. 在进口国检验

① 在目的港/地检验,即以到岸质量、重量(或数量)为准。在货物运抵目的港/地卸货后的一定时间内,由双方约定的目的港/地的检验机构进行检验,该机构出具的检验证书作为决定交货质量、重量或数量的最后依据。如果检验证书证明货物与合同规定不符并确属卖方责任,卖方应予负责。

② 在买方营业处所或最终用户所在地检验。对一些需要安装调试进行检验的成套纺织设备以及在卸货港开箱检验后难以恢复原包装的产品,双方可约定将检验时间和地点推迟至货物运抵买方营业所或最终用户所在地后的一定时间内进行,并以该地约定的检验机构所出具的检验证书作为决定交货品质、重量或数量的最后依据。

3. 出口国检验、进口国复验

这种做法是装运港/地的检验机构进行检验后,出具的检验证书作为卖方收取货款的依据,货物运抵目的港/地后由双方约定的检验机构复验,并出具证明。如发现货物不符合同规定,并证明这种不符情况系属卖方责任,买方有权在规定的时间内凭复验证书向卖方提出异议和索赔。这一做法对买卖双方来说,比较公平合理,它既承认卖方所提供的检验证书是有效的文件,作为双方交接货物和结算货款的依据之一,并给予买方复验权。因此,我国进出口贸易中一般都采用这一做法。

二、检验机构

在国际货物买卖中,商品检验工作通常都由专业的检验机构负责办理。各国的检验机构,从组织性质来分,有官方的,有同业公会、协会或私人设立的,也有半官方的;从经营的业务来分,有综合性的,也有只限于检验特定商品的。

在我国,中华人民共和国出入境检验检疫局(CIQ)是主管全国出入境卫生检验、动植物检疫、商品检验、鉴定、认证和监督管理的行政执法机构。根据《中华人民共和国进出口商品检验法》(简称《商检法》)规定,我国商检机构在进出口商品检验方面的基本任务有三项:实施法定检验;办理检验鉴定业务;对进出口商品的检验工作实施监督管理。

三、检验标准

根据《商检法》规定，凡列入目录的进出口商品，按照国家技术规范的强制性要求进行检验；没有国家技术规范的强制性要求的，可以参照国家商检部门指定的国外有关标准进行检验。商品检验的方法主要有感官检验、化学检验、物理检验、微生物检验等。

1. 纺织服装的检验标准

① GB 中华人民共和国国家标准。

② AATCC（American Association of Textile Chemists and Colorists）美国纺织化学家和染色家协会标准。

③ ASTM（American Society for Testing and Materials）美国试验和材料学会标准。

④ JIS（Japanese Standards Association）日本标准协会标准。

⑤ ISO（International Organization for Standardization）国际标准化组织标准。

⑥ DIN（Deutsches Institut fur Normung）德国标准化学会标准。

⑦ BS（British Standards Institution）英国标准学会标准。

⑧ IWS（International Wool Secretariat）国际羊毛局标准。

⑨ CAN/CGSB（Canadian General Standards Board）加拿大标准委员会标准。

⑩ NFNOR（Association Francaise de Normalization）法国标准化协会标准。

2. 检测项目

主要是外观检验（尺寸偏差、缝制质量、外观质量、标识）、干洗收缩率、干洗后起皱级差、缩水率、缝口纰裂程度、裤后裆缝接缝强力、黏合衬服装剥离强力、起毛起球、甲醛含量、pH值、耐干洗色牢度、耐水洗色牢度、耐摩擦色牢度、耐光色牢度、耐汗渍色牢度，耐唾液色牢度等（表8-1）。

表8-1 纺织品、服装面料及成品常规检测项目

项目名称	国内测试方法标准编号	国外主要测试标准编号	备注
强力			
断裂强力	GB/T 3923.1（条样法） GB/T 3923.2（抓样法）	ISO 13934.1（条样法） ISO 13934.2（抓样法） ASTM D 5034（抓样法） ASTM D 5035（条样法） BS 2576（条样法） DIN 53857.1（条样法） DIN 53858（抓样法） JIS L 1096 WOOLMARK TM 4	
撕破强力	GB/T 3917.1（摆锤法） GB/T 3917.2（单舌法） GB/T 3917.3（梯形法）	ISO 9290（落锤法） ASTM D 1424（落锤法） ASTM D 2261（舌形法） ASTM D 5587（梯形法） BS 3424 Pt.5 DIN 53859.1～5 JIS L 1096 WOOLMARK TM 172	适用于机织物

续表

项目名称	国内测试方法标准编号	国外主要测试标准编号	备注
顶破强力	针织品产品标准中规定	ASTM D 3787（CRT型拉伸仪球形顶破试验）	适用于针织品
胀破强度	GB/T 7742	ISO 13938.1 ASTM D 3786 BS 4768 WOOLMARK TM 29	适用于针织品
接缝强力	GB/T 13773.1—2008	ISO 13935.1 ISO 13935.2 ASTM D 1683	适用于机织物
滑移	GB/T 13772.1（缝口纰裂程度按各式服装标准测试）	ASTM D 434 BS 3320 WOOLMARK TM 117	适用于机织物
起毛起球、耐磨、钩丝			
起毛起球	GB/T 4802.1（圆轨迹法） GB/T 4802.2（马丁代尔法） GB/T 4802.3（起球箱法）	ISO 12945.1（起球箱法） ISO 12945.1（马丁代尔法） ASTM D 4972（马丁代尔法） ASTM D 3512（乱翻仪法） BS 5811（起球箱法） DIN 53867（乱翻仪法）	
耐磨	GB/T 13775（马丁代尔法） FZ/T 20020（马丁代尔法）	ISO 12947.2（马丁代尔法-试样破裂测定） ISO 12947.3（马丁代尔法-质量损失测定） ISO 12947.4（马丁代尔法-试样外观变化测定） ASTM D 4966（马丁代尔仪法） ASTM D 4970（马丁代尔压力试验仪法） AATCC 93（快速仪法） DIN 53863.3 DIN 53863.4	
钩丝		ASTM D 5362（珠枕法）	
水洗、干洗			
水洗尺寸变化率	GB/T 8629 GB/T 8631 GB/T 8632 FZ/T 70009（毛针织品）	ISO 6330 ISO 675 ISO 7771 AATCC 96 AATCC 99 AATCC 155 AATCC 150 BS EN 26330	
干洗尺寸变化率	FZ/T 80007.3	AATCC 158	
化验类			
纤维含量	FZ/T 01057.1～11 GB/T 2910 GB/T 2911 FZ/T 01026 GB/T 16988 FZ/T 01095	ISO 1833 ISO 5088 ASTM D 276 ASTM D 629 AATCC 20/20A WOOLMARK TM 155	
甲醛含量	GB/T 2912.1	ISO 14184.1 BS 6806	

续表

项目名称	国内测试方法标准编号	国外主要测试标准编号	备注
pH值	GB/T 7573	ISO 3071 AATCC 81	
禁用偶氮染料	GB/T 17592.1 GB/T 17592.2	OeKo-Tex 200	
重金属残留	GB/T 17593	OeKo-Tex 200	
染色牢度			
耐光色牢度	GB/T 8427	ISO 105-B02 AATCC 16	
耐洗色牢度	GB/T 3921.1～5 GB/T 12490	ISO 105-C01～C06 AATCC 61	
耐摩擦色牢度	GB/T 3920	ISO 105-X12 AATCC 8	
耐汗渍色牢度	GB/T 3922	ISO 105-E04 AATCC 15	
耐水色牢度	GB/T 5713	ISO 105-E01 AATCC 107	
耐干洗色牢度	GB/T 5711	ISO 105-D01 AATCC 132	
耐海水色牢度	GB/T 5714	ISO 105-E02 AATCC 106	
耐氯化水色牢度（游泳池水）	GB/T 8433	ISO 105-E03	
耐热压色牢度	GB/T 6152	ISO 105-X11 AATCC 133	
耐刷洗色牢度	GB/T 420	ISO 107-C07	
耐光、汗渍复合色牢度	GB/T 14576		
耐唾液色牢度	GB/T 18886		

注：资料来源http://www.gtt.net.cn/ZhuYaoCS.aspx。

四、检验证书

检验证书（inspection certificate）是商检机构对进出口商品实施检验或鉴定后出具的证明文件。商品检验证书的作用主要为：

① 作为买卖双方交接货物的依据；
② 作为索赔和理赔的依据；
③ 作为买卖双方结算货款的依据。

常用的检验证书有：品质检验证书、重量检验证书、数量检验证书、卫生检验证书、消毒检验证书、价值检验证书、产地检验证书等。在具体业务中，卖方究竟需要提供哪种证书，要根据商品的种类、性质、贸易习惯以及政府的有关法律法规而定。

五、服装检验条款

国际货物买卖合同中的服装检验条款一般包括下列内容：有关检验权的规定、检验的时间、地点、检验机构、检验标准和项目、检验证书等。合同中的商检条款一般分为品质数量条款和检验索赔条款两个方面。

① 品质数量条款是进出口商品品质、规格、等级、包装和数量、重量等的具体条款，各种商品、合同往往不一样。品质数量条款是评定进出口商品是否合格的重要依据，条款的文字内容必须明确具体，用语、数据力求准确、恰当，便于检验和分清责任，避免使用"大约"、"左右"、"先进设备"、"良好品质"等含糊不清的字样。

② 检验索赔条款是有关检验交货和复验索赔的条款，包括发货人的检验、检验机构、检验时间、地点、收货人的复验、复验机构、索赔期限、检验费用、检验证书的种类以及仲裁等条款。

国际货物买卖合同中的检验条款除了包括上述内容外，有时还需明确买方对不符货物向卖方索赔的具体期限。现举例如下：

以装运港（地）××（检验机构名称）签发的品质和重量检验证书作为信用证项下议付所提交单据的一部分。买方对于装运货物的任何索赔，必须于货物到达目的港（地）后××天内，并需提供经卖方同意的公证机构出具的公证报告。

The Certificates of Quality and Weight issued by ××（name of the inspection organization）at the port（place）of shipment shall be a part of the documents to be presented for negotiation under the relevant letter of credit. Any claim by the Buyers regarding the goods shipped shall be filed within ×× days after the arrival of the goods at the port（place）of destination, and supported by a survey report issued by a surveyor approved by sellers.

第二节　索赔

索赔是指合同一方当事人因另一方当事人违约使其遭受损失而向对方提出要求损害赔偿的行为。理赔则是一方对于对方提出的索赔进行处理。因此，索赔与理赔是一个问题的两个方面。在进出口贸易中，损害赔偿是最主要的，也是最常用的违约补救措施。

索赔通常发生在交货期、交货质量、数量或包装与买卖合同规定不符等违约情况中，因此，一般来说，买方向卖方提出的索赔较为多见。当然，有时也会发生买方不接货或不按时接货，不开证或不按时开证、无理拒付货款等违约情况，导致卖方向买方提出索赔。

一、违约责任

国际货物买卖合同是确定买卖双方权利和义务的法律依据。根据各国法律和国际公约规定，当事人一方不履行合同或履行合同义务不符合约定，就构成违反合同，应承担继续履行、采取补救措施或者赔偿损失等违约责任。

《联合国国际货物销售合同公约》规定："一方当事人违反合同的结果，如使另一方当事人蒙受损害，以至于实际上剥夺了他根据合同规定有权期待得到的东西，即为根本违反合同，除非违反合同的一方并不预知，而且一个同等资格、通情达理的人处于相同情况下也没有理由预知会发生这种结果。"根据《联合国国际货物销售合同公约》规定，如果一方当事人的违约构成根本违反合同，另一方当事人可以宣告合同无效，并要求损害赔偿。如违约程度尚未达成根本违反合同，则另一方当事人只能要求损害赔偿而不能宣告合同无效。《中华人民共和国合同法》规定：当事人一方迟延履行合同义务或者有其他违约行为致使不能实现合同目的，对方当事人可以解除合同；当事人一方迟延履行主要义务，经催告后在合同期间内仍未履行的，对方当事人可以解除合同。《中华人民共和国合同法》又规定，合同解除后，尚未履行的，终止履行；已经履行的，根据履行情况和合同性质，当事人可以要求恢复原状、采取其他补救措施，并有权要求赔偿损失。

二、买卖合同中的索赔条款

国际货物买卖合同中的索赔条款可根据不同的业务需要做不同的规定，通常采用的有异议与索赔条款和罚金条款两种。

（一）异议与索赔条款

异议与索赔条款（discrepancy and claim clause）一般是针对卖方交货质量、数量或包装不符合同规定而订立的，主要内容包括索赔依据、索赔期限等。有的合同还规定索赔金额和索赔方法。

1. 索赔依据

主要规定索赔时必须具备的证明文件以及出证的机构。索赔依据包括法律依据和事实依据两个方面。前者是指买卖合同和有关国家的法律规定；后者是指违约的事实真相及其书面证明。如果证据不全、不清，出证机构不符合要求，都可能遭到对方拒赔。

2. 索赔期限

是指受损害一方有权向违约方提出索赔的期限。按照法律和国际惯例，受损害一方只能在一定的索赔期限内提出索赔，否则即丧失索赔权利。索赔期限有约定的与法定的之分。约定的索赔期限是指买卖双方在合同中明确规定的索赔期限；法定索赔期限是指根据有关法律或国际公约受损害一方有权向违约方要求损害赔偿的期限。约定索赔期限的长短，必须视货物的性质、运输、检验的繁简等情况而定。索赔期限的规定方法通常有："货物到达目的港／地后XX天内"；"货物到达目的港／地卸离海轮或运输工具后XX天内"；"货物到达买方营业所或用户所在地XX天内"等。如合同未规定索赔期限的，则按法定索赔期限。例如，根据《联合国国际货物销售合同公约》规定，自买方实际收到货物之日起两年之内。《中华人民共和国合同法》也规定，买方自标的物收到之日起两年中，但如标的物有质量保证期的，适用质量保证期。

买方的索赔期限实际上也就是买方行使对货物进行复验权利的有效期限，有些合同将检验条款与索赔条款结合起来订立，称为检验与索赔条款。

（二）罚金条款

罚金条款（penalty）亦称违约金条款，主要规定一方未按合同规定履行其义务时，应向对方支付一定数额的约定罚金，以补偿对方的损失。

罚金条款一般适用于一方当事人迟延违约，如卖方延期交货、买方延期接货或延迟开立信用证等违约行为。罚金的数额通常取决于违约时间的长短，并规定罚金的最高限额。

关于合同中的罚金条款，各国法律有不同的解释。例如，英国法律认为，如属于预定的损害赔偿，可以承认和执行，如属于惩罚性质的，则不予承认。一旦发生违约，只能依法重新确定赔偿金额。《中华人民共和国合同法》规定，当事人可以在合同中约定，一方违约时，向对方支付违约金；也可以约定因违约产生的损失赔偿额的计算方法。但约定的违约金低于或过分高于违反合同所造成的损失，当事人可以请求法院或者仲裁机构予以增加或适当减少。《中华人民共和国合同法》还规定，当事人就迟延履行约定违约金的，违约方支付违约金后，还应当履行义务。

现对索赔条款举例如下：买方对于装运货物的任何异议必须于装运货物的船只到达目的港后30天内提出，并需提供经卖方同意的公证机关出具的检验报告，如果货物已经加工，买方即丧失索赔权利。属于保险公司或轮船公司责任范围的索赔，卖方不予受理。

Any discrepancy on the shipped goods should be put forward within 30 days after the arrival of the vessel carrying the goods at the port of destination and the Buyer should present the Survey Report issued by the Surveyor agreed by the Seller. If the goods have been processed the Buyer will loss the right to claim. The Seller shall not settle the claim within the responsibility of the Insurance Company or Ship Company.

第三节　不可抗力

一、不可抗力事件的认定

1. 不可抗力

不可抗力（force majeure）事件是指当事人在订立合同时不能预见、对其发生和后果不能避免并不能克服的事件。构成不可抗力事件应当具备的条件：

① 意外事件不是由于合同当事人的过失或疏忽所造成的；

② 意外事件必须发生在合同成立之后；

③ 意外事件的发生及其后果是当事人无法预见、无法控制、无法避免和无法克服的。

2. 不可抗力事件的范围

① 自然力事件。是指人类无法控制的自然界力量所引起的灾害，如水灾、火灾、风灾、旱灾、雨灾、冰灾、雪灾、雷电和地震等。

② 社会力事件（政府行为事件和社会异常事件）。政府行为事件是指合同成立后，政府当局发布了新的法律、法规和行政禁令等，致使合同无法履行。社会异常事件是指战争、罢工、暴动、骚乱等事件，给合同履行造成障碍。并非所有自然原因和社会原因引起的事件都属于不可抗力事件，如汇率变化、价格波动等正常贸易风险，或如怠工、关闭工厂、船期变更等就不属于此范围。

二、不可抗力的后果

《联合国国际货物销售合同公约》规定，一方当事人享受的免责权利只对履约障碍存在期间有效，如果合同未经双方同意宣告无效，则合同关系继续存在，一方履行障碍消除，双方当事人仍须继续履行合同义务。

所以不可抗力事件所引起的后果，可能是解除合同也可能是延迟履行合同，应由双方按公约规定结合具体情势商定。

《联合国国际货物销售合同公约》还规定在不可抗力事件发生后，违约方必须及时通知另一方，并提供必要的证明文件，而且在通知中应提出处理意见。如果因未及时通知而使另一方受到损害，则应负赔偿责任。

《中华人民共和国涉外经济合同法》也规定："……应当及时通知另一方，以减轻可能给另一方造成的损失……"。

不可抗力事件出具证明的机构，大多为当地商会。在我国，由中国国际贸易促进委员会（即中国国际商会）出具。

另一方接到不可抗力事件的通知和证明文件后,应根据事件性质,决定是否确认其为不可抗力事件,并把处理意见及时通知对方。

三、不可抗力条款的规定方式

① 列举式。即逐一订明不可抗力事件的种类。如"由于战争、地震、水灾、火灾、暴风雪的原因而不能履行合同或延迟履行合同的一方不负有违约责任……"。

② 概括式。即对不可抗力事件作笼统的提示,如"由于不可抗力的原因,而不能履行合同或延迟履行合同的一方可不负有违约责任。但应立即以电传或传真通知对方,并在XX天内以航空挂号信向对方提供中国国际贸易促进委员会出具的证明书。"

③ 综合式。即将概括式和列举式合并在一起,如"由于战争、地震、水灾、火灾、暴风雪或其他不可抗力原因而不能履行合同的一方不负有违约责任……"综合式是最为常用的一种方式。

第四节 仲裁

在国际货物贸易中,情况错综复杂,市场变化多端,因此,交易双方签订合同后,常常由于种种原因,合同没有履行,因而引起交易双方当事人之间的争议。为了解决合同争议,交易双方一般都习惯于采用仲裁(arbitration)的方式。

一、买卖双方解决合同争议的途径

1. 友好协商

争议双方本着公平合理的原则,通过友好协商,达成和解,这是解决合同争议的好办法。但是,遇到与合同当事人有较大利害关系的争议时,争议双方往往各持己见,难以达成共识,故此种解决争议的办法有一定的局限性。

2. 调解

若争议双方通过友好协商不能达成和解,则可在争议双方自愿的基础上,由第三者出面从中调解。调解应在确定事实、分清是非和责任的基础上,尊重合同规定,依照法律,参照国际惯例,根据客观公正和公平合理的原则进行,以促使当事人互谅互让,达成和解。实践表明,这也是解决争议的一种好办法。多年来,我国仲裁机构首创的"调解与仲裁相结合"的做法,体现了奠基于我国优秀文化传统之上的、以高度合一为导向的中国仲裁制度的特点,这种做法已收到了良好的效果。其具体做法是:结合仲裁的优势和调解的长处,在仲裁程序开始之前或之后,仲裁庭可以在当事人自愿的基础上,对受理的争议进行调解解决,如调解失败,仲裁庭仍按照仲裁规则的规定继续进行仲裁,直到作出终局裁决。

3. 仲裁

国际货物贸易中的争议,如经友好协商与调解都未成功,而当事人又不愿意诉诸法院解决,则可采用仲裁办法。仲裁(arbitration)是指买卖双方达成协议,自愿将有关争议交给双方同意的仲裁机构进行裁决,且裁决是终局的。仲裁已成为国际上解决这种争议普遍采用的方式。仲裁的优势在于其程序简便,结案较快,费用开支较少,且能独立、公正和迅速地解决争议,给予当事人以充分的自治权。此外,仲裁还具有灵活性、保密性、终局性和裁决易于得到执行等优点。

4. 诉讼

争议双方经过友好协商与调解,都未达成和解,而他们又不愿采取仲裁方式,则可通过诉讼途径解决争端。诉讼具有下列特点。

① 诉讼带有强制性,只要一方当事人向有管辖权的法院起诉,另一方就必须应诉,争议双方都无权选择法官。

② 诉讼程序复杂,处理问题比仲裁慢。

③ 诉讼处理争议,双方当事人关系比较紧张,有伤和气,不利于以后贸易关系的继续发展。

④ 诉讼费用较高。

综上所述,友好协商与调解的使用都有一定的局限性,而诉讼也不是理想的途径,所以仲裁就成为解决合同争议广泛采用的一种行之有效的重要方式。

在此需要强调指出的是,我国一向提倡并鼓励以仲裁的方式解决国际商事争议。早在1956年,我国便已成立了涉外商事仲裁机构。50多年来,该机构在审理案件中,坚持根据事实,依照法律和合同规定,参照国际惯例,公平合理地处理争议和作出裁决,其裁决的公正性得到国内外的一致公认,我国现已成为当今世界上主要的国际商事仲裁中心之一。在我国进出口合同中一般都订立了仲裁条款,以便在发生争议时通过仲裁方式解决争端。

二、仲裁机构

国际贸易仲裁机构有临时仲裁机构和常设仲裁机构两种。临时仲裁机构是为了解决特定的争议而组成的仲裁庭。争议处理完毕,临时仲裁庭即告解散。常设仲裁机构又可分为两种:一种是国际性和全国性的特设机构。国际性的如国际商会仲裁院;全国性的如英国伦敦国际仲裁院、美国仲裁协会、瑞典斯德哥尔摩商会仲裁院、瑞士苏黎世商会仲裁院、日本商事仲裁协会等。中国国际贸易促进委员会附设的对外经济贸易仲裁委员会,也属于全国性的常设仲裁机构。另一种是附设在特定的行业组织之内的专业性仲裁机构。如伦敦谷物商业协会等。常设仲裁机构有负责组织和管理有关事项的人员,为仲裁提供方便,因此在仲裁条款中通常都选用适当的常设仲裁机构。

如双方同意在中国仲裁,合同内应订明争议由中国国际贸易促进委员会对外经济贸易仲裁委员会仲裁。该委员会受理的案件可分四类。

① 对外贸易契约和交易中所发生的争议,特别是外国商号、公司或者其他经济组织同中国商号、公司或者其他经济组织间的争议。

② 中国商号、公司或者其他经济组织间的争议。

③ 当事人双方都是外国商号、公司或者其他经济组织间的争议。

④ 有关中外合资经营企业、外国来华投资建厂、中外银行相互信贷等各种对外经济合作方面所发生的争执。

三、仲裁协议

1. 仲裁协议的形式

仲裁协议必须采用书面形式。一种是双方当事人在争议发生之前订立的,表示一旦发生争议应提交仲裁,通常为合同中的一个条款,称为仲裁条款。另一种是双方当事人在争议发生后订立的,表示同意把已经发生的争议提交仲裁的协议,往往通过双方函电往来而订立。

2. 仲裁协议的作用

① 表明当事人双方愿意将他们之间的争议交由仲裁庭来裁决,仲裁裁决对双方都具有约束力。

② 表明仲裁庭取得了对争议案件的管辖权。任何机构都无权受理没有仲裁协议的案件。

③ 排除了法院对争议案件的管辖权。世界上除极少数国家外,各国的法律一般都规定法院不受理争议

双方订有仲裁协议的争议案件。即使一方当事人违反仲裁协议向法院起诉,另一方可依据仲裁协议排除法院的管辖权,一方当事人如果对仲裁裁决不服向法院起诉或上诉,法院一般也不受理。当事人在订立合同时,如果希望用仲裁方式解决争议,应该在合同中订有仲裁条款。一旦发生争议,任何一方都有权将争议提交仲裁庭解决,同时也排除了另一方通过诉讼解决的途径。

以上三方面的作用是相互联系,不可分割的,其中最重要的一点是排除法院对有关争议案件的管辖权。

3. 仲裁协议的内容

一般应包括仲裁地点、仲裁机构、仲裁程序、仲裁裁决的效力及仲裁费用的负担等。仲裁地点是协议中最为重要的一个问题。因为仲裁地点与仲裁适用的程序和合同争议所适用的实体法密切相关。通常均适用于仲裁所在地国家的仲裁法和实体法。

我国进出口贸易合同中的仲裁地点一般采用下列三种规定方法。

① 力争规定在我国仲裁。
② 规定在被诉方所在国仲裁。
③ 规定在双方同意的第三国仲裁。

由于我国企业目前大多缺乏在国外申诉的能力,所以应力争在我国仲裁。

仲裁裁决是终局的,对双方当事人均有约束力,不得向任何机构提出变更裁决的请求。仲裁费用的负担可在协议中订明,通常由败诉方负担,也可规定由仲裁庭裁决。

四、买卖合同中的仲裁条款

国际买卖合同中的仲裁条款通常包括仲裁范围、仲裁地点、仲裁机构、仲裁规则和程序、仲裁裁决的效力等内容。

对仲裁条款表达如下:凡因执行本合同所发生的或与本合同有关的一切争议,双方应通过友好协商解决;如果协商不能解决,应提交北京中国国际贸易促进委员会对外经济贸易仲裁委员会根据该会的《仲裁程序暂行规则》进行仲裁,仲裁的裁决是终局的,对双方都有约束力。

All disputes arising from the execution of, or in connection with this contract, shall then be settled amicably through negotiation. In case no settlement can be reached through negotiation, the case shall then be submitted to the Foreign Economic and Trade Arbitration commission of the China Council for the Promotion of International Trade, Beijing for arbitration in accordance with its Provisional Rules of Procedure. The arbitral award is final and binding upon both parties.

思考题与情景实训

一、名词解释
    1. 罚金条款   2. 索赔   3. 不可抗力   4. 仲裁
二、简答
    1. 索赔期限的起算时间有哪些具体规定?
    2. 对不可抗力条款有哪两种处理方法?

3. 在进出口业务中，商品的商检证书有哪些？
4. 仲裁条款的内容有哪些？
5. 简述异议索赔条款和罚金条款的主要区别。
6. 简述仲裁协议的形式及其作用。

三、情景实训
1. 我某出口企业以CIF纽约条件与美国胜美公司订立了20，000套服装的出口合同。合同规定2010年12月交货。11月底，我企业出口商品仓库发生雷击火灾，致使一半左右的出口服装烧毁。我企业以发生不可抗力事故为由，要求免除交货责任，美方不同意，坚持要求我方按时交货。我方无奈经多方努力，于2011年1月初交货，美方要求索赔。试问：①我方要求免除交货责任的要求是否合理？为什么？②美方的索赔要求是否合理？为什么？

2. A国的甲公司与B国的乙公司签订了购销麻纺织品的合同：约定由甲公司于2010年12月底之前交付200吨麻纺织品给乙公司，而当乙公司收到100吨货物后，于2010年5月明确通知甲公司由于麻纺织品销路不畅，不会接收甲公司的继续供货。这时甲公司仓库下存麻纺织品10吨，甲公司为了盈利，在收到乙公司通知后，继续按双方合同约定为乙公司收购了其余的90吨麻纺织品。后因乙公司拒绝接收后100吨麻纺织品酿成纠纷。请问：本案谁违约？应如何处理？

3. 国内某公司于某年11月2日与伊朗签订了一份进口合同，交易条件为FOB。后因战争爆发，我方接货货轮无法驶抵伊朗，到战争结束后，我方方能派船接货，而外商以我方未能按时派船接货为由，要求我方赔偿其仓储费。外商这一要求是否合理？

4. 我国某公司与新加坡一家公司以CIF新加坡的条件出口一批产品，订约时，我国公司已知道该批货物要转销美国。该货物到新加坡后，立即转运美国。其后新加坡的买主凭美国商检机构签发的在美国检验的证明书，向我提出索赔。问，我国公司应如何对待美国的检验证书？为什么？

阅读连接

1. http://www.fl168.com/jc2003/findlaw2.asp？pageno=1&lid=10023#mybottom
·《联合国国际货物销售合同公约》
2. http://www.aqsiq.gov.cn/qyhypd/fzwz/
·国家质量监督检验检疫总局网站

第九章　服装进出口合同的商定与履行

- 第一节　合同的磋商
- 第二节　合同的签订
- 第三节　出口合同的履行
- 第四节　进口合同的履行

目的与要求

通过本章内容的学习,使学生了解交易磋商的内容和形式;全面掌握交易磋商的程序;了解合同签订的内容、形式以及有效合同须具备的条件;熟悉出口合同和进口合同履行的基本程序。

重点与难点

交易磋商的程序;出口合同和进口合同履行的基本程序。

第一节　合同的磋商

服装国际贸易必须遵循国际法的基本原则，在国际法的框架内通过买卖双方合同磋商和订立合同来进行。合同磋商（business negotiation）就是交易双方就交易条件进行洽商以求达成一致协议的具体过程。合同的订立一般都要经过准备、询盘、发盘、还盘、接受和签约等几个阶段。合同磋商和订立合同是国际贸易的重要环节，买卖双方一旦达成交易、签订合同，就要依合同办事，违约则需承担相应的责任。

一、磋商的含义及内容

合同磋商，是指买卖双方为购销某项货物就各项交易条件进行洽商，以求达成一致协议的具体过程。它是国际货物买卖过程中不可缺少的一个重要环节，也是签订买卖合同的必经阶段。合同磋商决定交易的成败和合同质量的高低，它直接关系到进出口企业的经济利益、合同双方当事人的权利和义务，所以买卖双方都应重视合同磋商环节的工作。

合同磋商的内容一般包括交易的标的、交易标的的价格、交易双方的责任划分、预防争议的发生和争议发生时的处理办法等。通常把上述几方面内容具体为以下12项条件：品名、品质、数量、包装、价格、交货、支付、保险、检验、索赔、仲裁以及不可抗力等。其中前7项为主要交易条件，后5项为一般交易条件。这些交易条件，在磋商中都要明确下来。

主要交易条件是指每一笔交易都必须商谈的条件，是合同成立与否的主要依据之一，包括品名、品质、数量、包装、价格、交货、支付。一般交易条件是指每一笔交易都适用的一些基本条件，包括：① 有关预防和处理争议的条件；② 有关主要交易条件的补充说明（如品质或数量机动幅度、保险险别和适用保险条款等）；③ 个别的主要交易条件（如凭不可撤销即期信用证支付，通常采用的包装方法等）。通常在交易双方开始建立业务关系时就事先谈好，适用于双方以后的每一笔交易，包括检验、索赔、仲裁以及不可抗力。

把国际贸易中的交易条件区分为主要交易条件和一般交易条件，既有利于突出谈判重点，又可以简化谈判内容，加速磋商进程，节省磋商时间和费用。

二、合同磋商的形式

合同磋商的形式一般有三种。一是书面洽谈方式，即交易双方通过信函、电报、传真或电传等通讯方式磋商。今后随着电子数据交换（EDI）通讯方式的普及，也可通过EDI进行交易，开展"无纸贸易"（paperless trade）。二是口头洽谈方式，主要指交易双方当面直接协商或通过电话协商，包括我外贸企业邀请国外客户来访，参加各种商品交易会（如广交会），以及由我方派遣业务人员、贸易代表团或委托驻外机构在当地洽谈等面对面的磋商。三是行为表示方式，如在拍卖市场拍卖或购进等。目前，国际贸易磋商使用最多的方式是书面洽谈。

三、合同磋商的程序

合同磋商的一般程序可概括为询盘（inquiry）、发盘（offer）、还盘（counter offer）和接受（acceptance）四个环节，其中发盘与接受是达成交易所必不可少的、起决定性作用的两个环节。

（一）询盘

询盘，也叫询价，是交易的一方为购买或销售货物而向对方提出的有关交易条件的询问。询盘既可由买方发出，也可由卖方发出。由买方发出，一般被称为邀请发盘；由卖方发出，习惯上将其称为邀请递盘。询盘的内容以对价格的询问为主，有时也会涉及商品的品质、数量（重量）、包装、装运条件等内容。询盘往往是交易的起点，但并不是合同磋商的必经阶段。

例如，美国某买方于2011年11月8日向我国某外贸公司发来询盘：

拟订购涤67%、棉33%男衬衫5000件，请电告最低价格及最快交货期。

Booking polyester 67% cotton 33% men's shirt 5000 pieces, please cable lowest price earliest delivery.

（二）发盘

发盘，又称发价、报盘、报价，是指交易的一方为出售或购买某种商品，向交易另一方提出买卖该种商品的交易条件，并愿意按照所提条件与对方达成交易，订立合同的表示。其中，发出发盘的一方称为发盘人，发盘的对象方称为受盘人。

在实际业务中，发盘往往是发盘人在收到对方的询盘后发出的，但也可以在未收到询盘的情况下由发盘人直接向受盘人发出。发盘大都由卖方发出，少数由买方发出。由卖方提出的习惯上称为卖方发盘，由买方发出的发盘习惯上称为买方发盘，或称递盘（bid）或订单（order）。

发盘具有法律效力。在发盘有效期内，发盘人受其约束，不得任意撤销或修改其内容，一旦被受盘人接受，交易即告成立，承担按发盘条件与对方订立合同的法律责任。

1. 构成有效发盘的必要条件

发盘具有法律效力，因此对发盘的要求也相应是严格的。《联合国国际货物销售合同公约》明确规定："向一个或一个以上特定的人提出的订立合同的建议，如果十分确定并且表明发价人在得到接受时承受约束的意旨，即构成发价。"据此，一项有效的发盘应具备以下条件。

① 发盘必须具有特定的对象。在发盘中必需指定一个或一个以上特定的受盘人，只有这些特定的受盘人才可以对发盘表示接受并与发盘人签订合同。若发盘中没有指定受盘人，它便不能构成有法律约束的发盘，而只能被视为邀请发盘。提出此项要求的目的在于，把发盘同普通商业广告及向国外客户广为散发的商品价目单等行为区别开来。但是，也应该注意，如果提出建议的人在广告或价目单中做出特定的承诺，表示自己愿意承受其约束，也可以视作一项有效的发盘。

② 发盘必须表明订立合同的意旨。在发盘中，发盘人必须表明自己有责任在受盘人做出有效接受时与其订立合同。这种订立合同的意旨通常可以用有关术语或词句表示，如"发盘"、"发价"、"供应"或"递盘"、"订购"、"订货"等；也可以从发盘的整个内容、当事人相互之间的关系以及合同磋商的先后情况做出判断。《联合国国际货物销售合同公约》第二章第八条第三款做了这样规定："在确定一方当事人的意旨或一个通情达理的人应有的理解时，应当适当地考虑与事实有关的一切情况，包括谈判情形，当事人之间确立的任何习惯做法、惯例和当事人其后的任何行为。"当然，若发盘中没有明确的文字表明订立合同的意旨，或这种意旨不能肯定时，受盘人最好还是向对方提出，以避免日后争议。

③ 发盘的内容必须十分确定。发盘内容的确定表现为发盘中的交易条件是完整的、明确的和终局性的。所谓完整，即主要交易条件完备，一旦这些条件为受盘人所接受，便足以构成一项有效的合同；所谓明确，即意思表达清楚，解释确切，没有含糊不清、模棱两可的词句，如"大概"、"大约"、"参考价"等；所谓终局性，即发盘中不附有任何保留及限制性条件，如"以我方最终确认"、"以商品未售有效"等。

④ 发盘必须送达受盘人。发盘于送达受盘人时才生效，在此之前，即使受盘人通过其他途径知道了发

盘内容，也不能在收到发盘前主动对该发盘表示接受。如果发盘在传递过程中被误投或遗失，以致受盘人没有收到，则该发盘无效。如果发盘在发出后，在受盘人收到之前发盘人以更快的传递方式撤回发盘，只要撤回通知比发盘先到或同时到达受盘人，则该发盘可以撤回。

以上是构成一项有效发盘的四个必要条件，也是考查发盘是否具有法律效力的标准。凡符合这四点者，则称实盘（firm offers），反之，称虚盘（non firm offers）。

例如，中国公司A于2008年11月8日向法国公司B发盘："可供纯棉男式半袖T恤衫10000件，FOB洛杉矶9.8美元"，该发盘于2008年11月11日到达B公司。2008年11月10日A公司收到B公司来电："欲向你方购买10000件纯棉男式半袖T恤衫，FOB洛杉矶9.8美元。"此时A和B公司合同不成立。因为B公司在A公司的发盘生效前（2008年11月11日）向A公司发电表示："欲购买10000件纯棉男式半袖T恤衫"，这属于交叉发盘。

2. 发盘应注意的问题

关于发盘，以及判断发盘是否有效，在实际业务中必须注意四个问题。

（1）关于发盘的有效期问题

发盘都有一个有效期，只有在有效期内，受盘人对发盘的接受才有效，发盘人才承担按发盘条件与受盘人成交的责任。发盘的有效期可以在发盘中明确规定，也可以不做明确规定。明确规定有效期不是构成发盘的必要条件。若无明确规定有效期，按照国际贸易惯例，发盘在合理时间内接受有效。但是，国际上对"合理时间"没有明确、统一的解释，一般由商品的特点和行业习惯决定，容易引起争议，因此在实际业务中最好还是明确规定有效期为宜。

明确规定有效期，常见的做法是在发盘中规定一个最后时限。这时发盘人既要在发盘中规定最后时限的具体日期，也要说明受盘人的接受是在这一日期前发出的，还是在这一日期前送达发盘人，还要说明该日期是以何处的时间为准。如"本发盘限3月2日复到，以我方时间为准"。明确规定有效期，也可以只规定一段有效期限，如"本发盘有效期5天"。有效期一般从发盘发出时起算，至接受送达原发盘人时止。如果有效期的最后一天是发盘人所在地的正式假日或非营业日，则发盘的有效期可顺延到下一个营业日。这种规定方法是《联合国国际货物销售合同公约》允许的，但在具体业务中却经常引起争议，实际业务中使用较少。

若发盘采用的是口头表达方式，则除非交易双方另有约定，受盘人必须立即表示接受才有效。

（2）关于主要交易条件是否完整的问题

主要交易条件完整是构成有效发盘的一项必要条件。在实际业务中，判断一个发盘的主要交易条件是否完整，不应当从形式上判断，要看发盘内容的实质；不能孤立地以一函一电为依据，而应系统地考察交易双方的业务关系和合同磋商的整个过程。具体考虑的内容如下。

① 交易双方事先已建立业务关系，若干主要交易条件已在一般交易条件中作出规定，如"支付方式：即期不可撤销信用"。这样，在磋商某一具体商品交易或在发盘时，不需要重复这些"一般交易条件"协议中已经规定的内容。

② 交易双方在长期交易中已形成一些习惯做法或惯例，如卖方在收到买方信用证后14天内发货。这些习惯做法已为双方理解和承认，无须在每项发盘中一一列举。

③ 交易双方在合同磋商的过程中，对某些交易条件已经明确，这些条件在以后的发盘中也往往不再重复。

在上述情况下，一项发盘的主要交易条件形式上不完整，但实际上是完整的，应予以肯定。

（3）关于发盘的撤回和撤销问题

发盘的撤回，是指发盘人在发盘产生法律效力之前取消他所承担的受该发盘约束的责任。如前所述，发盘送达受盘人时生效，如果撤回通知在此之前或与发盘同时送达受盘人，发盘可以撤回。

发盘的撤销，是指发盘人在发盘发生法律效力之后取消他所承担的受该发盘约束的责任。不同的国家对发盘能否撤销有不同的规定，《联合国国际货物销售合同公约》则对此做了折中。《联合国国际货物销售合同公约》规定，若发盘人撤销发盘的通知于受盘人发出接受通知之前送达受盘人，则发盘得以撤销。但若在发盘中规定了有效期，或通过其他方式表明该发盘不可撤销，或受盘人有理由信赖该发盘是不可撤销的，并已本着对该发盘的信赖行事，则该发盘不可撤销。

（4）关于发盘的失效问题

一项发盘在被接受之前，在下列情况下可以认为已经失效。

① 过期。若受盘人未在发盘规定的有效期或合理时间内接受发盘，则该发盘失效。

② 拒绝或还盘。若受盘人对发盘表示拒绝或还盘，则该发盘立即失效。

③ 撤销。若发盘被发盘人有效撤销，则至撤销通知送达受盘人时失效。

④ 不可抗力。若发生了不可抗力事件，如政府突然颁布出口或进口禁令、突然实施对某国的封锁、突然爆发战争以及发盘人或受盘人突然丧失行为能力或死亡或破产，则该发盘失效。

（三）还盘

还盘，又称还价，是指受盘人对发盘内容不同意或不完全同意而提出修改或变更的表示。还盘既是受盘人对发盘的拒绝，也是受盘人以发盘人的地位做出的一项新的发盘。法律上称还盘为新要约。因此，还盘与发盘一样，也分为有约束力的还盘和没有约束力的还盘两种情况，只有有约束力的还盘才能成为一项新的发盘。判断还盘是否具有约束力的条件也与发盘一样。还盘一般只限于各交易条件，而不纠缠枝节问题；只涉及受盘人要求修改的部分，对双方已经同意的条件一般无须重复列出。

还盘不是合同磋商的必经阶段。有时交易双方无需还盘即可成交；有时则要经过多次还盘、再还盘才能对各项交易条件达成一致；还有虽经反复多次还盘，但终因双方分歧太大而不能成交。在实际业务中，对客户的还盘与再还盘应认真研究。首先要判断还盘的性质，即是否具有法律约束力；其次是分析还盘中修改或变更的内容；然后再结合市场动态、客户经营作风、其他客户的还盘及我方的经营意图等情况做出处理，有的接受，有的可以再还盘。同时，在我方的还盘中，也同样要注意还盘是否具有法律约束力问题。

例如，中国A公司于2008年3月1日向美国B公司发盘："现有真丝男短袖5000件，CIF洛杉矶15美元，不可撤销信用证支付，2008年10月可供货。"2008年3月7日，美国公司来电："接受你方报盘。交货期提前至7月底。"此时，美国公司的来电实际上是进行了还盘。因为美国公司将交货期限提前到了7月底，对交货期这一主要交易条件进行了修改，对中国公司的2008年3月1日的发盘构成了实质性的变更。

（四）接受

接受（acceptance）在法律上称为承诺，是交易的一方无条件地同意对方在发盘或还盘中所提出的交易条件，并愿意按这些条件与对方成交、签订合同的表示。它与发盘一样，接受一经做出，也就承担了与对方订立合同的法律责任。接受是合同磋商的最后一个环节，也是合同磋商必经的一个最重要环节。

1. 构成有效接受的必要条件

接受是合同磋商的结果，是合同成立的依据。与发盘一样，一项有效的接受必须具备一定的条件。这些条件如下。

① 接受必须由特定的受盘人做出。这个条件实际上是与构成发盘的第一个条件相对应的。只有发盘中指定的受盘人才能对发盘表示接受，任何第三方对发盘的接受对于发盘人来说都没有约束力，只能被认为是第三方对原发盘人做出了一项新的发盘。

② 接受必须明确表示出来。接受必须由特定的受盘人表示出来，缄默或不采取任何行动不能构成有效的接受。一般来说，对口头发盘要立即做出口头接受，对书面形式的发盘也要以书面形式表示接受。在表示接受时，往往要重述发盘中的主要交易条件，以免出现差错。另外，若交易双方已形成某种习惯做法，

受盘人也可以采取某些行动对发盘表示接受。例如，卖方直接按发盘条件发运货物，或者买方立即开来信用证等行为，都可以看作是对发盘的接受。

③ 接受必须在发盘的有效期内送达发盘人。发盘中往往规定发盘的有效期，发盘人只在这个期限内承担按发盘条件与受盘人成交的责任。若接受通知未能在发盘有效期或合理时间内送达，则该接受成为一项逾期接受，原则上对发盘人没有约束力，只相当于受盘人对原发盘人做出的一项新的发盘。

④ 接受的内容必须与发盘相一致。受盘人必须无条件地同意发盘的全部内容才能与发盘人成交，这也是接受的基本原则。如果受盘人在对发盘表示同意的同时对发盘的内容进行了修改或提出了某些附加条件，只能认为他拒绝了原发盘并构成一项还盘，而不是有效的接受。

2. 接受应注意的问题

关于接受以及判断接受是否有效，在实际业务中必须注意以下4个问题。

（1）关于逾期接受问题

从原则上讲，逾期接受是一项无效的接受。但是，《联合国国际货物销售合同公约》同时又主张，一项逾期接受是否有效应取决于发盘人。如果发盘人认为逾期接受是可以接受的，并毫不迟延地以口头或书面形式通知受盘人，则该逾期接受有效；如果是因传递不正常而延误，造成逾期接受，则除非发盘人在收到该逾期接受时毫不迟延地以口头或书面方式通知受盘人原发盘已失效，否则该逾期接受就仍然有效。

例如，中国公司A与一英商洽谈一笔交易。我方2008年6月7日的电报发盘中规定6月12日复到有效。该电报发盘于6月9日到达英方。对方于6月10日以电报表示接受。我方于6月14日才收到该项复电。此时合同仍然是成立的，除非我方毫不迟延地表示拒绝，因为对方的电报接受是因为邮寄原因而逾期。

（2）关于有条件接受问题

从原则上讲，有条件的接受是一项无效的接受。但是有两种情况必须注意。

① 一方在接受另一方发盘的前提下，提出某种希望或建议，例如，要求在可能情况下提前装运。这是一种期望，不是对发盘提出的更改条件。这种期望无论发盘人同意与否，都不影响交易的成立，应视为有效接受。

② 接受通知内载有某些更改条件，但这些更改在实质上并不变更发盘的条件，只要发盘人没有及时表示异议，仍能构成有效接受而成立合同，而且合同条件以发盘的条件以及接受通知内所载的更改为准。《联合国国际货物销售合同公约》规定，凡接受中载有关于价格、支付、商品的品质和数量、交货的时间和地点、赔偿责任范围或解决争端等方面的更改条件，均视为在实质上变更了发盘的条件。换言之，涉及上述范围内容的更改属于实质上的更改，非上述内容的更改为非实质上的更改。但这种笼统规定，各方可有不同解释。为了避免不必要的争议，遇到对方附有更改条件的接受，如不能同意，应及时通知对方。

（3）关于接受的撤回和撤销问题

按《联合国国际货物销售合同公约》规定，接受于送达发盘人时生效。因此，若撤回或修改通知先于接受，或与接受同时到达发盘人，受盘人就可以在接受生效前将其撤回或对其进行修改。但已生效的接受是不得撤销和修改的。在接受的撤回问题上，《联合国国际货物销售合同公约》的规定同遵循"到达原则"的大陆法系国家的法律规定一致，但英美法系国家依据"投邮原则"认为接受在发出时即生效，因此接受不能撤回。我们应注意到法律规定上的这种差别，以免在实际业务中产生误解或争议。

（4）对综合盘和复合盘的接受

综合盘也称为联合发盘或一揽子发盘，它是将两个或两个以上的发盘搭配在一起，作为一个发盘对外发出。对综合盘，受盘人只能全部接受或全部拒绝，若接受其中的一部分而拒绝另一部分，就构成了受盘人的还盘。

复合盘是发盘人向受盘人同时发出的两个或两个以上的各自独立的发盘，受盘人可以接受其中的一部分发盘而拒绝另一部分发盘。

第二节 合同的签订

按《联合国国际货物销售合同公约》规定，在合同磋商中，一方的发盘为另一方所接受，合同即告成立。《中华人民共和国合同法》明确规定，依法成立的合同，自成立时生效，对当事人具有法律约束力，并受法律保护。

一、签订书面合同的意义

我国对合同的形式作了保留，规定国际买卖合同必须采用书面形式，方有效。签订书面合同具有以下三方面的意义。

① 作为合同成立的证据。根据法律要求，合同是否成立，必须要有证明。通过口头磋商达成的交易，举证一般难以做到。一旦双方发生争议，需要提交仲裁或采用诉讼时，如果没有充足的证据，则很难得到法律保护。

② 有时可作为合同生效的条件。交易双方在发盘或接受时，如声明以签订一定格式的书面合同为准，则在正式签订书面合同时合同方为成立。

③ 作为合同履行的依据。书面合同中明确规定了买卖双方的权利和义务，作为合同履行的依据。

二、合同有效成立的条件

一方的发盘经对方有效接受，合同即告成立，但使合同具有法律效力、受到法律保护，需具备以下几个条件。

1. 合同当事人必须具有订立合同的行为能力

签订买卖合同的当事人主要是自然人或法人。按各国法律的一般规定，自然人签订合同的行为能力，是指精神正常的成年人才能订立合同，未成年人、精神病人等订立合同必须受到限制。关于法人签订合同的行为能力，各国法律一般认为，法人必须通过其代理人，在法人的经营范围内签订合同，越权签订的合同不具有法律效力。

《中华人民共和国合同法》第九条规定："当事人订立合同，应当具有相应的民事权利能力和民事行为能力。"

2. 合同必须有对价或约因

合同必须有对价或约因是指合同当事人之间必须相互给付、互为有偿。英美法认为，对价（consideration）是指当事人为了取得合同利益所付代价，即买卖双方互为有偿，相互给付。法国法认为，约因（cause）是指当事人签订合同所追求的直接目的，例如，一方交出货物是为了得到货款，而另一方支付货款是为了得到货物。按照英美法和法国法的规定，合同只有在有对价或约因时，才是法律上有效的合同，无对价或无约因的合同，是得不到法律保障的。

3. 合同的内容必须合法

是指签订合同不得违反法律，不得违反公共秩序或公共政策，以及不得违反善良风俗或道德三个方面。我国《合同法》第7条规定："当事人订立、履行合同应当依照法律、行政法规，尊重社会公德，不得扰乱社会经济秩序，损害社会公共利益。"例如倒卖文物、走私国家保护的动植物产品等，均属于违法行为。

4. 合同必须符合法律规定的形式

世界上大多数国家，只对少数合同才要求必须按法律规定的特定形式订立，而对大多数合同，一般不从法律上规定应当采取的形式。《中华人民共和国合同法》第十条规定:"当事人订立合同,有书面形式、口头形式和其他形式。"

5. 合同当事人的意思表示必须真实

各国法律都认为,合同当事人的意思表示必须是真实的才能成为一项有约束力的合同,否则这种合同无效。《中华人民共和国合同法》第五十二条规定:"有下列情形之一的,合同无效:

① 一方以欺诈、胁迫的手段订立合同,损害国家利益;

② 恶意串通,损害国家、集体或者第三人利益;

③ 以合法形式掩盖非法目的;

④ 损害社会公共利益;

⑤ 违反法律、行政法规的强制性规定。"

三、书面合同的形式和内容

(一) 合同的形式

合同的形式是合同当事人内在意思的外在表现形式。在国际贸易中,交易双方订立合同有书面形式、口头形式和其他形式。书面形式是指合同书、信件和数据电文(包括电传、电报、传真、电子数据交换和电子邮件)等可以有形地表现所载内容的形式。此外,法律、行政法规规定采用书面形式以及当事人约定采用书面形式的,应当采用书面形式。在服装的进出口业务中,书面合同可大体分为正式合同和确认书两种。

附:销售合同示例

销 售 合 同

SALES CONTRACT　　　合同号 NO.

正 本

ORIGINAL　　　日期 DATE:

卖方

Seller:

地址

Address:

电话　　　　　　　　　　　　传真

Tel:　　　　　　　　　　　　Fax:

买方

Buyer:

地址

货物名称及规格 NAME OF COMMODITY AND SPECIFICATION	数 量 QUANTITY	单 价 UNIT PRICE	金 额 AMOUNT

Address:

电话　　　　　　　　　传真

Tel:　　　　　　　　　Fax:

兹经买卖双方同意成交下列商品订立条款如下:

The undersigned Sellers and Buyers have agreed to close the following transaction according to the terms and conditions stipulated below:

总值

TOTAL VALUE

装运

SHIPMENT :

付款条件

PAYMENT :

包装

PACKING

唛头

MARKS & NOS.

保险

INSURANCE :

　　　　买方　　　　　　　　　　　　　　卖方

　　　　THE BUYER　　　　　　　　　　　THE SELLER

(二）书面合同的内容

书面合同不论采取何种格式，其基本内容通常包括约首、约尾和基本条款三个组成部分。

1. 约首

一般包括合同名称、合同编号、缔约双方名称和地址、电话、传真或电子邮件号码、合同签订的日期和地点等内容，通常还写明双方订立合同的意愿和履行合同的保证。

2. 本文

又称合同的基本条款，是合同的主要组成部分，包括品名、质量规格、数量、包装、价格、交货、保险、支付、检验、索赔、不可抗力和仲裁等条款。即经过合同磋商达成一致的条款，体现了双方当事人具体的权利和义务。

3. 约尾

通常包括合同使用的文字及其效力、合同的份数、附件及其效力、订约双方当事人的签字等项内容。

第三节　出口合同的履行

在服装国际贸易中，买卖合同一经依法有效成立，有关当事人就必须履行合同规定的义务，这是当事人双方共同的责任。合同当事人都应重合同、守信用，否则，违约的一方就必须承担法律责任。

由于每笔进出口交易当事人在合同中选择的贸易术语、运输方式、支付方式等贸易条件不同，则合同的履行往往要经过不同的环节。我国绝大多数出口合同都采用CIF或CFR贸易术语，并且一般都采用信用证付款方式，故在履行这类合同时必须切实做好备货、催证、审证、改证、租船订舱、报验、报关、投保、装船和制单结汇等环节的工作。只有这些环节衔接得当，才能避免出现"有货无证，有证无货，有船无货，有货无船，单证不符，单单不符"等问题。使出口企业全面、适当履行合同义务，并按时全额收回货款。

一、备货、报验

备货是指出口方根据出口合同和信用证规定，按时、按质、按量准备好应交货物，以保证按时出运。备货工作是履行合同的基础。备货工作的主要内容包括：根据合同和信用证规定，向生产部门、供货部门或仓储部门安排或催促、核实应交货物的品质、规格、数量，进行必要的加工整理，包装、刷制运输标志以及办理申报检验和领证。

在备货工作中应注意以下几个问题。

① 货物的品质、规格应与合同的规定一致。卖方所交货物品质低于或高于合同的规定，买方都可依卖方违约而拒收货物，因此货物的品质规格若与合同不符，应进行再加工或调换。

② 备货的数量应比合同的规定略多一些。以备在货物装船时出现短缺或破损时及时补足或调换。若合同中规定了溢短装条款，多备也可满足溢短装的需要。

③ 货物的包装和唛头与合同一致。应交货物的包装材料、包装方式等尽量与合同一致，但应注意进口国对包装材料的禁忌。并核实包装是否适应长途运输和保护商品要求，若发现包装有发霉、破损等不良情况，立即修整或改换，以免取得不清洁提单，遭到银行拒付。唛头的刷制要符合合同、信用证的规定，字迹清晰，位置醒目。同时注意包装上的其他标志符合合同约定，若合同未规定的标志，要符合进口国的规定，且不能违反有关禁忌。

④ 备货的时间应根据信用证的规定结合船期安排，使船货衔接好，以免出现"船等货"、"货等船"的

现象。

⑤ 卖方对所交的货物要享有完全的所有权，必须是第三人不能依据工业产权或其他知识产权主张任何权利及要求的货物。

凡属国家规定的法定检验检疫或合同规定必须经中国进出口商品检验检疫局检验出证的商品，在货物备齐后应向商品检验检疫机构申报检验检疫。只有取得检验检疫机构发给的合格检验检疫证书，海关才准放行。未经检验或检验不合格的货物，一律不得出口。

报验时，应提交出口商品检验申请书，并随附买卖合同、信用证副本等文件。商检机构接受报验之后，及时派人员赴货物堆存地点进行现场抽样鉴定。经检验合格后，商检机构需发检验合格证书，卖方应在检验证书规定的有效期内将货物装运出口，若出现延误，应向商检局申请延期，并进行复验，复验合格后，才准予出口。

在填制报验单时应注意以下几点。

① 报检单位应加盖公章，并准确填写本单位在检验检疫机构登记的代码。所列各项必须填写完整、准确、清晰，不得涂改。

② 报检日期，即报检人报检当天的日期。

③ H．S编码，按《商品名称及编码协调制度》中所列编码填写。以当年海关公布的商品税则编码分类为准。

④ 数（重）量，按实际申请检验检疫数（重）量填写。重量还应填写毛（净）重及皮重。

⑤ 生产单位注册号，填写出入境检验检疫机构签发的卫生注册证书号或加工厂库注册号码等。

⑥ 合同订立的特殊条款及其他要求，在合同中订立的有关检验检疫的特殊条款及其他要求应填入此栏。

⑦ 标记及号码，货物的标记号码，应与合同、发票等有关外贸单据保持一致。若没有标记号码则填"N/M"。

⑧ 用途，自以下9个选项中选择：(a)种用或繁殖；(b)食用；(c)奶用；(d)观赏或演艺；(e)伴侣；(f)试验；(g)药用；(h)饲用；(i)其他。

⑨ 随附单据，报检时随附的单据种类划"√"或补填。

⑩ 签名，由持有报检员证的报检人员手签。

⑪ 检验检疫费，由检验检疫机关计费人员核定费用后填写。

⑫ 领取证单，报检人领取检验检疫机关出具的有关检验检疫单证。

二、落实信用证

采用信用证结算方式的合同直接关系到进出口企业的收汇安全。因此，在履行合约的过程中，要重视对信用证的掌握、管理和使用，主要是包括催证、审证和改证等内容，这些都是与履行合同有关的重要工作。

1. 催证

按时开证是买方履行合同应尽的义务，是卖方正常履约的前提。尤其大宗商品交易，若买方未开立信用证，卖方无法安排生产或组织货源。出现买方迟延开证的情况时，卖方应结合备货情况及时催证。催证实质上是一种法律步骤，如经催证对方仍不履行开证义务，应向对方提出"保留索赔权"的声明；反之，如不及时催证，则事后对方可借此推卸责任。

2. 审证

信用证是以合同为基础开立的，信用证条款应与合同内容一致，但在业务往来中，由于种种原因，如工作疏忽、贸易习惯的不同或买方故意列入对卖方不利的条款等，买方通过开证行开来的信用证可能会与合同条款不相符。为了维护自身的利益，信用证开列后，即应根据买卖合同并参照《跟单信用证统一惯例》的规定逐项认真的核对与审查。

审证是银行与卖方的共同责任，但他们审证侧重点不同。其中，银行着重审核该信用证的真实性，开证行的政治背景、资信能力、付款责任和索汇路线等方面的内容；出口公司着重审核信用证性质、内容与原订合同是否一致等。

审核的项目一般包括：

① 审核信用证的种类；

② 审核开证申请人和受益人；

③ 审核信用证的金额及其采用的货币；

④ 审核信用证有关货物的记载；

⑤ 审核信用证的到期地点；

⑥ 审核装运期和有效期；

⑦ 审核转船和分批装运条款；

⑧ 审核信用证的付款方式；

⑨ 审核要求提交的单据；

⑩ 审核信用证上印就的条款和特殊条款。

3. 改证

在审证过程中，如果发现信用证的内容与合同规定不一致，应区别对待，对于卖方可接受的条款，不要求修改，不能接受的条款应及时提请买方修改，并坚持在收到银行修改信用证通知后才能对外发货。同一信用证若有多处修改，应当一次提出，尽量避免由于我方考虑不周而多次提出修改要求，增加双方的手续和费用，并造成不良影响。依据《UCP600》规定，对同一修改通知书内容只能全部接受或拒绝，不能只接受其中一部分而拒绝另一部分。

三、租船订舱和装运

（一）租船订舱

按 CIF 条件成交，租船或订舱事宜由出口方办理。我国一般由出口方委托外运公司代办托运。大宗货物办理租船运输，不够整船的货物，由出口方依据合同、信用证的规定填写托运单，办理班轮运输。承运人在托运单上签章，运输合同即告成立，之后承运人签发装货单，托运人凭此办理装船手续。

出口方自办托运或货代接受了出口方的订舱委托后应缮制海运出口货物托运单。海运出口托运单是出口公司向外运公司提供出运货物的必要资料，是外运公司向船公司订舱配载及外轮公司与出口仓库或生产厂家之间往来提货的依据，同时也是货物出口装运过程中最重要的单据及日后制作提单、出口结汇的主要材料。在填制托运单时应注意以下几点。

1. 收货人

常采用指示收货人（to order 或 to order of…）填写方法。不标明具体收货人的名址，以方便单据的转让。但这种填写方法给船方通知货方提货增加了不便，需在通知栏中作必要的、明确的补充。

2. 通知人

托收支付方式下，合同一般不规定收货人和被通知人，此时，可填写为空白收货人栏目，被通知人栏填写买方的名址。若买方准备卖出在途货物，可能要求出口公司空白收货人栏目和被通知人栏目。为确保托运单的有效性和完整性，制单人可在副本托运单的被通知人栏中填写买方的名址。

3. 重量

应根据货物选择合适的重量计量方法填制。若一次装运的货物中有几种不同的包装材料（或几种不同的货物），应分别计算填写每一种包装材料（或每种货物）的毛、净重，最后再合计全部的毛、净重。我国出口货物托运单的填写，需以国际单位制规定的重量单位为计量单位，其中以千克和公吨的使用最多。

4. 货名

一般只写统称，不必具体标明分类货物的尺寸、规格和特点。但若出口货物同时含有几个大类的货物，应全部标明，不允许仅填写数量较多或金额较大一类的商品。货物分类的标准应尽量规范，可参照《海关合作理事会目录》（CCCN分类法）、联合国的《国际贸易标准分类》（SITC分类法）、《商品名称及编码协调制度》（H.S分类法）对商品的有关分类来制单，按列明货物计价，使货名尽可能合理且节约费用。

5. 数量

按最大包装的件数填制。船方为适应船舶运载能力，有时需在合同规定范围内对托运货物数量溢短装，因此托运货物数量有时会与合同中的规定不完全一致。如果出口货物的包装材料不同，或同一批出运的货物有若干种，每种包装方式不同，则应填清每种包装或每种货物的最大包装件数及每件包装中所含货物个数，直至最小包装，最后统计总件数及总个数。数量的填制也须采用国际单位制。

6. 尺码

一般按托运货物的尺码总数填写，其值略大于原先计算出的各件货物的尺码总和数，因为还需考虑货物堆积时的合理空隙所占的体积，该栏的正确测量和估计是保证船方在配载过程中正常装船的基础。其单位一般为立方米。

7. 有效期

按信用证的有效期填写，但若托运时间距离装运期限、信用证有效期限长，为保证及早装运，防止船方因此拖延安排装运，可将托运单上装运期与有效期两栏空白不填。

8. 制单日期

一般与发票签发日期相同，但有时按实际日期填写，这时货物尚未从生产公司或外贸仓库提出，发票尚未开立，托运单填具日期早于发票签发日期。

（二）装运

承运船舶抵港前，外贸企业或外运机构根据港区所作的货物进栈计划，将出口清关的货物存放于港区指定仓库或堆场。轮船抵港后，由港区向托运人签收出口货物港杂费申请书后办理提货、装船。

货物装船后由船上大副签署大副收据(Mate's Receipt，M/R，又称收货单)，如装船货物外表不良或包装有缺陷，船长或大副就会在大副收据上加以批注，即所谓"不良批注"，以分清船货双方的责任。托运人凭M/R向船公司换取正本已装船提单。

货物装船后，外贸企业或外运机构将缮制好的海运提单送交船公司或其代理，请求签字。船公司或其代理在审核海运提单所载内容与大副收据内容相符后，正式签发提单，并加注"已装船"字样和加盖装船日期印章，这种提单就是已装船清洁提单。如大副收据列有不良批注，船公司或其代理在签发提单时就要把所列批注照列于提单上，这种提单就是不清洁提单。

四、制单结汇

现代国际贸易绝大部分采用凭单交货、凭单付款方式。卖方以提交规定的单据作为其履行交货义务的象征和收取货款的依据，而买方则需凭合同的单据履行其付款的义务，因此，出口货物装船后应立即按照信用证的规定正确缮制各种单据，并在有效期内送交银行办理结汇。

出口单据种类很多，究竟需提交哪些单据，其内容、份数和制作方法，视不同的交易和信用证规定而定，现将几种常用出口单据制作和使用应注意的问题简要介绍一下。

(一)汇票

一般来说,议付信用证要求提供汇票,付款信用证不要求提供。卖方开具的汇票通常为一式两份,其中一份付讫,则另一份自动失效,卖方在缮制汇票时应注意以下几点。

① 汇票的付款人按信用证规定填写,若信用证没有规定具体的付款人,一般理解为开证行。如果是采取托收方式,一般汇票的付款人是进口商。

② 汇票的出票人与信用证的受益人为同一人,一般为卖方。

③ 汇票的收款人若信用证没有特别规定,可以作为"凭卖方指示"抬头,也可将议付行作为汇票的收款人。

④ 汇票的出票依据若信用证有规定,按照信用证的规定文句填写,若没有具体规定,在汇票上注明开证行名称、开证日期及信用证号码等。如属于托收方式下付款的凭证之一,则应在汇票上注明有关合同号码等。

⑤ 信用证项下的汇票,汇票的金额不能超过信用证的金额。若信用证没有规定,则应与发票金额一致。若信用证规定汇票金额为发票的百分之几,则按规定填写。这一做法,通常用于以含佣价向中间商报价,发票按含佣价制作,开证行在付款时代扣佣金的情况。

(二)发票

发票的种类很多,一般指的是商业发票,此外,还有海关发票、领事发票、厂商发票等。

1. 商业发票

简称发票,是卖方开立的发货清单,是买卖双方凭以交接货物和结算货款的主要单据,也是买卖双方报关、纳税不可缺少的单据之一。在信用证支付方式下,发票的内容与信用证的各项规定和要求相符。现行发票无统一格式,但主要的项目基本相同,包括编号、出票日期、合同号码、收货人名称、装运工具、起讫地点、唛头、品名、规格、数量、付款条件、单价、总值和支付方式等。卖方在缮制发票时应注意以下几点。

① 出口商名称。发票顶端必须有出口商名称、地址、电传、传真和电话号码,其中出口商名称必须填写。

② 发票名称。在出口商名称下,应注明"发票"(commercial invoice 或 invoice)字样。

③ 发票抬头人。通常为国外进口商。除非信用证另有规定,商业发票的抬头人必须是信用证开证申请人。

④ 发票号码,合同号码,信用证号码及开票日期。发票号码由出口商自行按顺序编制。合同号码和信用证号码应与信用证所列的一致,如信用证无此要求,亦应列明。开票日期不应与运单日期相距太远,但必须在信用证交单期和有效期之内。

⑤ 装运地和目的地。应与信用证所列一致,目的地应明确具体,若有重名,应写明国别。

⑥ 运输标志(唛头)。凡来证有指定唛头的,按来证制作。如无规定,由托运人自行制定。以集装箱方式装运,可以集装箱号和封印号码取代。运输单据和保险单上的唛头,应与发票一致。

⑦ 货物名称、规格、包装、数量和件数。填制发票上的品名、规格、数量、包装、价格条件及唛头等项目必须与信用证所规定的完全一致,不能有任何省略或改动。如需列明重量,应列明总的毛重和净重。

⑧ 单价和总值。发票的单价和总值必须准确计算,与数量之间不可有矛盾,应列明贸易术语。除非另有特殊规定,发票的总值不可超过信用证上的总金额,并应与汇票上的总金额相一致。

⑨ 出单人名称。发票由出口商出具,在信用证方式下,必须是受益人。《UCP600》规定,商业发票可以只标明出单人名称而不加签署。如需签字,来证中应明确规定,如 signed commercial invoice。

2. 海关发票

海关发票是进口国要求出口方按进口国海关规定的格式填写的发票。主要作为估价完税、确定原产地、征收差别待遇关税或征收反倾销税的依据。这类发票有下列三种不同的叫法：海关发票、估价和原产地联合证书、根据××国海关令发的证实发票。在填写海关发票的应注意以下几点。

① 各国海关发票，都有固定格式，不得混用。

② 海关发票的内容必须与商业发票保持一致。

③ 对"出口国国内市场价格"一栏，需慎重填写，若货价中包含运费保费，应分别列明原价、运费、保费。一般该价格不宜高于FOB价。

3. 领事发票

有些进口国要求卖方提供该国领事签证的发票。一般出口方不接受信用证中提供领事发票的条款。

4. 厂商发票

厂商发票是出口方所出具的以本国货币计价的发票。其目的是供进口国海关估价、核价及征反倾销税时使用。若信用证中要求提供厂商发票，参照海关发票的国内价格填写。

（三）海运提单

海运提单是货物采用海运时当承运人或代理人收到货物后签发给托运人的货物收据，同时它又是代表货物所有权的一种物权凭证，也是承运人与托运人之间运输契约的证明。提单不仅是托运人凭以结汇的重要单据之一，也是收货人在目的港换取提货单凭以提货的依据。

在缮制海运提单时，应注意以下问题。

① 收货人。习惯上称为提单抬头。这是提单中比较重要的一栏，应严格按照信用证规定填制，因为这一栏的填法直接关系到提单能否转让以及提单项下货物的物权归属问题。提单收货人按信用证的规定一般有三种填法，即空白抬头（to order，凭指示）、记名指示抬头（to order of，凭交货人指示、凭开证行指示等）、记名收货人抬头（由于记名收货人的提单对托运人的保障很少，一般很少使用）。

② 托运人。一般即为出口商，即信用证的受益人。根据《UCP600》第14条k款的规定，在任何单据中注明的托运人或发货人无须为信用证的受益人。银行也接受以信用证受益人以外的第三方为发货人，例如请货运代理做托运人。

③ 提单的货物名称。除信用证另有规定外，不能用概括性商品统称。不必列出详细规格，但应注意不能与来证所规定的货物特征相抵触。

④ 提单一般不具体填写运费金额，只填运费支付情况。CFR和CIF条件成交，应填写运费预付，FOB条件成交，一般填写运费到付，除非买方委托发货人代付运费。程租船一般只写明"as arranged"（按照约定）。如信用证另有规定，按信用证规定填写。

⑤ 提单上的目的港和件数。原则上应和运输标志上所列的内容相一致。对于包装货物在装船过程中发生漏装少量件数的情形，可在提单上运输标志件号前面加"EX"字样，以表示其中的缺件。

⑥ 提单签发份数。承运人一般签发正本提单1~3份，应在提单上注明正本（original）字样。提单正本张数也应在正本上注明，每份正本提单效力相同，只要其中一份凭以提货，其他各份立即失效。若信用证对提单正本份数有规定，则应与信用证规定一致，全套提单都要提交给银行作为议付单据。

⑦ 提单签署人。根据《UCP600》第二十条，提单必须由承运人或承运人的具名代理人或船长的具名代理人签署证实。

⑧ 有关装运的其他条款。如要求出口商提供航线证明、船籍证明、船龄证明或指定装运船名、指定转运港、指定用集装箱货轮等，可按我国有关部门规定和运输条件适当掌握，如属难以达到的条款或属不合理要求，必须向买方提出修改信用证。

（四）保险单

保险单是各类保险单据中最为常见的一种，由保险公司根据投保人提供的投保单以及合同、信用证、商业发票和运输单据进行缮制。也有一些保险公司不使用投保单清单,而是由投保人自己直接代保险公司缮制保险单,保险公司审核后填制保险险别及签单。保险单据作为议付单据之一,必须符合信用证的规定,因此,卖方应根据合同、信用证规定的内容进行审核。具体内容如下。

① 保险单据的名称。保险单据的种类是保险单还是保险凭证应符合信用证的规定。

② 投保人名称、抬头人。投保人名称必须与信用证受益人一致,其抬头人应符合信用证规定。

③ 唛头标记应与发票、信用证规定一致,可注明"As per invoice No. ……"。

④ 货物的名称、包装数量必须与发票、提单一致,可用统称。若是散装货物,则填"In Bulk"。

例如,我国某外贸公司出口涤棉男式衬衫10000件,客户开来信用证中注明商品的名称是"涤45%棉55%男士衬衫",我方发运货物后才持单据到银行发现发票上写的是"涤45%棉55%男士衬衫",而提单和保险单上仅写"男士衬衫",银行仍然需要按规定进行付款。这是因为根据《跟单信用证统一惯例》的规定:《商业发票上的货物、服务或履约行为的描述应该与信用证中的描述一致》即货物名称等必须与信用证完全相符,其他一切单据只要不与信用证规定的货物描述有抵触,即可使用货物统称。

⑤ 运输工具、日期、起讫地应与提单一致。

⑥ 承保险别应与合同、信用证一致。如来证要求的投保险别超过合同中的规定,应要求对方改证。或者按来证办理,但应要求对方在信用证上加注"超保费由买方负担,并允许受益人在信用证下超支(Additional premium between 110% and 130% of the invoice value are for buyer's account and beneficiary may draw in excess of L/C amount)"。如来证的信用证上有投保海上一切险(covering all marine risks)或可能发生的风险(covering eventual risks)或惯常险别(covering customary risks)之类的不确切词语,按《UCP600》规定不应使用这类词语。如已使用,银行按所提示的保险单据予以接受,但对未投保的任何险别不予负责。还有的来证要求投保A.A.R险,这是all and any risks或against all risks的意思,我们只要投保一切险加战争险、罢工险即可。

⑦ 保险金额。按信用证或合同规定,如无此规定,则按CIF发票金额加成10%。保险金额由金额数目和币种两部分组成,金额数目只取整数;投保币别应与信用证、发票所载币种一致,除非信用证另有规定。

⑧ 保费及费率。通常保险公司已在此栏印就"as arranged"(按约定)字样,无须填写。若信用证要求详细列明,应按来证要求列明。

⑨ 保险公司在目的地或附近地区有代理人,应有详细地址,以便收货人在出险后提出索赔。

⑩ 保单日期不得晚于运输单据的日期。

如发现投保项目有错误或遗漏,特别是涉及保险金额的增减、保险目的地的变更、船名有误等,投保人应立即向保险公司提出批改申请,由保险公司出立"批单(endorsement)",保险单一经批改,保险公司即按批改后的内容承担责任。申请批改必须在被保险人不知有任何损失事故发生的情况下,在货物到达目的地之前或货物发生损失以前提出。

(五)产地证明书

这是一种证明货物原产地或制造地的证件,提供给进口国海关凭以确定货物的生产国别,是进口国海关采取不同的国别政策和关税待遇的依据。产地证明一般由出口地公证行或工商团体签发。在我国,一般由中国进出口检验局或中国贸促会签发。

第四节 进口合同的履行

进口合同签订以后,作为买方,需要按时履行付款、收货的义务,同时,也要督促卖方按合同规定履行其按时交货、及时交单和转移货物所有权的义务。

我国的进口贸易大多使用FOB条件成交，只有少数使用CIF和CFR条件。如按FOB价格条件和信用证支付方式成交，履行这类进口合同的一般程序是：开立和修改信用证、安排运输和办理保险、审单和付款、报关、报验、索赔。

一、开立信用证

进口合同签订后，及时开立信用证是买方的主要义务之一。买方应按照合同规定向银行提交开证申请书及进口合同副本，办理开证手续。开证申请书的内容应与合同条款相一致，如品质、规格、数量、价格、交货期、装运期、装运条件及所需单据等，要以合同为依据一一列明。银行一般会对买方进口所需外汇进行核查，并按照开证申请人在银行的信用情况，对开证申请人提出的开证申请按比例收取开证保证金，以确保在信用证提示或承兑时开证申请人及时付款赎单，最后才按开证申请书的指示对外开出信用证。

二、租船订舱

FOB条件下，买方负责到指定港口接货。一般情况下，卖方收到信用证后，将预计装船日期通知给买方，若买方自己没有船舶，需及时负责办理租船订舱手续。我国进口企业往往将这项工作委托给外运公司代办。手续办妥后，买方将船名、船期通知给卖方，以便卖方备货装船。同时，为了防止船货脱节和出现船等货的情况，买方还应随时了解和掌握卖方备货和装船前的准备工作情况，注意催促对方按时装运。对数量大或重要物资的进口，如有必要，亦可请我驻外机构就地了解，或派员前往出口地点检验、监督装运，以督促对方根据合同规定按时、按质、按量履行交货义务。

三、办理保险

按FOB或CFR价格条件签订的进口合同，货物运输保险由进口方办理。我国进口货物运输保险可分为预约保险和逐笔保险两种形式。

一般情况下，为了简化手续，防止进口货物在国外装运后因信息传递不及时而发生漏保或来不及办理保险等情况，进口方事先与保险公司签订海运、空运、陆运、邮运等不同运输方式的进口货物预约保险合同，简称"预保合同"（open policy）。这种保险方式手续简便，对进口商品应投保的险别、保险费率、适用条款以及赔付的办法等，都做了具体规定。根据预约保险合同，保险公司对有关进口货物负主动承保的责任。因此，对每批进口货物，进口方在收到国外装船通知后，将船名、提单号、开船日期、商品名称、数量、装运港、目的港等项内容通知保险公司，即作为已办妥保险手续，保险公司则对该批货物负自动承保的责任，一旦发生承保范围内的损失，由保险公司负责赔偿。

在没有与保险公司签订预约保险合同的情况下，或当进口数量不大时，买方可采用逐笔保险方式。买方接到卖方发货通知后，应立即填写投保单。此项投保单经保险公司签章后，即完成投保手续。

四、审单付汇

卖方在货物装出后，将信用证规定的汇票及全套单据提交开证行。为保证卖方提交的单据完全符合买方开立的信用证的条款，保证买方的利益，必须认真做好审证工作。银行必须合理谨慎地审核信用证所规定的单据，以确定单据是否在表面上与信用证条款相符。

在此需要注意的是，银行对任何单据的格式、完整性、准确性、真实性，或法律效力，或单据上规定的、或附加的一般或特殊条件一概不负责任；对任何单据所代表的货物、服务或其他履约行为的描述、数量、重量、品质、状况、包装、交付、价值或其存在与否，或对货物的发货人、承运人、运输商、收货人或保险人或其他任何人的诚信或行为或疏漏、清偿能力、负责能力或资信情况也不负责任。因此，买方在审单时对这些内容要特别谨慎，以便出现问题及时补救。

银行在审单时如发现表面上与信用证规定不符，决定拒绝接受单据，按照《跟单信用证统一惯例》规定，开证行或其他指定的银行必须在收到单据次日起第七个银行工作日以内，以电信方式或其他快捷方式，通知寄单银行或受益人（如单据由受益人直接向银行提交），并说明其拒受单据的所有不符点，还需说明单据是否保留，以待交单人处理，或退回交单人。

五、接货、报关与检验

报关是指进口货物必须按照海关规定的手续向海关办理申报验放的过程。进口货物抵达后，进口货物的收货人或其代理人在货物抵达卸货港后，即应按照《中华人民共和国海关进出口货物报关单填制规范》填写《中华人民共和国海关进口货物报关单》向海关申报，并随附合同、商业发票、装箱单、提单、保险单、进口货物许可证和国家规定的其他批准文件。在海关对货物及各种单据查验合格后，按国家规定缴纳关税。在此之后，由海关在货运单据上签字或盖章放行，收货人或其代理人持海关签单放行的货运单据提取进口货物。未经海关放行的货物，任何单位或个人不得提取。

对于进口的货物，都应认真验收，若发现货物有问题，应取得有效检验证明，以便索赔。凡属于法定检验的进口货物，必须在合同规定的期限内由国家出入境检验检疫局或指定的检验检疫机构检验检疫。未经检验检疫的货物不准投产、不准销售和使用。法定检验检疫的进口货物到货后，收货人必须向卸货口岸或到达站的国家检验检疫局分支机构办理登记。国家出入境检验检疫局在报关单据上加盖"已接受登记"的印章，海关凭此验放。凡不属于法定检验的进口货物，买卖合同约定由检验检疫机构检验检疫的，依照法定检验商品办理报检、检验事项。对于合同规定在卸货港检验的货物，如已发现残损、短缺、有异状的货物，或合同规定的索赔期即将满期的货物等，都需要在港口进行检验检疫。

进口货物经报关、报检后，进口人即可按其与国内订货人的约定拨交货物。

六、索赔

在履约过程中，如果进口商的合法权益受到伤害，则应向有关责任人索赔。对外索赔时，进口方应加强与国家质检总局的配合，国家质检总局应认真检验，鉴定货损情况，出具商检证书，并根据有关事实，确定责任归属。根据造成损失的原因不同，索赔对象可分为以下三个方面。

① 卖方不交货或不按期交货或交货的品质、数量、包装与合同规定不符等，均构成卖方违约，卖方应承担违约的法律责任。根据有关法律和国际公约的规定，买方可以根据卖方违约所造成的结果，区别情况，依法提出撤销合同或提出损害赔偿。

② 进口的货物，如发生残损或到货数量少于提单所载数量，而运输单据是清洁的，则表明是承运人的过失造成货物残损、缺少，买方即可根据不同运输方式的有关规定，及时向有关承运人提出索赔。

③ 如由于自然灾害、意外事故或运输装卸过程中事故等致使货物受损，并属于承保范围内的，应向保险公司索赔。凡属于承运人的过失造成的货物残损、遗失，而承运人不予以赔偿或赔偿金额不足抵补损失的，只要属于保险公司承保范围以内的，也应向保险公司提出索赔。

在进口索赔工作中，应注意以下事项。

① 对外索赔必须在合同规定的索赔有效期限内提出，过期无效，责任方有权不予受理。如因商检工作有困难，可能需要更长的时间，可向对方要求延长索赔期限，或在合同规定索赔有效期内向对方提出保留

索赔权。

按照《联合国国际货物销售合同公约》规定,如买卖合同中未规定索赔期限,买方行使索赔权的最长期限为自实际收到货物起不超过两年;向轮船公司的索赔期限为货物到达目的港交货后一年之内;向保险公司提出海运货损的索赔期限为保险货物在卸载港全部卸离海轮后两年之内。

② 对外提出索赔需要提供证件,应按合同规定提供索赔清单、商检机构的检验证书、发票、装箱单或重量单、提单副本、保险单以及其他必要的文件单据作为索赔的证据。

③ 我国的进口索赔工作,属于船方和保险公司责任的,一般由货运代理或运输公司代办;属于卖方责任的则由进出口公司直接办理。为了做好索赔工作,要求进出口公司、外贸运输公司、订货部门、商检局等各有关单位密切协作,做到检验结果正确,证据属实,理由充分,赔偿责任明确,并要及时向有关责任方提出,以挽回货物所受到的损失。

思考题与情景实训

一、名词解释
1. 交易磋商　　2. 询盘　　3. 发盘　　4. 还盘　　5. 接受

二、简答题
1. 交易磋商的形式有哪几种?
2. 交易磋商一般要经过哪些环节?
3. 一项有效的发盘必须具备哪些条件?
4. 没有具体规定有效期的发盘可否为对方接受而订立合同? 为什么?
5. 构成有效接受的条件有哪些?
6. 简述书面合同的形式和内容。
7. 合同有效成立的条件有哪些?
8. 银行与卖方在审证时侧重点有何不同?

三、情景实训
1. 我国与某国一公司成交羊毛出口600吨,合同规定3至5月份内分批装运。后来国外来证要求:"Shipment during March/May, first shipment 100 M/T, second shipment 200 M/T, third shipment 300 M/T。"我方于3月份装200吨,4月份装400吨,是否会被拒付?

2. 我国某公司向中东某国出口素色绒100000码,以不可撤销信用证支付。合同签订后,对方来证上的品名误将"素色绒"写成"拷花绒",我出口公司为了使单证相符也将错就错,所有单据上的品名均按"拷花绒"制作。银行予以顺利结汇,开证行也因单证相符偿付货款。但货到目的港后,却遭海关扣押,因为货名与实物不相符合,致使对方提出索赔。问我方能否挽回损失? 为什么?

3. 我国某外贸公司以信用证方式出口3000套运动服到新加坡,货物装船后,提交整套单据到议付行,经审核,符合"单、证一致"和"单、单一致",于是议付行就对信用证的受益人(出口商)进行了议付,不久议付行也得到了开证行的偿付。但当开证申请人(进口商)收到货物时发现运动服使用的面料与单证及合同上所列的并不相同,于是进口商便以"单货不一致"、"货同不一致"为由要求出口商退还已得的款项并赔偿相应的损失。请问:进口商的这一要求是否合理? 为什么?

阅读链接

1. http://ibdaily.mofcom.gov.cn/show.asp？id=81929
- 接受退货后是否应继续履行交货义务
2. http://ibdaily.mofcom.gov.cn/show.asp？id=158945
- 出口企业贸易合同履行瑕疵案
3. http://www.guide2trade.net/Article/ShowInfo.asp？ID=8957
- 信用证流程

第十章 服装进出口中的报关

- 第一节 进出口货物报关单填制
- 第二节 一般贸易进出口货物报关程序
- 第三节 报关自动化

目的与要求

通过学习，使学生了解进出口货物报关单的填制及进出口货物的申报时间与期限；识别进出口报关时应交验的单证；了解海关查验的方法、地点及《海关法》对货物查验损失赔偿的规定；了解关税的概念、种类及关税的缴纳和退补；认识海关代征税与出口退税制度。

重点与难点

进出口货物的申报、海关对报关地点的规定；进出口报关时应交验的单证；海关查验的方法、地点；关税的缴纳和退补。

第一节　进出口货物报关单填制

一、进出口货物报关单概述

进出口货物报关单是向海关报告进出口货物情况，申请海关查验、放行货物的法律文书。在对外经济贸易活动中具有十分重要的法律地位。一方面，它是海关监管、征税、统计以及开展稽查和调查的重要依据，是加工贸易进出口货物核销以及出口退税和外汇管理的重要凭证；另一方面，也是海关处理走私、违规案件及税务、外汇管理部门查处骗税和套汇犯罪活动的重要凭证。

进出口货物报关单指进出口货物的收、发货人或其代理人，按照海关规定的格式对进出口货物的实际情况做出书面申明，以此要求海关对其货物按适用的海关制度办理通关手续的法律文书。

进出口货物报关单一般被称为"报关单"，或具体称为"进口报关单"、"出口报关单"。进出口货物报关单主要可分为以下几种类型。按进出口状态，进出口货物报关单可分为：进口货物报关单、出口货物报关单。按表现形式可分为：纸质报关单、电子数据报关单。按使用性质可分为：进料加工进出口货物报关单、来料加工及补偿贸易进出口货物报关单、一般贸易及其他贸易进出口货物报关单。按用途可分为：报关单录入凭单、预录入报关单、电子数据报关单、报关单证明联。

二、进出口货物报关单的填写

从2004年10月15日起，海关启用新版通用业务单（包括报关单）。新版的"进出口货物报关单"中需报关员填写的项目有：进（出）口岸、进（出）口日期、备案号、申报日期、经营单位、收（发）货单位、运输方式、运输工具名称、提运单号、贸易方式、征免性质、结汇方式、征税比例、许可证号、起运（运抵）国（地区）、装货港、境内目的（货源）地、批准文号、成交方式、运费、保费、杂费、合同协议号、件数、包装种类、毛重、净重、集装箱号、随附单据名称、用途、生产厂家、标记唛码及备注、商品编号、名称、规格型号、数量及单位、原产国（地区）或最终目的国（地区）、单价、总价、币制、报关员签章、申报单位地址、电话、填制日期等，申报单位还需签章，声明申报无讹并承担法律责任。

报关员必须按照《中华人民共和国海关法》、《中华人民共和国海关统计工作管理规定》和《中华人民共和国海关报关员执业管理规定》等有关规定，完整、准确地填制报关单。填写指南见本教材实训部分第十一模块。报关单在填写时要注意以下几点。

① 报关单的填报必须真实，不得出现差错，更不能伪报、瞒报及虚报。要做到两个相符：一是单证相符，即报关单与合同、批文、发票、装箱单等相符；二是单货相符，即报关单中所报内容与实际进出口货物情况相符。

② 报关单填报要准确、齐全。尽可能打印，如用笔书写，字迹要清楚、整洁，不可用铅笔和红色墨水。若有更改，必须在更改项目上加盖校对章。

③ 分单填报。不同合同、不同运输工具名称、不同征免性质、不同许可证号的货物，不能填在同一份报关单上。同一张报关单上可以允许填写不超过五项海关统计商品编号的货物，但需逐项填报清楚。

④ 分栏填报。商品编号不同的；商品名称不同的；商品名称、商品编号相同，但规格型号和单价不同的；原产国（地区）不同的均应分栏填报。

⑤ 分行填报。指同一栏分行填。以下几个栏目需分行填：商品名称、规格号栏目，项号栏目，数量及

单位栏目。

⑥ 不同贸易方式的货物，必须用不同颜色的报关单填报。一般贸易进出口货物采用蓝色底纹、黑字；来料加工、补偿贸易货物采用绿色底纹、黑字；进料加工货物采用粉红色底纹、黑字；出口退税采用黄色出口退税专用报关单。上述各种报关单只是颜色有别，报关单中所列项目及格式完全相同。

⑦ 报关单有关项目有海关规定的统计代码的，除填写有关项目外，还应填写有关项目的海关统计代号。这是为实行报关自动化的需要。

⑧ 进出口货物报关单的基本联由一式三联组成，其中第一联为海关留存联，第二联为海关统计联，第三联为企业留存联。其他贸易方式进出口的货物，按贸易方式的不同填制不同份数的报关单。例如，一般贸易进口货物（付汇的）填制一式四联报关单，分别供海关留存、海关统计、企业留存、进口付汇核销；出口货物（需退税和收汇的）填制一式五联报关单，分别供海关留存、海关统计、企业留存、出口收汇核销、出口退税专用。来料加工贸易进口货物应填制一式四联报关单，分别供海关留存、海关统计、企业留存、海关核销。出口（收汇的）填制一式五联报关单，分别供海关留存、海关统计、企业留存、出口收汇核销、海关核销。进料加工贸易出口货物（需退税和收汇的）填制一式六联报关单，分别供海关留存、海关统计、企业留存、海关核销、出口收汇核销、出口退税专用。

附：中华人民共和国海关出（进）口货物报关单

中华人民共和国海关出口货物报关单

预录入编号：　　　　　　　　　　　海关编号：

	备案号		出口日期		申报日期	
经营单位	运输方式		运输工具名称		提运单号	
发货单位	贸易方式		征免性质		结汇方式	
许可证号	运抵国（地区）		指运港		境内货源地	
批准文号	成交方式		运费		保费	杂费
合同协议号	件数		包装种类		毛重（公斤）	净重（公斤）
集装箱号	随附单据				生产厂家	
标记唛码及备注						
项号	商品编号	商品名称、规格号	数量及单位	最终目的国（地区）	单价　总价　币制	征免
税费征收情况						
录入员　录入单位	兹声明以上申报无讹并承担法律责任		海关审单批注及放行日期（签章）			
			审单　　　审价			
报关员						
单位地址	申报单位（签章）		征税	统计		
			查验	放行		
邮编　　电话	填制日期					

中华人民共和国海关进口货物报关单

预录入编号： 　　　　　　　　　　　海关编号：

进口口岸	备案号		进口日期	申报日期
经营单位	运输方式		运输工具名称	提运单号
收货单位	贸易方式		征免性质	征税比例
许可证号	起运国（地区）		装运港	境内目的地
批准文号	成交方式		保费	杂费
合同协议号	件数	包装种类	毛重（公斤）	净重（公斤）
集装箱号	随附单据			用途
标记唛码及备注				
项号　商品编号　商品名称、规格号　数量及单位　原产国（地区）　单价　总价　币制　征免				
税费征收情况				
录入员　　　录入单位	兹声明以上申报无讹并承担法律责任		海关审单批注及放行日期（签章）	
			审单　　　　　　审价	
报关员			征税　　　　　　统计	
单位地址	申报单位（签章）		查验　　　　　　放行	
邮编　　　　电话	填制日期			

第二节　一般贸易进出口货物报关程序

一、进出口货物的申报

所谓申报，是指货物、运输工具和物品的所有人或其代理人在货物、运输工具、物品进出境时，向海关呈送规定的单证（可以书面或者电子数据交换方式）并申请查验、放行的手续。申报与否，以及是否如实申报，是区别走私与非走私的重要界限之一。因此，海关法律对货物、运输工具的申报，包括申报的单证、申报时间、申报内容做了明确的规定，以法律的形式将申报制度固定下来。

（一）报关地点

现行海关法规规定下的三个原则。

1. 进出境地原则

在一般正常情况下，进口货物应当由收货人或其代理人在货物的进境地向海关申报，并办理有关进口海关手续；出口货物应当由发货人或其代理人在货物的出境地向海关申报，并办理有关出口海关手续。

2. 转关运输原则

由于进出口货物的数量、性质、内在包装或其他一些原因，经收、发货人或其代理人申请，海关同意，进口货物也可以在设有海关的指运地，出口货物也可以在设有海关的启运地向海关申报，并办理有关进出口海关手续。这些货物的转关运输，应当符合海关监管要求，必要时，海关可以派员押运。

3. 指定地点原则

经电缆、管道或其他特殊方式输送进出境的货物，经营单位应当按海关的要求定期向指定的海关申报并办理有关进出口海关手续。这些以特殊方式输送进出境的货物，输送路线长；输送方式特殊，一般不会流失；有固定的计量工具，如电表、油表等。因此，上一级海关的综合管理部门协商指定其中一个海关管理，经营单位或其代理人可直接与这一海关联系报关即可。

（二）申报时间与期限

报关期限是指货物运到口岸后，法律规定收发货人或其代理人向海关报关的时间限制。

1. 进口货物的申报时间与期限

根据《中华人民共和国海关法》(简称《海关法》)第二十四条的规定，进口货物的报关期限为自运输工具申报进境之日起14日内。进口货物的收货人或其代理人超过14天期限未向海关申报的，由海关征收滞报金。滞报金的日征收金额为进口货物到岸价格的0.5‰。进口货物滞报金期限的起算日期为运输工具申报进境之日起第15日；邮运的滞报金起收日期为收件人接到邮局通知之日起第15日。转关运输滞报金起收日期有两个：一是运输工具申报进境之日起第15日；二是货物运抵指运地之日起第15日。两个条件只要达到一个，即征收滞报金。如果两个条件均达到则要征收两次滞报金。

进口货物自运输工具申报进境之日起超过3个月还没有向海关申报的，其进口货物由海关提取变卖处理。如果属于不宜长期保存的，海关可根据实际情况提前处理。变卖后所得价款在扣除运输、装卸、储存等费用和税费后尚有余款的，自货物变卖之日起1年内，经收货人申请，予以发还；逾期无人申领，上缴国库。

规定进口货物的报关期限和征收滞报金是为了运用行政手段和经济手段，促使进口货物的收货人或其代理人及时报关，从而加速口岸货运，减少积压，使货物早日投入生产和使用。进口货物的收货人，为能尽快收到货物，并且在海关规定期限内办理报关手续，应该要求国外厂商及时把货运单据寄来，在货物及有关单证上正确标明货物的全部标记唛码，包括合约的号码、详细年份、字头、编号及代号，以及收货人的名称、地址。

2. 出口货物的申报时间与期限

根据《海关法》同一条规定，出口货物的发货人除海关特准的外，应当在货物运抵海关监管区后、装货的24小时以前向海关申报。至于装货24小时以前到什么程度，是3天、5天，还是1个月，可由报关人视口岸的仓储能力自定，海关一般不予过问。

规定出口货物的报关期限主要是为了留给海关一定的时间，办理正常的查验和征税等手续，以维护口岸的正常货运秩序。除了需紧急发运的鲜活、维修和赶船期货物等特殊情况之外，在装货的24小时以内申报的货物一般暂缓受理。

在采用电子和纸质报关单申报的一般情况下，海关接受申报的时间以海关接受电子数据报关单申报的时间为准。

（三）报关单证

1. 进口货物报关时需提供的单证

进口货物报关时需提供的单证包括：

① 由报关员自行填写或由自动化报关预录入人员录入后打印的报关单；

② 进口货物属于国家限制或控制进口的，应交验对外经济贸易管理部门签发的进口货物许可证或其他

批准文件；

③ 进口货物的发票、装箱单（装箱清单）；

④ 进口货物的提货单（或运单）；

⑤ 减税、免税或免验的证明文件；

⑥ 入境货物通关单（法定检验货物）；

⑦ 海关认为必要时，可以调阅贸易合同、原产地证明和其他有关单证、账册等；

⑧ 其他有关文件。

2. 出口货物报关时需提供的单证

出口货物报关时需提供的单证包括：

① 由报关员自行填写或由自动化报关预录入人员录入打印的报关单一式多份，其所需份数根据各部门需要而定，出口退税时加填一份黄色出口退税专用报关单；

② 出口货物属于国家限制出口或配额出口的应提供许可证件或其他证明文件；

③ 货物的发票、装箱清单、合同等；

④ 出境货物通关单（法定检验货物）；

⑤ 对方要求的产地证明；

⑥ 出口收汇核销单（指创汇企业）；

⑦ 其他有关文件。

二、海关查验

海关查验（inspection），即验关，是指海关接受报关员的申报后，对进口或出口的货物进行实际的核对和检查，以确定货物的自然属性，货物的数量、规格、价格、金额以及原产地等是否与报关单所列一致。

（一）查验范围、方法和地点

进出口货物，除海关总署特准免验的以外都应接受海关查验。海关查验主要是检查进出口货物的名称、规格、品质、包装方式、数量、重量、标记唛码、生产或贸易国别等项是否与报关单和其他证件相符。

海关查验方法有两种：一种是一般查验；另一种是重点查验，或者说外形查验与开箱查验。对属于正常往来的进出口货物可以不予查验或者进行一般性的检查，即所谓外形查验。其内容包括核对货名、规格、生产国别和收、发货单位等标志是否与报关单相符，检查外包装是否有开拆、破损痕迹以及有无反动字样、黄色文字、图像等。根据货物的品种、性质、贵重程度以及国内外走私违规动态、收发货单位经营作风等历史资料，分析认为数量或其他方面可能有问题和存在走私破坏嫌疑的货物，则应进行开箱检查，必要时可以逐件细查细验，防止其经济、政治破坏活动。

查验货物一般是在海关监管场所进行，如码头、机场、车站的仓库或场院等。为了加速放行，方便外贸运输，根据货物性质，海关对海运进出口的散装货物（如矿砂、粮食、原油、原木等）、大宗货物（如化肥、水泥、食糖、钢材等）、危险品和鲜活商品等，结合装卸环节，在船边等现场验放。对于成套设备、精密仪器、贵重物资、急需急用的物资和"门对门"运输的集装箱货物等，在海关规定地区进行查验有困难的，经进出口货物收、发货人的申请，海关核准，海关可以派员到监管区域以外的地点进行查验，就地查验、放行货物。但申请单位应按规定缴纳规费，并提供往返交通工具、住宿等方便条件。

（二）查验时报关人员的职责

1. 代表货主到场

海关查验货物时，进出口货物的收、发货人或他们的代理人应到达货物查验现场，并按照海关的查验要求，负责搬移、开拆和重封货物的包装等。通常报关人在代理报关以前，对被代理报关的货物应有一定的了解，对各种单证应进行初步的审查，有不清楚或不符合规定的地方应向被代理人了解或指出。在海关查验现场回答海关人员提出的有关问题，并配合海关的查验监管活动。

2. 缴付规费

海关根据所在地港口、车站、国际航空港、国界孔道和国际邮件交换站进出境货物、旅客行李、邮件以及运输工具的实际情况，规定其监管区域。在海关监管区域执行任务不收规费。但若进出境货物的收、发货人及其代理人要海关派员到海关监管区域以外的地方（如货主的仓库、工厂、施工工地或铁路专用线、专用码头、专用机场等）办理海关手续，执行监管任务时，应事先向海关提出申请，经海关同意，并按海关的规定缴付规费。

（三）货物查验损失的赔偿

1. 赔偿内容

海关查验进出口货物造成损失时，进出口货物的收、发货人或其代理人可以要求海关予以赔偿。

据《海关法》第九十四条规定："海关在查验进出境货物、物品时，损坏被查验的货物、物品的，应赔偿实际损失。"这里所说的"实际损失"是指："由于海关关员的责任造成被查验货物、物品损坏的，海关应当依照本办法的规定赔偿当事人的直接经济损失。"赔偿直接经济损失的金额，根据被损坏的货物、物品或其他部件受损程度或修理费用确定。必要时，可凭公证机构出具的鉴定证明确定。

通常，下述情况下，海关对被查验货物造成的损失不予赔偿：

① 由于收发人或其代理人搬移、开拆、重封包装或保管不善造成的损失；

② 易腐及易失效货物、物品在海关正常工作程序所需要时间内（含扣留或代保管期间）所发生的变质或失效，当事人未事先向海关声明的；

③ 海关正常检查产生的不可避免的磨损；

④ 在海关查验之前已发生的损坏和海关查验之后发生的损坏；

⑤ 由于不可抗力的原因造成货物、物品的毁坏和损失。

2. 海关赔偿的程序和方式

① 若海关关员在查验货物、物品时，损坏被查验的货物、物品，应如实填写《中华人民共和国海关查验货物、物品损坏报告书》，一式两份，由查验人员和当事人双方签字。一份交当事人，一份留海关存查。海关依法进行开验、复验或者提取货样时，应会同有关货物、物品保管人共同进行，如造成货物、物品损坏，查验人员应请在场的保管人员作为见证人在《中华人民共和国海关查验货物、物品损坏报告书》上签字，并及时通知货主。

② 进出口货物的收、发货人或其代理人在收到《中华人民共和国海关查验货物、物品损坏报告书》后，可与海关共同协商确定货物、物品的受损程度。受损程度确定后，以海关审定的完税价格为基数，确定赔偿金额。报关人和海关对赔偿金额有争议时，可向法院起诉，由法院裁定和判决赔偿金额。

③ 赔偿金额确定后，由海关填发《中华人民共和国海关损坏货物、物品赔偿通知单》（简称《赔偿通知单》），报关人自收到《赔偿通知单》之日起3个月内凭单号向海关领取赔款，或将银行账号通知海关划拨，逾期海关不予赔偿。赔款一律用人民币支付。海关查验货物、物品后交给货主时，货主如没有提出异议，则视为货物、物品完好无损。以后发现损坏，海关不负赔偿责任。

④ 赔偿的方式通常有：金钱赔偿、恢复原状、返还原物以及消除影响、恢复名誉和赔礼道歉等。

三、进出口货物的征税

海关在审核单证和查验货物以后，根据《中华人民共和国进出口关税条例》规定和《中华人民共和国海关进出口税则》规定的税率,对实际货物征收进口或出口关税。另外,根据有关规定可减、免、缓、退、保税的,报关单位应向海关送交有关证明文件。

(一) 关税的缴纳

《海关法》规定,进口货物的收货人、出口货物的发货人、进出境物品的所有人,是关税的纳税义务人。同时也规定了有权经营进出口业务的企业和海关准予注册的报关企业也是法定纳税人。

上述纳税义务人应当在海关签发税款缴纳证之日起15日内(节假日包括在内,期末遇节假日顺延),向指定银行缴纳税款。逾期不缴纳的,由海关按日征收欠缴税款总额的0.5%的滞纳金。对超过3个月仍未缴纳税款的,海关可责令担保人缴纳税款或者将货物变价抵缴,必要时,可以通知银行在担保人或者纳税义务人的存款内扣款。

纳税义务人同海关发生纳税争议时,应当先缴纳税款,然后在海关签发税款缴纳证之日起30天内向海关书面复议。

(二) 关税的退税

根据最新《中华人民共和国进出口关税条例》规定:有下列情形之一的,纳税义务人自缴纳税款之日起1年内,可以申请退还关税,并应当以书面形式向海关说明理由,提供原缴款凭证及相关资料:

① 已征进口关税的货物,因品质或规格原因,原状退货复运出境的;
② 已征出口关税的货物,因品质或规格原因,原状退货复运进境,并已重新缴纳因出口而退还的国内环节有关税收的;
③ 已征出口关税的货物,因故未装运出口,申报退关。

对按照规定可予减免税的进出口货物,由于某种原因,进出口报关时没能向海关交验经海关签章的减免税证明,海关照章纳税的,可在缴纳税款之日起3个月内向海关递交减免证明和税款缴纳证申请退税,并交纳人民币50元退税手续费,逾期海关不予受理。

(三) 关税的补税

进出口货物完税后,如发现少征或者漏征税款,海关应当自缴纳税款或者货物放行之日起1年内,向收、发货人或者他们的代理人补征。因收、发货人或者他们的代理人违反规定而造成少征或者漏征的,海关在3年内可以追征,并从缴纳税款或者货物放行之日起按日加收少征或者漏征税款0.5%的滞纳金。补税要根据不同的情况,采取不同的方法。基本原则是采取原进出口时的税率、汇率。

(四) 海关代征税

海关代征税是指海关在对进口货物征收关税的同时,对该货物代为征收的国内税费。《海关法》指出海关负有依法代征有关国内税、费的义务。代征税与关税性质不一样,它们的征收依据不在于进口,而在于将这些进口货物在国外经过的生产流通环节与国内同类货物经过的生产流通环节同等对待。这样,国内同类货物已征收的流转税,进口货物也要征收。为简便手续,由海关代理征收,节约人力、物力和时间。

目前,法律规定由海关代征的进口环节国内税费主要有增值税、消费税、船舶吨税(针对在我港口的外籍船舶及外商租用的中国籍船舶按注册吨位征收的一种税)。

1. 增值税

增值税是指以企业生产的产品中新增加的价值额或劳务中的增值额为课税对象征收的一种税。所谓新增加的价值额,即指企业或个人因从事工业制造、商品经营或提供劳务等,由生产劳动而创造的那一部分价值额。对增值部分进行征税,可排除重复计税。增值税的纳税义务人是境内从事生产、经营或提供劳务和进口应税产品(条例中)的单位和个人。

海关在进口环节代征的增值税和国内产品征收的增值税一样，基本税率为17%，但对于一些关系到国计民生的重要物资，其增值税率较低，为13%。这些物资包括：

① 粮食、食用植物油；
② 自来水、暖气、冷气、热水、煤气、石油液化气、天然气、沼气、居民用煤炭制品；
③ 图书、报纸、杂志；
④ 饲料、化肥、农药、农机、农膜；
⑤ 国务院规定的其他货物。

对于纳税人提供加工、修理、修配等劳务，税率为17%。

纳税人出口货物，税率为零；但是国务院另有规定的除外。

2. 消费税

消费税是指以消费品或消费行为的流转额为课税对象的税种。消费税的纳税义务人是境内从事生产、委托加工和进口应税产品（条例中）的单位和个人。这些应税产品即《中华人民共和国消费税暂行条例》中所列的产品。具体见表10-1。

表10-1 消费税税目税率表

税　目	税　率
一、烟	
1. 卷烟	
（1）甲类卷烟	45%加0.003元/支
（2）乙类卷烟	30%加0.003元/支
2. 雪茄烟	25%
3. 烟丝	30%
二、酒及酒精	
1. 白酒	20%加0.5元/500克（或者500毫升）
2. 黄酒	240元/吨
3. 啤酒	
（1）甲类啤酒	250元/吨
（2）乙类啤酒	220元/吨
4. 其他酒	10%
5. 酒精	5%
三、化妆品	30%
四、贵重首饰及珠宝玉石	
1. 金银首饰、铂金首饰和钻石及钻石饰品	5%
2. 其他贵重首饰和珠宝玉石	10%
五、鞭炮、焰火	15%
六、成品油	
1. 汽油	
（1）含铅汽油	0.28元/升
（2）无铅汽油	0.20元/升
2. 柴油	0.10元/升
3. 航空煤油	0.10元/升
4. 石脑油	0.20元/升
5. 溶剂油	0.20元/升
6. 润滑油	0.20元/升
7. 燃料油	0.10元/升

续表

税　目	税　率
七、汽车轮胎	3%
八、摩托车 　1. 气缸容量（排气量，下同）在250毫升（含250毫升）以下的 　2. 气缸容量在250毫升以上的	 3% 10%
九、小汽车 　1. 乘用车 　　（1）气缸容量（排气量，下同）在1.0升（含1.0升）以下的 　　（2）气缸容量在1.0升以上至1.5升（含1.5升）的 　　（3）气缸容量在1.5升以上至2.0升（含2.0升）的 　　（4）气缸容量在2.0升以上至2.5升（含2.5升）的 　　（5）气缸容量在2.5升以上至3.0升（含3.0升）的 　　（6）气缸容量在3.0升以上至4.0升（含4.0升）的 　　（7）气缸容量在4.0升以上的 　2. 中轻型商用客车	 1% 3% 5% 9% 12% 25% 40% 5%
十、高尔夫球及球具	10%
十一、高档手表	20%
十二、游艇	10%
十三、木制一次性筷子	5%
十四、实木地板	5%

（五）关税的减免

关税减免是关税政策的重要组成部分，减税免税是联系征税对象及其他条件，在一定时期内对某些纳税人给予鼓励和照顾的一种特殊规定。根据《海关法》的规定，关税的减免可分为法定减免、特定减免、临时减免三种类型。

1. 法定减免

法定减免指《海关法》、《关税条例》和《进出口税则》中所规定的给予进出口货物的关税减免。进出口货物属于法定减免税的，进出口人或代理人无须事先向海关提出申请，海关征税人员可凭有关证明文件和报关单证按规定直接给予减免税，海关对法定减免税货物一般不进行后续管理，也不作减免税统计。

2. 特定减免

特定减免是政策性减免税，指由国务院或国务院授权的海关总署、财政部根据国家政治、经济政策的需要，对特定地区、特定用途、特定的资金来源的进出口货物制定的专项减免税规定。目前特定减免的规定如下。

第一类，按特定地区实施的关税优惠。目前，按地区实施的关税优惠政策已大部分取消，仅保留了对保税区进出口货物、出口加工区进出口货物、边民互市贸易和边境小额贸易进口货物、物品的免税规定。

第二类，按特定企业实施的关税优惠。包括对依法批准的外商投资企业在投资总额内进口的设备，加工装配、补偿贸易项目进口的加工设备等予以免税。

第三类，按特定用途实施的关税优惠，如国内投资项目、利用外资项目、进口科教用品、残疾人组织及个人进口物品等。

经国务院批准，海关总署于1997年发布《残疾人专用品免征进口税收暂行规定》及其实施办法。

凡是特定减免税进出口的货物，其收发货人或代理人都必须在货物进口前，按照规定的程序向海关办理申请减免税审批手续。经海关核准，对符合特定减免税规定的，由海关核发减免税证明，凭此办理进出口海关手续；无减免税证明的，由海关在进出口环节照章征税。

《进出口货物征免税证明》的有效期为6个月，持证人应当自海关签发该征免税证明的6个月内进口经批准的特定减免税货物。

《进出口货物征免税证明》实行"一证一批"的原则，即一份征免税证明上的货物只能在一个进口口岸一次性进口。如果一批特定减免税货物需要分两个口岸进口，或者分两次进口的，持证人应当事先分别申领征免税证明。

填制特定减免税货物进口报关单时，报关员应当特别注意报关单上"备案号"栏目的填写。"备案号"栏内填写《进出口货物征免税证明》上的12位长编号。错写12位长编号将不能通过海关计算机逻辑审核，或者在提交纸质报关单证时无法顺利通过海关审单。因为海关在审单时将从计算机调阅征免税证明的电子数据，核对纸质的《进出口货物征免税证明》。

特定减免税货物自海关放行进口之日起，船舶、飞机和建筑材料满8年，机动车辆和家用电器满6年，其他机器设备和材料满5年的（见表10-2），原减免税申请人应当向主管海关申请解除海关对减免税进口货物的监管。主管海关经审核批准，签发《中华人民共和国海关进口减免税货物解除监管证明》。至此，特定减免税进口货物办结了全部海关手续。

表10-2　特定减免税货物的海关监管期限

特定减免税货物的范围	设定的海关监管期限/年
船舶、飞机	8
机动车辆	6
其他货物	5

注：监管年限自货物进口放行之日起计算。

外商投资企业投资项下进口的减免税设备，因特殊原因需要在海关监管期内销售、转让的，企业应当先向原审批进口的外经贸主管部门申请，持批准文件向海关办理补缴进口税费的手续。海关按照使用时间折旧估价征税后，签发解除监管证明书，企业即可将原减免税货物在国内销售、转让。企业如将货物转让给同样享受进口减免税优惠的企业，接受货物的企业应当先向主管海关申领《进出口货物征免税证明》，凭此办理货物的结转手续。

3. 临时减免

临时减免也称特案减免，是指法定减免税和特定减免税以外的其他形式的减免税。临时减免由海关总署或会同财政部按照国务院的规定，根据某个单位、某类商品、某个时期或某批进出口货物的特殊情况，需要对其进口应税货物特案予以关税减免。对于临时减免税的进出口货物，除海关总署批复有用途限制要加以管理外，其余的货物，海关一般不需要进行后续管理，但要进行免税统计。

临时减免税已于1993年6月停止审批。

四、进出口货物的放行

进出口货物在办完向海关申报、接受查验、完纳税款等手续以后，由海关在货运单据上签印放行。收发货人或其代理人必须凭海关签印放行的货运单据才能提取或发运进、出口货物。未经海关放行的海关监管货物，任何单位和个人不得提取或发运。

货物的放行是海关对一般贸易进出口货物监管的最后一个环节。放行前，将由专人将该票货物的全部报关单证及查验货物记录等进行一次全面的复核审查并签署认可，然后在货运单据上盖印放行，交货主签收。但对违反进出口政策、法令规定，尚未缴纳应缴纳的税款以及根据上级指示不准放行的进出口货物，海关均不予以放行。

对一般贸易货物来说，放行表示解除海关监管，进境货物可以由收货人自由处置，出境货物可以由发货人装船出运。但是，对于担保放行货物、保税货物、暂时进口货物和海关给予减免税进口的货物来说，放行并不等于办结海关手续，还要在办理核销、结案或者补办进出口和纳税手续后，才能结关。

第三节 报关自动化

电子报关是指报关单位在电子计算机终端或微机上填写进出口报关单证，并通过电子传输其报关单证进海关的报关自动化系统，向海关申报。海关和质检总局对报关报检单证进行审核与处理后，凡适合海关监管规定的，就自动地发出海关放行指令或者签发海关放行通知单（OK单）。这种报关报检方式，自始至终通过电子计算机进行，无需人工干预，所以也称为"电脑报关"或"自动化报关"。

一、我国电子报关的含义及其法律地位

我国的电子报关是指进出口货物收、发货人或其代理人通过微机或终端，利用现代通讯和网络技术，向海关传送规定格式的报关单电子数据，并根据海关计算机系统反馈的审核及处理结果办理海关手续的申报方式。

《海关法》规定："办理进出口货物的海关申报手续，应当采用纸质报关单和电子数据报关单的形式。"这一规定确定了电子报关的法律地位，使纸质报关单和电子数据报关单具有同等的法律效力。

采用纸质报关单形式和电子数据报关单形式是法定申报的两种基本方式。在一般情况下，进出口货物收、发货人或其代理人应当履行这两项义务，即进出口货物收、发货人或其代理人先向海关计算机系统发送电子数据报关单，接收到海关计算机系统发送的"接受申报"电子报文后，凭以打印纸质报关单，随附有关单证，向海关提交报关单证进行申报。

在一些还没有实现海关业务计算机化管理的边远地区海关，或者在某些特殊情况下，进出口货物收、发货人或其代理人可以单独使用纸质报关单向海关申报。而在特定条件下，进口货物收、发货人或其代理人可以单独使用电子数据报关单向海关申报。单独使用纸质报关单或者单独使用电子数据报关单向海关申报的，应当经海关批准。

二、我国电子报关的申报方式

电子报关的申报方式有3种。

1. 终端申报方式

进出口货物收、发货人或其代理人使用连接海关计算机系统的电脑终端录入报关单内容，直接向海关发送报关单电子数据。

终端申报方式是海关早期开发利用计算机处理海关业务时就使用的一种申报方式，一直沿用至今。终端直接与海关主机连接，传送速度快，不受海关参数设置的限制。但终端数据受海关主机容量的限制，不利于推广开发。终端通过电缆与海关主机连接，只能安装在海关报关场所附近，不利于"远程"报关项目的推广。

2. EDI申报方式

进出口货物收、发货人或其代理人在微机中安装EDI申报系统，在该系统中录入报关单内容，由计算机转换成标准格式的数据报文向海关计算机系统发送报关单电子数据。

EDI申报方式由各直属海关自行开发，数据录入不受海关主机的影响，也不受场地的限制，有利于"远程"报关项目的推广。但EDI申报方式易受海关参数调整的影响，也易受网络稳定性的影响。

3. 网上申报方式

进出口货物收、发货人或其代理人在微机中安装"中国电子口岸"系统，登录"中国电子口岸"网站，在"联网申报"系统中录入报关单内容，通过"中国电子口岸"向海关计算机系统发送报关单电子数据。

网上申报方式是海关总署统一开发的。该方式利用因特网的优势，形成全国统一的电子报关网络。尽最大可能地利用现代通讯和网络技术，是未来我国电子报关项目发展的方向，使"远程"报关真正成为现实。进出口货物收、发货人或其代理人在网上基本能办理与"报关"有关的一切业务。

我国海关已经在进出境货物通关作业中全面使用计算机进行信息化管理，成功地开发运用了多个电子通关系统。

三、电子报关作业流程及特点

新的通关管理模式将通关作业流程分为前、中、后三个阶段，形成审单作业、物流监控和职能管理三大系统共同参与，相互支持，合作完成新的业务运行机制。通关效率将得到大大提高，进口通关时间平均减少1.6～3天，出口通关时间平均减少0.9～2.4天。申报正确、单证齐全、风险值小的正常进出口货物，通关速度提高得更加明显。

（一）电子审单作业

电子审单作业系统包括电子审单、审单中心专业化审单和隶属海关现场接单审核，三个环节连续作业，既互相衔接补充，又互相监督制约。

1. 电子审单

电子审单是指海关运用海关业务管理信息化系统对所有进出口报关单电子数据进行审核处理。

2. 审单中心专业化审单

审单中心专业化审单是指以商品分类为基础，依靠各职能部门提供的参数支持和自身的专业化优势，对经电子审单环节分拨到审单中心和审单中心自主决定审核的报关单数据，进行专业化审核。

3. 隶属海关现场接单审核

隶属海关现场接单审核是指隶属海关负责接收书面报关单及其随附单证，并进行单单审核、单机核对，完成电子审单和专业化审单环节交办的重点审核、验估等事项，并办理税费征收手续。

（二）物流监控系统

建立强有力的物流监控系统，大力强化海关实际监控。

① 健全法制，进一步确立海关实施物流监控的行政执法主体地位。

② 建立对海关监管区域、各类监管场所、进出境运输工具和物流实施全方位、全过程有效监控的作业机制，完善对口岸现场、各类监管场所、运输企业、货运代理企业和转关运输的规范化管理。

③ 增强物流监控力量，运用先进技术和装备，加强对海关监管区域、监管场所、进出境运输工具和货物的实体监控。

④ 运用现代化的信息网络技术，实现与口岸相关部门的计算机联网，加强信息监控。

⑤ 研究和制定出一套规范化、程度高、行之有效的查验规范和技术，促进查验作业的规范化和专业

化,切实提高海关实际监管的有效性。

(三)电子职能管理系统

电子职能管理系统是将业务的职能管理与执行相分离,减少不必要的审批事项和事务性工作,并运用信息化管理和风险管理等先进管理方法和手段,转变和创新职能管理的实现方式,建立起权责明确、运转协调、办事高效、监督有力的业务运行管理机制。

海关电子通关作业改革是建立现代海关制度的中心环节和突破口,对海关的改革和建设具有全局性的影响。通过改革进一步强化垂直领导体制,增强总署与直属海关控制能力,改革机构设置,使海关业务从分散走向集中,业务管理从粗放走向集约,促进资源的优化和管理整体效能的提高。新的通关作业的管理模式,以信息化管理系统为基础,以货、征、统集中审核为手段,实现内外勤分离作业。在管理上,实行专家负责制,引入风险分析管理机制,强化对实际货物的监控能力。在方式上,采用电子申报,现场查验复核。在技术上,通过计算机网络在内部实行数据集中传输和处理;在外部实现通关数据的交换与共享。

思考题

一、名词解释
  1.关税   2.增值税   3.电子报关

二、简答题
  1.简述进出口货物报关单的类型及其法律效力。
  2.填写报关单需要注意哪些问题?
  3.简述一般贸易进出口货物的报关程序。
  4.简述进出口货物的申报时间与期限。
  5.进出口报关时应交验哪些单证?
  6.海关查验的方法有几种?《海关法》对货物查验损失赔偿有怎样的规定?
  7.简述放行的两种方式。
  8.电子报关的申报方式通常有哪几种?
  9.简述电子报关作业流程及特点。

第十章 服装进出口中的报关

阅读链接

1. http://class.wtojob.com/class95_36870.shtml
   · 出口货物运输包装报检指南
2. http://class.wtojob.com/class95_36071.shtml
   · 报关计量单位介绍
3. http://class.wtojob.com/class95_34759.shtml
   · 电子放行介绍
4. http://class.wtojob.com/class95_32221.shtml
   · 报关注意事项

实训模块

- 第一节　建立业务关系
- 第二节　询盘
- 第三节　出口报价操作
- 第四节　发盘
- 第五节　还盘
- 第六节　成交签约
- 第七节　催证、审证和改证
- 第八节　备货、报检
- 第九节　办理运输
- 第十节　办理投保
- 第十一节　报关
- 第十二节　制单结汇
- 第十三节　综合业务模拟

第一节　建立业务关系

【实训目的】

熟悉服装国际贸易的业务操作流程，了解上网查询国外客户供求信息、发布本企业产品信息、寻找客户并与之建立业务联系的途径；掌握寻找客户、并建立起业务关系的有效方法。

【操作指南】

（一）寻找合适的交易对象

寻找合适的交易对象，并与之建立长期友好的业务关系，是进出口企业开展服装国际贸易的第一步。国际贸易中，企业寻找客户关系的渠道很多，归纳起来大体有以下几种。

① 通过委托我驻外使领馆的商务参赞处或国外驻华使领馆的商务参赞处，银行以及与我方有业务伙伴关系的企业介绍寻找客户。

② 利用各国商会、工商团体、国内外出版的企业名录及国内外报刊、杂志上的广告以及通过网络搜索引擎查找客户信息、资料。

③ 通过在国内外参加或举办各种交易会、展览会的方式找到客户。

（二）建立业务关系的函件

国际贸易中，买卖双方业务关系的建立，往往是由交易一方通过主动向对方写信、发传真或电子邮件的形式进行。建立业务关系的函件一般包括下列内容。

① 说明信息来源，即如何取得对方的资料。例如，通过他人介绍、网上信息等。如：

We learned from the Commercial Counselor's Office in your country that you are interested in Chinese handicraft.

我们从驻贵国的商务参赞处得知你方对中国的手工艺品感兴趣。

We have obtained your name and address from the Internet.

我们从网上得知你方的名称和地址。

② 说明去函目的。通常建交函都是以扩大交易或建立业务关系为目的。如：

In order to expand our products into South America, we are writing to you to seek possibilities of cooperation.

我们写信给你方，是想探求与你方在开拓南美市场方面进行合作的可能性。

We are writing to you to establish long-term trade relations with you.

我们写信给你方是想同你方建立长期的业务关系。

③ 公司基本情况介绍。主要是介绍本公司的性质，业务范围，宗旨以及某些相对优势。如：

We are a leading company with many years' experience in textiles export business.

我方是有着多年的纺织品出口经验的大公司。

We enjoy a good reputation internationally in the circle of textile.

我方在纺织界拥有很好的国际信誉。

④ 公司产品介绍。一般是对本公司经营产品的整体情况进行介绍，也可以针对对方感兴趣的某种特定产品进行推荐性的介绍。产品介绍一般包括：产品的品质、可供数量、价格水平、销路等，同时，为了使对方更详细了解本公司的产品，通常还可以附上产品目录、报价单或另封邮寄样品。如：

Art. No. 76 is our newly launched one with superb quality, fashionable design, and competitive price.

第76号商品是我们新推出的一种品质优良、设计新颖、价格优惠的产品。

To give you a rough/general idea of our products, we are airmailing you under separate cover our catalogue for your reference.

为使你方对我们的产品有一个大致的了解，我们另封航空邮寄给你方我们的目录册供你方参考。

⑤ 激励性结尾。即希望对方给予回应或劝说对方立即采取行动的语句。如：

Your comments on our products or any information on your market demand will be really appreciated.

能收到你方对我们产品的评论或你方市场需求的任何信息将不胜感激。

Look forward to your specific inquiries。

期待你方的具体询盘。

（三）客户调研

卖方在审慎选择客户的同时，必须对客户进行缜密的资信调查，这是选择客户的第一步。在服装国际贸易中，出口方发货后不能及时、足额收回货款、进口方付款后不能收到符合合同规定的货物，从而遭受风险和损失，都与不了解交易对方的资信状况有直接的关系。因此，进行资信调查（credit investigation）对于国际贸易的顺利进行有着重要的作用。

1. 客户调研的基本内容

① 政治情况。包括：政治背景、与政界的关系、对我国的政治态度。

② 资信情况。包括：资金和信用状况。例如，有的客户愿意和我们洽谈上亿美元的项目，但是经过资信调查，其注册资金只有几十万美元，对这样的客户，就应该特别关注。

③ 经营范围。包括：企业生产或经营的商品、经营的性质；企业是代理商、生产商，还是零售批发商等。

④ 经营能力。包括：企业每年的营业额、销售渠道、经营方式、资金融通能力等。

2. 选择贸易伙伴的基本原则

政治上对我友好；资信可靠；经营作风正派；经营能力强。

【操作要点】

出口商可以通过信函、电话、电传、电子邮件等进行业务联系，也可以进行面对面的口头接洽。无论采取哪种联络形式，都应该传递有效的商务信息。因此，函电应简洁、明晰、完整，并能体现成熟的业务思维。

业务关系的建立是进行出口贸易的基础。在拟写建交函时，通常应写明以下基本内容。

① 在信函主体部分应侧重于如何引起对方的兴趣。

② 在信函结尾部分再次表明写信者的诚意和敬意，如"盼对方尽早回音，下订单或告知意见"等。

【操作示例】

2011年7月13日《国际商报》上有一则澳大利亚悉尼服装进出口商DAVID JONES的求购广告，欲进口中国的纺织品。作为上海金海纺织品服装进出口公司的外销员，请拟写一封建立业务关系的信函，介绍公司的基本情况以及主要产品，并附寄样本，了解对方的往来银行，同时告之本公司的资信情况可向中国银行上海分行查询。

参考信函：

Dear Sir or Madam,

We learned from the INTERNATIONAL BUSINESS DAILY that you are a leading distributor of textile and garment, and at present you are in the market for Chinese textiles.

We avail ourselves of this opportunity to approach you for the establishment of business relations with you.

We are a state-operated corporation, handling both the import and export of textiles. In order to acquaint you with our business lines, we enclose a copy of our Export List covering the main items suppliable at present.

Should any of the items be of interest to you, please let us know. We shall be glad to give you our lowest quotations upon receipt of your detailed requirements.

In our trade with merchants of various countries, we always adhere to the principle of equality and mutual benefit. It is our hope to promote, by joint efforts, both trade and friendship to our mutual advantage.

For our credit standing, please refer to the following bank:

The Bank of China, Shanghai Branch 201 Zhongshan Road, Shanghai 200561, China

Your immediate reply would be highly appreciated.

Yours faithfully,

SHANGHAI GOLDEN SEA TEXTILE AND GRAMENT IMP. & EXP. CORP.

【操作训练】

1. 朝晖进出口公司于2000年成立，专业生产并销售纺织品和服装产品，现在已经成为中国国内最大的纺织品服装进出口公司之一。由于公司的产品质量高，价格优惠，因此在世界各地的客户中享有较高的声誉。

2011年1月从网上得知美国的ABC garment CO. LTD.欲求购中国产的儿童运动装（children's sportswear）。客户的详细地址如下。

ABC garment CO. LTD.,

112 Madison Avenue NEWYORK,

U.S.A

FAX: 587-517-886821

E-MAIL ADDRESS: ABC garment@sohu.com

请根据以上资料，以朝晖公司业务员的身份拟写一封建立业务关系的电子邮件，格式应该完整、正确，内容包括公司介绍、产品介绍，并另寄产品目录，及表达想与对方建交的热切愿望等。

2. 山东大海针织服装公司是专业从事针织服装生产制作加工的厂家，集设计、加工为一体。先后从日本、我国台湾及沿海地区引进先进的生产设备，拥有一批优秀的专业技术人才。在纺织品出口行业有着丰富的经验。产品有各种男女运动装、儿童服装、针织内衣等。（可按照客户的要求来样来料精工制作）今天早上，公司业务员在中国出口商品网（www.ChinaProducts.com）上发现了这么一条求购信息：

Dear Sir, can you assist me finding factories who manufacture knitting warm-up in Shangdong or in other areas of China.

E-mail: jenie@rrmkt.co.za

请给对方发一封 E-mail，随寄产品目录，表达与之建立业务联系的愿望。

第二节　询盘

【实训目的】

通过实训，使学生掌握询盘的基本写作方法、步骤及询盘的技巧。

【操作指南】

（一）询盘的概述

询盘是准备购买或出售商品的一方当事人向潜在的供货商或进口商探寻该商品的成交条件或交易可能性的业务行为。询盘的内容可以涉及某种商品的品质、数量、规格、包装、价格和装运等交易条件，也可以索取样品，其中多数情况下是询问成交价格，所以在实际业务中，也有人把询盘称作"询价"。

询盘可由进口方发出，也可由出口方发出，因此，询盘从发出的对象上可分为进口方询盘和出口方询盘两种形式。进口方询盘习惯上被称为"邀请发盘"（invitation to make an offer）；出口方询盘又可称为"邀请递盘"（invitation to make a bid）。

询盘既可以采用口头方式，也可以采用书面方式。书面方式包括信函、电报、电传、传真、电子邮件等，经常还采用询价单（enquiry sheet）格式进行询盘。

询盘一般不直接使用询盘一词，而常用"请告（please advise）"、"请报价（please quote）"、"可供（can supply）"等词句。询盘仅表示买卖双方交易的一种愿望，对于询盘人和被询盘人均无法律上的约束力。一个询盘可同时向多家发出，以便"货比三家"，了解国际市场行情。

询盘不是合同磋商的必经步骤，但往往是一笔交易的起点。

（二）询盘的注意事项

询盘中，当事人一般需注意以下问题。

① 询盘不一定要有"询盘"（enquiry）字样，凡含有询问、探询交易条件或价格方面的意思表示均可做询盘处理。

② 虽然询盘对询盘人不具备法律约束力，但当事人仍要避免只是询价而不购买或不售货，以免丧失商业信誉。

③ 询盘人在做出询盘时，不应只考虑如何询问商品的价格，也应注意询问其他交易条件，争取获得比较全面的交易信息或条件。

④ 询盘可以同时向一个或几个交易对象发出，但不应在同时期集中做出，以免暴露我方销售或购买意图，引起价格的下跌或上涨。

（三）询盘的函电

询盘的函电应简明切题、礼貌诚恳，以求对方能够很高兴地迅速作出报盘反应。询盘的函电通常包括两类：一般询盘（general enquiry）和具体询盘（specific enquiry）。

拟写询盘的函电一般包括以下几个步骤。

① 首先应向对方明确指出本公司所感兴趣的一种或几种商品，表明自己的购买或出售的意愿。如：

We are interested in the all cotton T-shirt you advertised in the internet.

我们对你方在网上发出广告的全棉T恤衫感兴趣。

As we are in the market for lady's waist coat, we should be pleased if you would send us your best quotations.

我方正在寻购女式马甲，如果你方能够寄给我们你方最优的报价，我们将非常高兴。

② 告知对方本公司想要了解的商品的具体交易条件，如价格、折扣、交货时间、付款条件、品质条件等，也可以向对方索要样品。如：

We would appreciate your sending us a catalogue of your men's shirts together with terms of payment and the largest discount you can allow us.

如果你方能够寄给我们关于你方男式衬衫的目录册，连同付款条件和可以给予我方的最大折扣，我们将不胜感激。

另外，如果是"首次询价"，即向以前未做过交易的公司发出询盘，则应首先告知对方你是如何得到他的公司名称和地址的，介绍关于你方的业务情况，如经营范围、所需数量、一般贸易条款以及其他可能使供货人了解本公司情况的信息。

【操作要点】

询盘对询盘人没有约束力，但我们在询盘时仍要注意策略。

一是仔细考虑向哪些地区发出询价以及在同一地区要与多少供货人联系。若不考虑这些情况，将对以后的交易产生不良影响。询盘的对象既不能太多，也不能太少。询盘对象太少，难以了解国际市场行情，获得最优的成交价格，选择合适的交易对象；反之，询盘对象太多，又会因询盘过于集中造成供不应求的局面，导致市场价格上涨。

二是询盘的内容既要具体详细，使客户有针对性地进行发盘，又要防止过早透露采购数量、价格等意图，被客户摸到底细，造成被动。在书面洽谈的交易方式中，询盘还应注明编号以加速国外复电、复函的传递，并说明应报货价的种类和价格条件，并且对于商品品种、规格、型号、技术要求务尽其详，以免进口商品不符合要求。

三是询价一般应寄送给公司，因为这样做会得到迅速的注意。若把询盘寄送给个人，如该人不在公司的话，信函就会被耽搁，另外，有可能把询盘信函寄错了人，这也会造成拖延。

【操作示例】

1. 一般询盘

山东日月纺织品服装进出口公司欲从国外进口一批棉纺产品，通过伦敦商会介绍得知英国的史密斯进出口公司专营这类纺织品的出口。现向该公司做出询盘，要求对方提供产品的详细情况和具体交易条件，并附寄样品。

参考信函：

Dear Sirs,

You are recommended to us by London Chamber of Commerce as one of the leading cotton textiles exporters. We are interested in your cotton blankets, cotton bed-sheets, cotton table, cloth and table napkins. We would like you to send us details of your various ranges, including sizes, colours and prices, and also samples of the different qualities of material used.

We take this opportunity to introduce ourselves to you as large dealers in textiles and believe there is a promising market in our area for moderately priced goods of the kind mentioned.

When replying, please state your terms of payment and a trade discount for companies that purchase in fairly large quantities.

If the prices are in line, we trust the business can materialize.

Yours faithfully,

Shandong Sun and Moon Textiles and Garment Import and Export Corporation

2. 具体询盘

加拿大蒙特纺织品进出口公司收到山东齐鲁纺织品服装公司（简称齐鲁公司）欲与其建立业务关系的信函。经了解，加拿大蒙特纺织品进出口公司对齐鲁公司生产的印花细布非常感兴趣。请以蒙特纺织品进出口公司业务员的身份拟写一封询盘函电，请对方报出含5%佣金的CIF价格。同时，向齐鲁公司索要目录册、样品册以及产品的具体信息，以便了解产品质量和工艺。

参考信函：

Dear Sirs,

We are glad to learn from your letter of 10th September that as exporters of Chinese Cotton Piece Goods, you are desirous of entering into direct business relations with us. This happens to coincide with our desire.

At present, we are interested in Printed Shirting and shall be pleased to receive from you by airmail catalogues, sample books and all necessary information regarding these goods so as to acquaint us with the quality and workmanship of your supplies. Meanwhile please quote us your lowest price CIF Vancouver, inclusive of our 5% commission, stating the earliest date of shipment.

Should your price be found competitive and delivery date acceptable, we intend to place a large order with you.

We trust you will give us an early reply.

Yours faithfully,

Monter Textiles Import and Export Corporation

【操作训练】

1. Write to tell the Messrs. Dairyherds, Ltd. , Chingford, London that you have seen the advertisement in today's Times, stating that you are interested in their children's shirts and skirts and want to have some information (size, color, price, terms of payment etc.) of the products.

2. 假设你是加拿大ABC公司的一名业务员，你公司正在大量求购中国的丝绸面料。一位中国纺织品出口商从网上了解到你公司的情况并给你公司发来邮件，希望建立业务关系。请根据该邮件给你的客户回信，就客户信中提到商品进行询盘并索要样品以供检验评判。

3. 按照下列条件，拟写一份询盘：

（1）从ABC公司得知你们是各类棉布床单和枕套的出口商；

（2）请寄给我们各种产品的详细资料，包括型号、颜色和价格以及所用各种品质原料的样品；

（3）我们是最大的纺织品经销商；

（4）报价时，请说明你方的交易条件和就每种商品购买量不少于100打所能给予的折扣。

第三节 出口报价操作

【实训目的】

通过报价核算,明确价格是国际货物买卖合同的核心条款以及对外贸企业经济效益核算的重要性,熟悉出口报价的表示方法,价格的构成以及不同贸易术语之间的价格换算,熟练掌握出口报价核算的基本思路、过程、方法和报价核算技巧;在此基础上撰写出口发盘函电。

【操作指南】

出口报价主要包括:价格核算、盈亏核算、不同贸易术语之间的价格换算。

(一)价格核算

在国际货物买卖中,货物的价格构成包括:成本、费用、预期利润三部分。

1. 成本

出口货物的成本(cost)对于进出口公司来讲主要是指进货成本,对于外贸生产企业来讲主要是指生产成本。在这里,我们主要以进出口公司常用的采购成本为例进行讲述。

进货成本是贸易商向供货商采购商品的价格,也称"采购成本"。在出口价格中所占的比重最大,是价格中的主要组成部分。进货成本一般是指国内供货商的报价,它包含了增值税。增值税是以商品生产流通和劳务各个环节的增值额为课税对象征收的一种流转税。由于出口商品通常是进入国外的流通领域,我国为增强出口商品的竞争力,与许多其他国家一样,于1985年开始全面实行出口退税制度。出口退税是对出口商品采取增值税全额或按一定比例先征后退的做法。所以,对出口商品的实际进货成本的核算应当剔除增值税。然而,在实践中,由于许多商品都尚未采取足额退税,我们就有必要掌握如何根据增值税以及实际退税率来计算出口商品的进货成本(进货成本中包括了17%的增值税,在增值税的征收和退税时均应根据货物本身的价格,即不包括增值税的价格来计算)。

实际进货成本 = 进货成本(供货商报价) − 出口退税额

进货成本 = 货价 + 增值税额

　　　　　= 货价 + 货价 × 增值税率

　　　　　= 货价 × (1+增值税率)

$$货价 = \frac{进货成本}{1+增值税率}$$

出口退税额 = 货价 × 出口退税率

$$= \frac{进货成本}{1+增值税率} \times 出口退税率$$

因此,实际进货成本 = 进货成本 − 进货成本 × $\frac{出口退税率}{1+增值税率}$

$$= 进货成本 \times \left(1 - \frac{出口退税率}{1+增值税率}\right)$$

2. 费用

出口货物价格中的费用(expenses/charges)主要是指商品的流通费,所占比重虽然不大,但是内容繁多，是价格核算中较复杂的因素。业务中常见的费用如下。

① 国内费用

A：加工整理费用。

B：包装费用。

C：保管费用（仓租、火险等）。

D：国内运费（仓库至装卸港码头）。

E：拼箱费（如果货物不成一整集装箱）。

F：证件费用（包括：商检费、公证费、领事签证费、产地证费、许可证费、报关单费等）。

G：银行费用（贴现利息、手续费等）。

H：预计损耗（耗损、短损、漏损、破损、变质等）。

I：经营管理费用（通讯费、差旅费、交际费用等）。

② 国外费用

A：国外运费，是指自装运港至目的港的长途运费。

B：国外保险费，是指国际货物长途运输保险费。

C：如果有中间商，还包括支付给中间商的佣金。

3. 预期利润

预期利润（expected profits）是出口商的收入，也是经营好坏的主要指标。其核算的方法通常是企业自行决定，可以以某一固定的数额作为单位商品的利润额，也可以用一定的百分比作为利润率来核算利润额，其计算基数可以是生产成本或是购货成本或是出口成本，也可以是出口价格。

4. 报价核算

以常用的三种贸易术语的报价为例。

FOB（或FCA）价 = 进货成本价 + 国内费用 + 预期利润

CFR（或CPT）价 = 进货成本价 + 国内费用 + 国外运费 + 预期利润

CIF（或CIP）价 = 进货成本价 + 国内费用 + 国外运费 + 国外保险费 + 预期利润

（二）出口报价盈亏核算

在价格掌握上还要注意盈亏核算，从而提高经济效益，防止出现不计成本、不计盈亏，单纯追求成交量的偏向。尤其在出口方面，强调加强成本核算，主要指标如下。

1. 出口商品盈亏率

是指出口商品盈亏额与出口总成本的比率。即：

$$出口商品盈亏率 = \frac{出口商品盈亏额}{出口总成本} \times 100\%$$

$$= \frac{出口销售人民币净收入 - 出口总成本}{出口总成本} \times 100\%$$

思考：核算出口商品盈亏率的意义何在？

一是核算出口是盈利还是亏损？盈利或亏损的程度怎样？（出口盈亏率大于零，表示出口是盈利的；出口盈亏率小于零，表示出口是亏损的；二是比较不同种类商品的出口盈亏率，以便调整出口商品结构）

2. 出口商品换汇成本

是指以某种商品的出口总成本与出口所得的外汇净收入之比得出用多少人民币可以换回一个单位外币，或是出口净收入1美元所需要的人民币的总成本。即：

$$出口换汇成本 = \frac{出口总成本（人民币）}{出口销售外汇净收入（外币）}$$

如果出口商品换汇成本高于银行外汇牌价，出口是亏损的；出口换汇成本低于银行外汇牌价，出口则是盈利的。

思考：核算出口换汇成本意义何在？

通过核算出口换汇成本，一是可以比较不同种类出口商品的换汇成本，以便调整出口商品结构；二是可以比较相同种类商品出口到不同国家或地区的换汇成本有何不同，作为选择市场的依据；三是比较相同种类商品不同时期换汇成本的变化，以利于企业改善经营管理。

3. 出口创汇率（增值率）

指加工后成品外汇增加的净收入与原料外汇成本的比率。

$$出口创汇率 = \frac{成品出口外汇净收入 - 原料外汇成本}{原料外汇成本} \times 100\%$$

思考：核算出口创汇率意义何在？

通过出口外汇净收入与原料外汇成本的对比，可以看出成品出口创汇的情况，从而确定成品出口是否有利。这项指标在服装的进料加工情况下非常有用，反映了成品出口创汇的情况。如果原料是国产的，其外汇成本按原料的FOB出口价计算；如果原料是进口的，则按原料的CIF进口价计算。

（三）主要贸易术语的价格核算

① FOB价换算为其他价格：CFR=FOB+F

$$CIF = \frac{FOB+F}{1 - 投保加成 \times 保险费率}$$

② CFR价换算为其他价格：FOB=CFR−F

$$CIF = \frac{CFR}{1 - 投保加成 \times 保险费率}$$

③ CIF价换算为其他价格：FOB=CIF×（1−投保加成×保险费率）− F

CFR=CIF×（1−投保加成×保险费率）

【操作要点】

价格条款是合同中的核心条款。买卖双方在其他条款上的利害得失，一般都会在价格上反映出来。而价格条款的内容，又对其他合同条款产生影响，存在密切关系。进行有效的报价，应注意以下几点。

1. 充分做好报价准备

首先，认真分析客户的购买意愿，了解他们的真正需求，从而拟定一份有的放矢的报价单。比如有的客户将商品价格低作为最重要的考虑因素，一开始就报出接近你的底线的价格，那么赢得订单的可能性就大。其次，做好市场跟踪调研，了解市场的最新动态。由于市场信息透明度高，市场价格变化更加迅速，因此，出口商必须依据最新的行情报出价格，"随行就市"，买卖才有成交的可能。

2. 注意报价的规范性

国际贸易绝大多数通过函电、邮件进行磋商，如果报价不规范，很容易造成误解或差错，导致日后电讯查询，费时费力，又有损企业形象。所以，应正确掌握货物单价的表示方法，即单价表示四要素：货币名称、单位货币金额、计量单位、贸易术语。

3. 选择合适的价格术语

报价中，贸易术语是核心部分之一。不同的贸易术语进出口双方承担不同的义务。采用何种贸易术语成交，不仅要考虑各种有利害关系的因素，而且还要正确理解和处理好贸易术语与合同的关系。既关系到双方的利益所在，也关系到能否顺利履约，所以在洽谈交易时，双方应恰当地选择贸易术语。只有这样，才能把生意做精，把买卖做活，从而有效地提高对外贸易经济效益。出口商在拟就一份报价单前，除了要尽量满足客户的要求外，自己也要充分了解各种贸易术语条件下，进出口双方各种要承担的风险、责任和费用，并认真选择，然后根据已选择的贸易术语进行报价。

4. 综合考虑合同其他要件

合同其他要件主要包括：付款方式、交货期、品质、数量、运输条款、保险条款等。在影响成交的因素中，价格只是其中之一，如果能结合其他要件和客户商谈，价格的灵活性就要大一些。例如，对于服装等季节性很强的商品，在你的报价中给客户承诺快速而又准时的交货期无疑可以吸引客户关注你方报价。同时，还可以根据销售淡、旺季之分，灵活调整自己的报价策略。

【操作示例】

1. 报价核算

例1：2011年1月份，天逸贸易公司收到新加坡一进口商的询盘，询购纯棉运动套装2000套，计一个20英尺的集装箱。该运动装的国内进货成本为每套人民币380元（含17%增值税），出口包装为20套装1纸箱，毛重16千克，纸箱尺码为66厘米×66厘米×57厘米，出口包装费用为每箱30元，国内运杂费共计2000元，商检报关费共计800元，港区港杂费共计700元，其他费用共计1500元，天逸公司向银行贷款的年利率为8%，预计垫款时间为6个月，银行手续费为0.5%，该商品的出口退税率为15%，预期利润为8%，海运费上海港至新加坡一个20英尺的集装箱的包箱费率为1100美元，客户要求按成交价格加一成投保平安险加保混杂沾污险，保险费率为0.85%，新加坡公司要求在报价中包括给该公司的3%的佣金，当时人民币对美元汇率为6.82：1。试报出每套运动服出口的FOB、CFR和CIF价格。

解：

（1）核算成本

$$实际进货成本 = 进货成本 - 进货成本 \times \frac{出口退税率}{1+增值税率}$$

$$= 进货成本 \times (1 - \frac{出口退税率}{1+增值税率})$$

$$= 380 \times (1 - \frac{15\%}{1+17\%})$$

$$= 331.282 元$$

（2）核算费用

国内费用（套）= 出口包装费 +（国内运杂费 + 商检报关费 + 港区港杂费 + 其他费用）

$$\qquad\qquad + 进货价 \times 贷款年利率 \div 12 \times 贷款月份$$

$$= 30 \div 20 + (2000 + 800 + 700 + 1500) \div 2000 + 380 \times 8\% \div 12 \times 6$$

$$= 19.2 元/套$$

银行手续费 = 报价 × 0.5%

客户佣金 = 报价 × 3%

出口运费 = 1100 ÷ 2000 × 6.82

$$\qquad = 3.751 元/套$$

出口保险费 = 报价 × 110% × 0.85%

（3）核算利润

利润 = 报价 × 10%

（4）三种贸易术语报价核算过程

FOBC3% 价 = 实际成本 + 国内费用 + 佣金 + 预期利润
= （331.282 + 19.2）÷ 6.82 + FOBC3% 价 × 0.5% + FOBC3% 价 × 3%
+ FOBC3% 价 × 8%
= 51.390 + FOBC3% 价 ×（0.5% + 3% + 8%）
= 58.07 美元/套

CFRC3% 价 = 实际成本 + 国内费用 + 海运运费 + 佣金 + 预期利润
= （331.282 + 19.2）÷ 6.82 + 3.751 ÷ 6.82 + CFRC3% 价 × 0.5%
+ CFRC3% 价 × 3% + CFRC3% 价 × 8%
= 51.9403 + CFRC3% 价 ×（0.5% + 3% + 8%）
= 58.69 美元/套

CIFC3% 价 = 实际成本 + 国内费用 + 海运运费 + 保险费 + 佣金 + 预期利润
= （331.282 + 19.2）÷ 6.82 + 3.751 ÷ 6.82 + CIFC3% 价 × 110% ×
0.85% + CIFC3% 价 × 0.5% + CIFC3% 价 × 3% + CIFC3% 价 × 8%
= 51.9403 + CIFC3% 价 ×（0.935% + 0.5% + 3% + 8%）
= 59.32 美元/套

三种价格对外报价：

（1）USD58.07/set FOBC3 Shanghai（每套58.07美元，包括3%佣金，上海港船上交货）；

（2）USD58.69/set CFRC3 Singapore（每套58.69美元，包括3%佣金，成本加运费至新加坡）；

（3）USD59.32/set CIFC3 Singapore（每套59.32美元，包括3%佣金，成本加运费、保险费至新加坡）。

例2：山东维新贸易公司收到丹麦一进出口公司求购6000条工装牛仔裤的询盘，经了解每条牛仔裤的进货成本人民币90元（含增值税17%），出口包装费每件3元，国内运杂费共计12000元，出口商检费350元，报关费150元，港区港杂费900元，其他各种费用共计1500元。维新公司向银行贷款的年利率为8%，预计垫款两个月，银行手续费率为0.5%（按成交价计），出口牛仔裤的退税率为15%，海运费：青岛至哥本哈根，一个40英尺集装箱的包箱费率是3800美元，6000条牛仔裤正好可以装在一个40英尺的集装箱内，客户要求按成交价的110%投保，保险费率为0.85%，并包括2%佣金。若维新公司的预期利润为成交额的10%，人民币对美元的汇率为6.82：1，试报每条牛仔裤的FOBC2%、CFRC2%、CIFC2%价格。

解：

（1）核算成本

实际进货成本 = 进货成本 − 进货成本 × $\dfrac{\text{出口退税率}}{1 + \text{增值税率}}$

= 进货成本 ×（1 − $\dfrac{\text{出口退税率}}{1 + \text{增值税率}}$）

= 90 ×（1 − $\dfrac{15\%}{1 + 17\%}$）

= 78.46 元/条

（2）核算费用

国内费用（套）= 出口包装费 +（国内运杂费 + 出口商检费 + 报关费 + 港区港杂费 + 其他各种费用）+ 进货价 × 贷款年利率 ÷ 12 × 贷款月份

= 3 +（12000 + 350 + 150 + 900 + 1500）÷ 6000 + 90 × 8% ÷ 12 × 2

= 6.68 元/条

银行手续费 = 报价 × 0.5%

客户佣金 = 报价 × 2%
出口运费 = 3800 ÷ 6000
         = 0.63 美元/条
出口保险费 = 报价 × 110% × 0.85%
（3）核算利润
利润 = 报价 × 10%
（4）三种贸易术语报价核算过程
FOBC2% 价 = 实际成本 + 国内费用 + 佣金 + 预期利润
           =（78.46 + 6.68）÷ 6.82 + FOBC2% 价 × 0.5% + FOBC2% 价 × 2%
             + FOBC2% 价 × 10%
           = 12.48 + FOBC2% 价 ×（0.5% + 2% + 10%）
           = 14.26 美元/条
CFRC2% 价 = 实际成本 + 国内费用 + 海运运费 + 佣金 + 预期利润
          =（78.46 + 6.68）÷ 6.82 + 0.63 + CFRC2% 价 × 0.5% + CFRC2%
            价 × 2% + CFRC2% 价 × 10%
          = 13.11 + CFRC2% 价 ×（0.5% + 2% + 10%）
          = 14.98 美元/条
CIFC2% 价 = 实际成本 + 国内费用 + 海运运费 + 保险费 + 佣金 + 预期利润
          =（78.46 + 6.68）÷ 6.82 + 0.63 + CIFC2% 价 × 110% × 0.85%
            + CIFC2% 价 × 0.5% + CIFC2% 价 × 2% + CIFC2% 价 × 10%
          = 13.11 + CIFC2% 价 ×（0.935% + 0.5% + 2% + 10%）
          = 15.14 美元/条

三种价格对外报价：
（1）USD14.26/ piece FOBC2 Qingdao（每条14.26美元，包括2%佣金，青岛港船上交货）；
（2）USD14.98/ piece CFRC2 Copenhagen（每条14.98美元，包括2%佣金，成本加运费至哥本哈根）；
（3）USD15.14/piece CIFC2 Copenhagen（每条15.14美元，包括2%佣金，成本加运费、保险费至哥本哈根）。

2. 盈亏核算

例1：出口布鞋36000双，出口价每双0.90美元，CIF格丁尼亚（波兰），CIF总价32400美元，其中海运费3400美元，保险费160美元，进货成本每双人民币4元，共计人民币144000元（含17%增值税），出口退税率14%，费用定额率12%，当时银行美元买入价为1：6.8208，卖出价为1：6.8482。试计算：出口盈亏率和出口换汇成本。

解：出口盈亏率 = $\dfrac{\text{出口销售人民币净收入} - \text{出口总成本}}{\text{出口总成本}} \times 100\%$

出口总成本 = 实际进货成本 + 国内费用

出口总成本 =（144000 − $\dfrac{144000}{1+17\%}$ × 14%）+ 144000 × 12%

           = 144049.23

出口盈亏率 = $\dfrac{\text{USD}（32400 - 3400 - 160）\times 6.8208 - 144049.23}{144049.23} \times 100\%$

$$= 36.6\%$$

出口盈亏率大于零，说明出口是盈利的，盈利率为36.6%。

$$出口换汇成本 = \frac{出口总成本（人民币）}{出口销售外汇净收入（外币）}$$

$$= \frac{¥144049.23}{USD(32400 - 3400 - 160)}$$

$$= 5元/美元$$

出口换汇成本低于外汇牌价，说明出口换汇是合适的。

例2：某公司从国外进口原棉，经加工成棉布后出口，已知进口棉花的费用为USD33500，加工后复出口外汇净收入为USD52500。问：该原棉出口的创汇率是多少？

解：出口创汇率 $= \dfrac{成品出口外汇净收入 - 原料外汇成本}{原料外汇成本} \times 100\%$

$$= \frac{52500-33500}{33500} \times 100\%$$

$$= 56.72\%$$

3. 不同贸易术语之间的报价折算

例1：某公司对外报价抽纱台布2.20美元/件CIF纽约，按发票金额加成10%投保一切险，保险费率0.3%，客户要求改报CFR价格，请问该报多少？

解：CFR=CIF×（1 − 投保加成 × 保险费率）

　　　=2.2×（1 − 110%×0.3%）

　　　=2.193美元

应报每件2.193美元CFR纽约

例2：一批出口货物CFR价为25万美元，现客户要求改报CIF价加一成投保海运一切险，如保险费率为0.6%，则CIF应报何价？

解：

$$CIF = \frac{CFR}{1 - 投保加成 \times 保险费率}$$

$$= \frac{250000}{1 - 110\% \times 0.6\%}$$

$$= 251660.96 美元$$

例3：我对外报某种纺织面料价格为每公吨1000美元CIF新加坡，而外商还盘为902FOB上海，经查该货物由中国港口运至新加坡每公吨运费为88美元，保险费率合计为0.95%，试问单纯从价格角度上讲，我方可否接受？

解：将我方报价CIF新加坡换算成FOB上海价格，其结果是：

FOB上海 = 1000 − 88 − 1000×110%×0.95%

　　　　 = 901.55美元

而外商报价为FOB上海902美元，二者相差不多，可以接受外商还盘。

【操作训练】

1．根据下列资料，计算出口商品的CIF报价。

商品：儿童羽绒服
货号：AE803
颜色：蓝、绿、红、紫、白
数量：3000件
包装方式：5件/纸箱，装在2个40英尺整箱内
尺码：120厘米×76厘米×50厘米/纸箱
供货单价（含税）：210元/件
已知服装的增值税为17%，出口退税为15%。
国内费用：出口包装费每件10元；整批货物共需仓储费500元；国内运杂费1000元；商检费650元；报关费50元；港口费800元；业务费2000元；其他1000元。
出口运费：上海至哥本哈根集装箱运费为20英尺整箱2065美元，40英尺整箱3935美元。
保险费：发票金额加10%投保一切险和战争险，费率分别为0.6%和0.3%。
公司要求的预期利润率为成交价格的10%并以即期信用证作为付款方式。（人民币对美元汇率为6.82∶1）

2. 福建石狮市的一家纺织服装进出口公司收到日本商人求购2000套男式西服的询盘（计1个20英尺集装箱），经了解每套西服的进货价格为860元人民币（含增值税17%）；出口包装费每套50元；该批货物国内运杂费计1200元；出口商检费300元；报关费100元；港区港杂费950元；其他各种费用共计1500元。该进出口公司向银行贷款的年利率为8%；预计垫款时间2个月；银行手续费率为0.5%（按成交价格计），出口服装的退税率2009年已调整为15%；海洋运费从装运港厦门至日本神户一个20英尺集装箱的包箱费率是2200美元，用户要求按成交的110%投保，保险费率0.95%；日本商人要求在报价中包括3%的佣金，若该进出口公司的预期利润是10%（以成交金额计），人民币对美元汇率为6.82∶1，试报出每套西服的FOB价格、CFR价格和CIF价格。

3. 上海越野进出口公司收到美国SPORTSMAN公司来电求购500套运动衫，要求分别报出每套运动衫的FOB美元价格、CFR美元价格和CIF美元价格。经了解，运动衫的国内购货成本为每套人民币450元（含17%增值税）；包装是50套1纸箱，毛重44千克，纸箱尺码是60厘米×60厘米×50厘米，包装费用为每箱75元；国内运杂费共1000元；商检报关费共600元；港区港杂费共400元；上海越野进出口公司业务费共500元；其他费用共400元；经查，运动衫出口海洋运费按尺码计算，装运港至纽约港每立方米的运费为125美元；海运出口的保险费将按CIF成交价格加一成投保水渍险，费率0.69%；此外，运动衫出口有15%的退税；出口的银行费用是0.5%（按成交价格计算）；上海越野进出口公司的预期利润为出口报价8%；美国SPORTSMAN公司要求在报价中包括该公司的5%的佣金；人民币对美元的汇率是6.82∶1。

4. 我某公司出口服装10000件，出口价格为每件8.8美元CIF纽约，现客户要求改报FOB上海价。已知该批货物总运费为200美元，原报CIF价中，投保险别为一切险，保险费率为1%，按CIF价的110%投保。求应报的FOB上海价。

5. 某公司出口一批丝绸衬衫，进货成本为每件165元，出口各项费用共计每件12.8元，公司所定的利润率为10%（出口成本为基础），对外报出的FOB价应为多少美元？（1美元折合6.82元人民币）

6. 我公司出口服装1000件，每件15美元CIF纽约，总价为15000美元，其中运费2010美元，保险费102美元。进价每件人民币95元，共计95000元（含增值税17%），费用定额率为10%，出口退税率15%。当日银行美元买入价为6.82元。求该笔业务的出口盈亏率和出口换汇成本。

第四节　发盘

【实训目的】

通过实训，使学生能完整、准确地拟写发盘函，掌握发盘的写作步骤与技巧。

【操作指南】

发盘是指交易的一方（发盘人）向另一方（受盘人）提出购买或出售某种商品的各项交易条件，并愿意按此条件达成交易、订立合同的一种肯定的意思表示。发盘常用的表达有：

兹发盘如下……（We offer as follows…）；

兹报实盘……（We offer firm…）；

兹报价如下……（We quote as follows…）；

可供应……（We can supply…）；

发盘既是一项商业行为，又是法律行为，在法律上称作要约。发盘在有效期内，一经受盘人无条件接受，发盘人即受其约束，并承担发盘条件和订立合同的法律责任。发盘多为卖方发出，称作售货发盘；也可由买方发出，称作购货发盘或递盘（bid）。

按照发盘对发盘人的约束力不同，可以分为实盘（firm offer）和虚盘（non-firm offer）两种类型。

实盘是指有约束力的发盘，是发盘人有肯定订立合同的意思表示。实盘一旦由交易的另一方（受盘人）有效接受，发盘人对其发盘的内容，在有效期内不得随意变更或撤销，否则发盘人将承受违约的法律后果。实盘所列的交易条件必须完整、肯定、明确，不能含糊和模棱两可，也不应有任何保留。实盘都有有效期，有效期既是对发盘人的约束，也是对受盘人的约束。在有效期内，发盘人有必须承担成交的义务，但是超过了有效期，即使受盘人再行接受，发盘人有权拒绝成交。

虚盘是不受约束力的发盘。即发盘人有保留地愿意按照一定条件达成交易的表示。虚盘通常没有完整的内容，没有规定有效期，而且也不够明确、不够肯定，通常带有如下表示的发盘都视为虚盘。

Subject to our final confirmation. 以我方最后确认为准。

Subject to the goods being unsold. 以货物未售出为准。

Subject to alteration without notice. 发盘条件更改，不另行通知。

在日常的业务中，对外寄出的报价单（price list）及形式发票（proforma invoice）等，一般都注明"仅供参考"或"以我方最后确认为准"。这就排除了受盘人只要接受就可以成交的权限。虚盘对发盘人来说，较为灵活，可以根据市场行情的变化，挑选成交时机和对手，以取得有利的交易条件。但是，受盘人有时把它看成一般的业务联系，而不利于抓住有利时机，迅速达成交易。

完整准确地拟写发盘函可以避免争议，有利于缩短合同磋商的时间，尽快达成协议。一般而言，一封规范的发盘函应包括如下几方面内容。

① 首先感谢对方询盘，明确答复对方来函问问的事项。如：

We have received your enquiry of 10th October and thank you for your interest in our all cotton shirts.

收到你方10月10日询盘，感谢你方对我们全棉衬衫感兴趣。

Thank you for your enquiry dated 20th of August.

感谢你方8月20日询盘。

Thank you for your interest in our children's waistcoat article No. 222.
感谢你方对我们的货号为222的儿童马甲感兴趣。

② 阐明交易的条件（品名、规格、数量、包装、价格、装运、支付、保险等）。如：

For the Butterfly Brand sweater, the best price is USD79.00 per piece FOB Tianjin. The minimum quantity is one 20' FCL and for the purchase of two or more containers，2% discount will be allowed.
关于蝴蝶牌毛衣，最优的报价为每件79美元FOB天津。最低起订量1个20英尺整箱，订购数量达2个或以上集装箱，将给予2%的折扣。

All these blankets are packed in plastic bags with zip of 1 piece each，20 pieces to a carton.
所有的毛毯用带拉链的塑料袋包装，每件装在1个袋里，20件装在1个纸箱内。

Delivery is to be made within 45 days after receipt of order.
收到订单后的45天内交货。

Our usual terms of payment are by confirmed irrevocable L/C available by draft at sight.
我们通常的付款条件是保兑的、不可撤销的即期信用证。

The insurance shall be effected by the seller covering the invoice value plus 10% against FPA.
由卖方按照发票金额加成10%投保平安险。

③ 声明发盘有效期或约束条件。如：

This offer is valid for ten days.
该发盘10天内有效。

For acceptance within two weeks.
2周内接受有效。

We offer you the following, subject to reply by 5.p.m. ,October 3rd.
兹报实盘，以10月3日下午5点答复有效。

We offer CIF Lagos, shipment within 30 days, subject to your reply by the end of this month.
兹报CIF拉各斯到岸价，30天内装运，以本月底之前答复有效。

We are making you an offer as follows, subject to your reply within 1 week.
兹报盘如下，以1周内答复有效。

This offer is subject to our final confirmation.
该发盘以我方最后确认为准。

④ 鼓励对方订货。如：

We look forward to your trial order .
期待你方的试订单。

As there is a heavy demand for our product, we would advise you to place your order as soon as possible.
由于对我方商品的需求旺盛，建议你方尽快订购。

Any orders you place with us will be processed promptly.
你方的任何订单都将立即处理。

【操作要点】

出口商发盘通常有两种情况：一是主动向客户发盘；二是在收到对方询盘后发盘。两者在写作上有所区别。前者特别注重其准确性和完整性，重在介绍产品和吸引潜在客户；而后者则主要是针对对方的询盘作出答复，注重针对性，以对方感兴趣或符合对方要求的商品为中心，做到有的放矢。例如，对方在询盘中已言明需要立即出运的商品，那么对于那些库存脱销的商品再做激励性的介绍，恐怕也收效甚微。

虽然发盘函又称为报价信，但其内容绝不仅仅是价格，而应包括足以明确该交易的各项主要条件。发盘函在写作时一般要言明主要交易条件，包括商品的品名、规格、价格、包装、装运、付款、保险等要件。如果是实盘，同时还要写明此发盘的有效期，并鼓励对方订货。

拟写发盘函电时应注意以下事项。

① 要回函及时。迅速回复询盘，是合同磋商过程中非常重要的一步。如果因市场行情变化、成本变化等原因不能当天回复，也要立即回信，告知对方原因以及何时能够回复，并在最快的时间内给对方发盘。由于市场上竞争者众多，所以必须特别强调交易条件和交易内容，不会比其他公司差。以产品的特色、优良的品质及合理的价格来说服对方。对于纺织品服装产品交易来讲，因为季节性较强，交货期也是交易成功与否的关键之一。

② 答复详尽。答复询盘时，应详细回答对方询盘中的问题，交易时必需的资料，如样品、目录、价目表等，有必要时应一并附上。若是分开另寄，则需说明，如果手头上有关于市场行情和市场动向的资料，则可作为说服对方订货时有力的判断材料。

③ 措辞有力。诚挚热忱的话语很有必要，但最好言简意赅。当对方所订购的商品没有存货时，一定要推荐相同的或相似的代替品来供应。如果没有代替品，则要很有礼貌地通知对方。同时，对于品质和交货期应该详细说明，供对方参考之用。

【操作示例】

1. 根据下列日本客户的函电，代写一封发盘函。

Oct. 12, 2011

Dear Sir,

We had visited the Guangzhou Fair in Oct 2011, and got your reference from the CD given there. We need the following item:

Men's Shirts small size, button down collar, Long sleeves. Packages 50 PCS in 1 carton box. Prices required in CIF/US$/Tokyo. Quantity：30/40 containers per month.

E-mail: riversflow@hotmail.com　　Contact: Rivers flow

回函要求：价格是男式小号衬衫11.50美元/件 CIF 东京，包装每50件装一纸箱，要求首次交易即期信用证付款，证到后4星期出运，投保一切险，再随寄一些新产品宣传册给客户。

参考信函：

Dear Sirs,

Thank you for your inquiry of Oct. 12, 2011 For the quantities and the specification you mention, we are pleased to quote as follows:

Price：CIF Tokyo USD11.5 per piece

Packing: 50pieces / carton

Shipment: Within 4 weeks after receiving L/C

Payment: sight L/C

Insurance: To be effected by the seller for 110% invoice value against All Risks.

We feel you may be interested in some of our other latest products and enclose descriptive booklets for your reference.

Looking forward to receiving your order.

Yours truly,

2. 我方收到加拿大进口商10月20日的询盘，向我方询购全棉衬衫。请以出口方业务员的身份写一封回函，告知对方详细的交易条件，包括：尺码、价格、付款条件及包装条件。

Dear Sirs,

Your letter of 20th Oct. asking us to offer you the cotton shirts has received our immediate attention. We are pleased to be told that there is a great demand for our products in your district.

In compliance with your request, we are making you the following offer, subject to our final confirmation.

Commodity: Cotton shirts different colours and pattern assortments

Size: Large（L）, Medium（M）, Small（S）

Packing: Shirts are wrapped in plastic bags and packed in standard export cardboard cartons

Price: CIF Shanghai per dozen in RMB650, L: 45, M:42, S35

Payment: By confirmed, irrevocable L/C payable by draft at sight

Shipment: During November/December

We hope the above will be acceptable to you and await with interest your early order. Yours faithfully,

3. 南京清平进出口公司收到客户询盘，由于库存不稳定，请给对方拟写一封虚盘信函，告知对方关于女式皮鞋的交易条件，如颜色、数量、价格、付款方式等。

Dear Sirs,

We were pleased to receive your letter of 1st May and thank you for your interest in our women's leather shoes.

In reply, we have pleasure in offering, subject to our final confirmation. Our main products are as follows:

500 pairs Women's leather shoes

Colour: black and brown

Size：24 25&26

Price: each pair at ￡25 CIF Nanjing

Payment: by confirmed, irrevocable L/C at sight

Shipment: 30 days after receipt of L/C

We hope this offer will be of interest to you, and look forward to hearing from you soon.

Yours faithfully,

【操作训练】

1. 假定你是岱银进出口公司的一名外销员，今天收到史密斯服装公司的一封询盘，想要进口全棉男式衬衫。请给对方写一封发盘函电，提供包括价格、付款条件、质量、可供数量等详细信息，以使进口方做出购买的选择。所写发盘包括下列要点。

（1）首先感谢对方的询盘。

（2）报出详细的交易条件，以及发盘的有效期。

（3）告知对方随函附上样本。

（4）期待早日收到对方的订单。

2. 根据所给条件请以鲁东纺织品进出口公司业务员的身份，给进口商发出一封发盘。

（1）收到你方3月22日来信。

（2）按要求，我们已航空另邮寄我方印花细布的一份商品目录和两份样本。

（3）为了开展双方的具体贸易，我们很高兴向你方报特价，以我方最后确认为有效。

（4）货号：第81000号印花细布。

（5）型号：724435。

（6）规格（纱支）：30×35支。

（7）数量：18000码。

（8）包装：捆装或木箱装，由卖方选择。

（9）价格：拉各斯到岸价每码2美元。

（10）装运：从2011年6月起分3个月3次平均装运。

（11）支付：在装运月前30天开出保兑的、不可撤销的即期信用证。

3. 请根据下列客户询盘的内容拟写一封发盘函，详细回答客户提出的问题，告知对方交易的基本条款，并敦促对方尽快作出决定。

Dear Sirs,

We have received your letter and your catalogue. We are glad to learn your desire of establishing business relations with us.

For your information, after studying your catalogue carefully, we found that "Forever" brand YE803 26' and TE600 24' bicycles are quite suitable for the Danish market. We would like to place an order for 600 sets each with delivery during August.

Please kindly check and inform by return if you are able to supply and quote us your rock bottom prices for these two items on the basis of CIFC5 COPENHAGEN with details about packing, color assortment, insurance and means of payment.

Your immediate and careful attention to this matter would be highly appreciated. We look forward to your favorable reply.

With best Regards.

4. Translate the following into English.

敬启者：

很高兴收到你方5月30日询价，根据你方要求，现寄上带插图的目录册和明细报价单。此外，另封邮寄一批样品，确信只要你公司查阅一下这批样品，定会同意我方产品质量上乘，价格合理。

对定期购买不少于50打的商品公司可给5%的折扣。由于质地柔软、耐用，我们的纯棉床单备受欢迎。你方在研究我方价格之后，一定会了解为什么我们的产品难以满足市场的需求。但是你方在本月底前下订单，我方可保证在收到订单后两周内交货。

请你方注意报价单上的我方其他纯棉产品，期待你方的首次订单。

第五节　还盘

【实训目的】

通过实训，使学生掌握还盘核算的技巧，学会基本的讨价还价方法及规则，恰当、合理地进行磋商谈判，并拟写还盘函电。

【操作指南】

还盘，又称还价。在法律上称为反要约，是受盘人以发盘人的地位所提出的新的发盘。一方的发盘经对方还盘后即失去效力，除非得到原发盘人的同意，受盘人不得在还盘后反悔。一项还盘等于受盘人向原发盘人提出的一项新的发盘。还盘作出后，还盘的一方与原发盘人在地位上发生改变。还盘人由原来的受盘人变成新发盘的发盘人，而原发盘人则变成了新发盘的受盘人。新受盘人有权针对还盘内容进行考虑，接受、拒绝或者再还盘。

一方发盘，另一方如对其内容不同意，可以进行还盘。同样，一方的还盘，另一方如果对其内容不同意，也可以进行再还盘。贸易谈判中，一方在发盘中提出的条件与对方能够接受的条件不完全吻合的情况经常发生，特别是在大宗交易中，很少有一方发盘后即被对方无条件接受的情况。因此，虽然从法律上讲，还盘并非合同磋商的必经环节，但在实际业务中，还盘的情况还是很多。有时一项交易需经过还盘、再还盘等多次讨价还价，才能做成。

在接到对方的发盘后，如果不完全同意发盘中的条件，应尽快做出还盘。一般地，一封规范的还盘函应包括如下几方面内容。

① 感谢对方发盘。如：
We acknowledge with thanks your letter of Spet. 20, offering us 500 dozens of T-shirts at USD14.00 per dozen.
感谢你方9月20日信函，按照每打14美元的价格报给我方500打T恤衫。
Your offer of Oct. 20th has received our immediate attention.
你方10月20日发盘得到我方的立即关注。
We acknowledge receipt of your offer of July 20th, for which we thank your.
我方已经收到你方7月20日发盘，对此表示感谢。

② 很遗憾不能接受对方发盘中的条件。如：
We regret that we cannot accept your offer.
很遗憾我方不能接受你方发盘。
In reply, we regret to inform you that your price is found so high that our margin of profit would be quite narrow.
此复，我们很遗憾地告知你方所报价格偏高，使我们利润甚少。

③ 陈述不能接受对方发盘的理由。如：
Information indicates that some parcels of similar quality from other sources are being sold at a level about 10% lower than yours.
有信息表明，其他来源的几批货物在低于你方售价10%的价格上销售。
We cannot accept your offer, as your price is found to be on the high side.
我们不能接受你方发盘，因为价格偏高。

④ 提出我方的交易条件。如：
There is no possibility of business unless you reduce your price by 5%.
除非你方把价格降低5%，否则无法成交。
If you can make a further reduction of 2%, your price will be competitive enough.
如果你方能再降价2%的话，你方价格就有足够的竞争力。
Please try to expedite the execution of Order NO.45.
请加速第45号订单的执行。

⑤ 希望对方接受我方的还盘。如：
As the market is declining, we recommend your immediate acceptance.
市场行情下跌，我们建议你方立即接受。
We hope you will take our proposal into serious consideration and give us an early reply.
我们希望你方慎重考虑我们的建议，尽快给我们答复。

【操作要点】

出口还盘时要注意以下问题。
① 在收到对方还盘后，要进行还价核算，以便对还价作出合理反应，或者进行再还价，或者接受。
② 还盘的内容通常仅陈述需要变更或增添的条件，对双方同意的交易条件无需重复。
③ 出口发盘之后，双方最难达成一致意见的就是商品的价格，因此，讨价还价就成为还盘的主要内容。卖方在还盘后如果没有得到买方回音，应主动联系买方，强调原价的合理性，并列明理由。无论最后是否接受对方的还价，我们一般都会坚持原报价的合理性，给出各种适当的理由。

【操作示例】

1. 在我方发出询盘后，出口方及时发盘，但是经其他出口商的报价比较，我方发现出口方的报价偏高，请以进口方业务员的身份拟写一封还盘函。

Dear Sirs,

Re: Table Cloth

We refer to your quotation for the captioned article, the samples and catalogue enclosed.

We have contacted our clients, who find the quality and delivery time acceptable but the price so greatly different from those quoted by other suppliers that it is unacceptable to them.

Articles of similar quality from England are being offered at a price 10% lower. Such being the case, we suggest that you reduce your price to the prevailing market level so that we can place large orders.

We hope you will take our proposal into serious consideration and give us an early reply.

2. 还盘核算

2011年1月份，天逸贸易公司收到新加坡一进口商的询盘，询购纯棉运动套装2000套，计一个20英尺的集装箱。该运动服的国内购货成本为每套人民币380元（含17%增值税），出口包装为20套装1纸箱，毛重16千克，纸箱尺码是66厘米×66厘米×57厘米，出口包装费用为每箱30元，国内运杂费共计2000元，商检报关费共计800元，港区港杂费共计700元，其他费用共计1500元，天逸公司向银行贷款的年利率为8%，预计垫款时间为6个月，银行手续费为0.5%，该商品的出口退税率为15%，预期利润为8%，海洋运费上海港至新加坡一个20英尺的集装箱的包箱费率为1100美元，客户要求按成交价格加一成投保平安险加保混杂沾污险，保险费率为0.85%，新加坡公司要求在报价中包括给该公司的3%的佣金，当时人民币对美元汇率为6.82∶1。经计算，我方报出每套运动服出口的价格USD59.26/set CIFC3 Singapore，对方还盘USD55/set CIFC3 Singapore。按照客户还价，核算我方盈亏情况。如果将我方利润率降低到5%，我方应如何对报价进行调整？同时，根据价格核算情况给对方拟写一封还盘的函电。

（1）我方盈亏情况核算

$$实际进货成本 = 进货成本 - 进货成本 \times \frac{出口退税率}{1+增值税率}$$

$$= 进货成本 \times \left(1 - \frac{出口退税率}{1 + 增值税率}\right)$$

$$= 380 \times \left(1 - \frac{15\%}{1 + 17\%}\right)$$

$$= 331.282 元$$

国内费用（套）= 出口包装费 +（国内运杂费 + 商检报关费 + 港区港杂费 + 其他费用）+ 进货价 × 贷款年利率/12 × 贷款月份

$= 30 \div 20 + (2000 + 800 + 700 + 1500) \div 2000 + 380 \times 8\% \div 12 \times 6$

$= 19.2$ 元/套

银行手续费 = 报价 × 0.5% = 55 × 6.82 × 0.5% = 1.8755 元/套

客户佣金 = 报价 × 3% = 55 × 6.82 × 3% = 11.253 元/套

出口运费 = 1100 ÷ 2000 × 6.82 = 3.751 元/套

销售利润 = 销售收入 − 实际成本 − 国内费用 − 客户佣金 − 出口运费

$= 55 \times 6.82 - 331.282 - 19.2 - 11.253 - 3.751$

$= 9.614$ 元/套

利润大于零，每套盈利 9.614 元，利润率为 9.614 ÷ 6.82 ÷ 55 = 2.6%

（2）按照我方保持 5% 利润还价情况

核算成本

实际进货成本 = 331.282 元

国内费用（套）= 19.2 元/套

银行手续费 = 报价 × 0.5%

客户佣金 = 报价 × 3%

出口运费 = 3.751 元/套

利润 = 报价 × 5%

CFRC3% 价 = 实际成本 + 国内费用 + 海运运费 + 佣金 + 预期利润

$= (331.282 + 19.2) \div 6.82 + 3.751 \div 6.82 + CFRC3\% 价 \times 0.5\%$
$+ CFRC3\% 价 \times 3\% + CFRC3\% 价 \times 5\%$

$= 51.9403 + CFRC3\% 价 \times (0.5\% + 3\% + 5\%)$

$= 56.77$ 美元/套

报价调整为 56.77 美元/套方可以成交。

对以上核算结果，出口商可根据国际市场的价格水平，结合自己的销售意图，合理妥当地对外还价。

（3）拟写还盘函

Dear Sirs,

We have carefully considered the opinion you expressed in your mail of counter offer. We are doing the best to set our price as low as possible without a sacrifice of quality in searching the suitable suppliers. We have regretfully point out that the price mentioned in your mail are unacceptable.

Considering the excellent quality submitted and the continual rise in export cost, it is almost impossible for us to make any further reduction. However, in view of the initial transaction between us and the special character of your market, we have decided to give you the following favorable quotation, which is the utmost we can do: All cotton sport wear USD56.77/set CIFC3 Singapore.

Since this offer is valid only for 3 days, please take this advantage and give us your acceptance by E-mail as soon as possible.

Yours faithfully,

【操作训练】

1. 根据以下资料拟写还盘函。

Sep. 29

ABC. Co., Ltd. Inquire about Chinese silk shirt

Sep. 30

Shanghai Kejian Co., Ltd offer USD16 per piece FOB Shanghai

Oct. 2

ABC Co., Ltd counter offer price too high for first access to market. USD13 is acceptable.

Oct. 2

Shanghai Kejian Co., Ltd discuss whether to agree？

经讨论，可健公司认为不能同意降价，希其能接受原报价。请代为拟函。

2. 请根据下列外方来函及后附的提示，写一封回函。

Dear Sir or Madam:

Thank you for your letter of September 11th sending us your quotation for all cotton bed sheets Art.330.

To be frank, the quality of your sheets is quite good, but the price appears to be on the high side as compared with other suppliers in Asia. It is understood that to accept the price you quoted would leave us little or no margin of profit on our sales. We would, therefore, suggest that you make some allowance, say 10% on your quoted price. However, if you cannot do so, then we shall have no alternative but to leave the business as it is.

As to the terms of payment, we usually do business on the D/P basis. We hope it will be acceptable to you.

We are waiting for your reply with much interest.

Yours sincerely,

回函要点：

（1）只能接受信用证的付款方式。

（2）若订购2000打以上，给予5%的折扣。

（3）保证及时装运。

第六节 成交签约

【实训目的】

使学生能够根据买卖双方合同磋商的结果，起草书面合同或成交确认书，熟练掌握规范的出口合同应具备的基本条款和规定方法，以及合同签订时要注意的问题，正确缮制和签署出口合同，拟写成交函。

【操作指南】

合同磋商的过程中，一方发盘或者还盘被另一方接受以后，交易即告达成，买卖双方的合同关系成立。但根据国际贸易习惯及《中华人民共和国合同法》的有关规定，买卖双方还要签订书面合同或成交确认书，以进一步明确双方的权利和义务。出口合同的订立，是双方当事人意思表示一致的结果。

1. 国际货物买卖合同的拟定

国际贸易中，买卖双方达成交易后，交易一方即要根据磋商的结果拟定国际货物买卖合同或确认书。一般是由出口方拟定合同，称为国际货物销售合同（sales contract），也可以由进口方拟定，称为国际货物购货合同（Purchase Contract），填写、制作国际货物买卖合同或确认书时，当事人应注意以下问题。

① 合同的标的物和内容必须合法，合同的条款必须贯彻我国对外贸易的方针、政策，体现平等互利的原则。

② 合同条款的内容必须和磋商达成的协议内容完全一致。

③ 合同条款要明确、具体、完善。各条款之间应协调一致，防止互相矛盾。

④ 文字要简练、严密，避免使用含糊不清或模棱两可的词句。

2. 签约函

进出口业务中，买卖合同一般由我方制作。合同拟好后，我方应及时将其寄给对方签署，这一过程称为会签（counter sign）。寄送合同时，我方一般要在合同外附上一封简短的书信，即签约函。签约函一般包括如下内容。

① 对达成交易表示高兴，希望合同顺利进行。常用的表达方式如下。如：

We are pleased to have concluded business with you in all cotton bed sheets.

很高兴同你方就全棉床单达成交易。

② 告知对方合同已寄出，希望其予以会签。如：

We are sending you our Sales Confirmation No.7655 in duplicate. Please sign and return one copy for our file.

现寄给你方第7655号销售确认书，请签字后退回一份供我方存档。

③ 催促对方尽早开立信用证。如：

It is understood that a letter of credit in your favour covering the above-mentioned goods will be established promptly.

关于上述货物的以你方为受益人的信用证将立即开出。

【操作要点】

1. 表示接受应注意的问题

国际贸易中，表示接受的可以是买方，也可以是卖方。如果是我方表示接受，一般应注意以下几个问题。

① 接受时应慎重对洽商的函电或谈判记录进行认真核对，经核对认为对方提出的各项交易条件确已明确、肯定、无保留条件时，再予以接受。

② 接受可以简单表示，如："接受你方10日发盘"；也可详细表示，即将洽商的主要交易条件再重述一下，表示接受。通常对一般交易的接受，可以采用简单的形式表示，但接受电报、电传或信函中必须注明对方来电、信函的日期或参考号；如果买卖双方多次互相还盘，条件变化较大，还盘中仅涉及需要变更的交易条件，则在接受时宜复述全部条件，以免疏漏和误解。

③ 表示接受应在对方报价规定的有效期之内进行，并严格遵守有关时间的计算规定。

④ 表示接受的信函最主要的目的是要告诉对方合同已经寄出，希望对方会签，同时表达成交的高兴心情。

2. 起草出口合同时要注意的问题

应以最终的书面合同文本为准。经过长期的实践，外贸合同的基本项目已经基本确定。在进行签订合同阶段，除了要依据常规的合同文本的要求外，更重要的是要根据具体交易的实际需要。

3. 合同送交进口商时要注意的问题

草拟合同方对对方会签的书面合同应及时认真地审核，确保合同内容未经任何更改或附加。对国外寄来的需要会签的合同、确认书等应仔细审阅，如有不符应及时提出异议，绝不可置之不理，以防被视为默认。

【操作示例】

1. 拟写成交函

Dear Sirs,

Your quotation has been accepted and we are glad to place our order NO.2008022 as follows: ART. NO.87875

USD19.88/PIECE CIFC3 NEW YORK

Please pay attention that the shipment must be effected by the end of this November. Other terms and conditions are the same as we agreed before. As this is the very first transaction we have concluded, your cooperation would be very much appreciated. Please send us your sales confirmation in duplicate for counter-signing.

Yours faithfully,

2. 按照下列要求填制合同

买方：ABC garment CO. LTD.,
　　　112 Madison Avenue NEWYORK,
　　　U.S.A

卖方：China National Chemicals Import & Export Corporation,
　　　Guangdong Branch
　　　133 tianhe road Guangzhou
　　　China

商品名称：全棉男式衬衫

数量：5000件

单价：每件35美元

总值：175000美元

包装：每件装1个塑料袋，10件装在1只适于海运的纸箱内，码头由出口方确定

保险：由卖方按《中国人民保险公司海洋货物运输保险条款》，按照发票总值110%投保一切险及战争险。

目的港：纽约，允许转船

装运港：广州

装船期限：2011年12月份装船

支付：由买方开立以卖方为受益人的不可撤销信用证，至装运后第15天在中国议付有效。

开证行：BANK OF AMERICA

销 售 合 同

SALES CONTRACT 合同号 NO.123

正 本

ORIGINAL   日期 DATE:

卖方

Seller: China National Chemicals Import & Export Corporation, Guangdong Branch

地址

Address: 133 tianhe road Guangzhou, China

电话   传真

Tel: 020-55588879   Fax: 020-55588877

买方

Buyer: ABC garment CO. LTD.

地址

Address: 112 Madison Avenue NEWYORK, U.S.A

电话   传真

货物名称及规格 NAME OF COMMODITY AND SPECIFICATION	数 量 QUANTITY	单 价 UNIT PRICE	金 额 AMOUNT
Address:all cotton men's shirts	5000 pieces	USD35 per piece	USD175000

Tel: 1022227475   Fax: 1022227465

兹经买卖双方同意成交下列商品订立条款如下:

The undersigned Sellers and Buyers have agreed to close the following transaction according to the terms and conditions stipulated below:

总值

TOTAL VALUE   USD175000

装运

SHIPMENT: from Guangzhou to Newyork during December 2011, transshipment allowed

付款条件

PAYMENT: by confirmed, irrevocable, letter of credit to be available by sight draft and to remain valid for negotiation in China until the 15th day after the foresaid time of shipment.

包装

PACKING: each is packed in a polybag and 10 pieces to a seaworthy cartoon.

唛头:

MARKS & NOS. at seller's option

保险

INSURANCE: to be covered by the seller for 110% of the invoice value against ALL RISKS and WAR RISK as per and subject to OCEAN MARINE CARGO CLAUSES and OCEAN MARINE CARGO WAR RISKS CLAUSES of PICC dated 1/1/1981.

      买方   卖方
     THE BUYER   THE SELLER

3. 寄送签约函

Dear Sirs,

Thank you for your letter of November 12th, 2011 and your Order NO.0751. Enclosed is our Sales Confirmation No. 123 in duplicate. Please countersign and return one copy for our file. You are kindly requested to open the relative L/C without delay after signing the contract. Please rest assured that we will send shipping advice as soon as the shipment is completed. The said order and your further orders will have our immediate attention.

Yours faithfully,

【操作训练】

1. 根据信件内容译制合同并拟写成交函。

TO: 德国贸易公司

敬启者：

我们很高兴地告知你方，我们已收到并接受你方9月28日的还盘，现确认与你方达成了以下交易：

2600条温暖牌毛毯，规格为220厘米×200厘米，棕色与绿色分别占60%和40%，每5条装一纸箱，不同颜色毛毯按比例搭配，每4箱装一适合海运的木箱。价格为成本加保险费、运费、欧洲主要口岸。每条毛毯150德国马克，包括你方佣金3%。全部货物将于2011年11月15日前由中国青岛港一次装运完毕。具体目的港由买方在信用证中明确，不允许转船。保险由我公司根据中国保险条款按发票金额110%投保一切险和沾污险，唛头由我方选定。装运前40天你方须通过银行将不可撤销的即期信用证开到我方。信用证以我方为受益人，金额应包括100%发票金额。

现将我方今日签好的合同FG112号寄给你方，请签退一份供我方存档。

青岛鸿翔纺织品进出口公司
2011年7月6日

2. 按照下列要求填制合同。

买方：China National Textile Import & Export Corporation, Guangdong Native Produce Branch

卖方：Datung trading CO.,LTD

商品名称：Cotton Yarn

数量：100公吨

单价：每公吨成本加运费到黄埔价格1800美元

总值：18万美元

包装：袋装，每袋净重100公斤

保险：由买方投保

目的港：黄埔

装运港：仰光（Rangoon）

装船期限：2011年5月

支付：由买方开立以卖方为受益人的不可撤销信用证，至装运后第15天在仰光议付有效。

开证行：中国银行

原产地：缅甸（Burmese）

第七节　催证、审证和改证

【实训目的】

通过实训，使学生熟悉在什么情况下需要向进口方催开信用证，拟写催证函。
掌握信用证的审证和改证过程，能够根据销售合同审核信用证，拟写改证函。

【操作指南】

签约后，进口方应根据合同及时开出信用证，以便出口方按时发货。但是在有些情况下，进口方因为种种原因不能按时开出信用证，这就需要出口方催促对方开证。收到进口方开来的信用证，出口方应立即进行认真细致的审核，这关系到出口方发货之后能否安全及时地收到货款。如果信用证中的条款与合同中的条款不符，或者信用证中有出口方不能接受的条款，出口方就应该向进口方发出改证函，要求对方通过开证行修改信用证，直到信用证的条款与合同完全相符，才能按合同规定发货。因此，催证、审证和改证是出口合同履行过程中的一个重要环节。

（一）催证

催证是指出口方通知或催促国外进口方按合同规定迅速通过开证银行开出信用证，以便出口方能按时交货。在采用信用证支付方式时，进口方应严格按合同规定按时开立信用证，如果合同中对进口方开证时间未作规定，进口方应在合理时间内开出。在开证行开出信用证后，出口方才能按照合同规定的时间履行其交货义务的权利。因此，进口方按时开立信用证是出口方履行合同的前提条件。如进口方未按合同规定申请开立信用证，卖方有权解除合同，并提出损害赔偿。

催证不是交易履行的必要环节，如果签约后进口方及时开出了信用证，出口方就不必催证。一般在下列情况下，出口方可考虑向进口方催证。

1. 进口方未按时开来信用证

进口方应在我方装运期前一段时间（比如15天）开立信用证，以便出口方做好交货准备。如果进口方没有按时开来信用证，出口方则应及时催促，以防延误交货。

进口方在出口合同规定的期限内未开立信用证，其中的原因可能是进口方信誉不佳、故意拖延开证；或由于资金短缺，无力向开证行交纳开证押金；或由于该商品在进口国内价格下跌等。不管是什么原因，均应及时催证，如不及时催证，事后进口方可能会借故推卸责任，如经催证进口方仍不履行，出口方可根据合同规定向进口方要求损害赔偿并解除合同。

2. 出口方货已备齐时

如果我方根据备货和承运船舶的情况，可以提前装运时，则可主动向国外买方说明情况，商请对方早日开证。

3. 签约时间较早

如出口合同签订的时间较早，或规定的装运期限较长（如合同签订到交货期之间相隔半年），为防止进口方疏忽，我方应在通知对方预计装运日期的同时，提醒进口方按时开证。

催证函的一般写法如下。

① 言明催证的理由。

With reference to the 4,000 dozen Shirts under our Sales Confirmation No.TE 151, we wish to draw your attention to the fact that the date of delivery is approaching, but up to the present we have not received the covering Letter of Credit.

关于我方第 TE 151 号售货确认书项下的4000打衬衣，交货期日益迫近，而有关信用证至今仍未收到，这一事实请你方予以注意。

② 催促对方尽快开证。

Please do your utmost to expedite its establishment. So that we may execute the order within the prescribed time.

请立即赶办该项信用证，以使这笔订货得以顺利执行。

③ 期待早日收到信用证。

We look forward to receiving the covering L/C at an early date.

期待早日收到相关的信用证。

（二）审证

出口方在收到信用证以后，首先要审核信用证。认真细致地对国外开来的信用证进行审核是关系到出口商是否能够安全及时收取货款的关键。信用证是根据买卖合同开立的，信用证内容应与合同条款一致。但在实际业务中，由于种种原因，如工作疏忽、电文传递错误、贸易习惯的不同、市场行情的变化，或者买方有意利用开证的主动地位加列对其有利的条款，如：信用证中的"软条款"等，往往会出现开立的信用证内容与合同规定不符等情况，为保证安全收汇，卖方在收到信用证后，应根据买卖合同并参照《UCP600》的规定进行认真审核。

出口商审核信用证时主要依据国内的有关政策和规定、交易双方成交的合同、《UCP600》以及实际业务中出现的具体情况。审核信用证通常遵守的原则是：信用证条款规定比合同条款严格时，应当作为信用证中存在的问题提出修改；而当信用证的规定比合同条款宽松时，往往可不要求修改。

在实际业务中，银行和出口公司共同承担审证任务，双方侧重点不同。作为出口方，应着重审核信用证内容与买卖合同是否一致。一般包括以下几个方面。

1. 开证行的资信

对开证行的审核工作，主要由银行来做，但出口公司也应了解，对资信不佳的银行，应根据具体情况，分别采取安全措施。如要求对来证加具保兑或偿付行确认偿付；或者分批装运、分批收汇等。

2. 开证申请人和受益人

对于开证申请人和受益人的名称及地址要仔细加以核对。开证申请人大都是买卖合同的对方当事人（买方），但也可能是买方的客户（实际买主或第二买主）；受益人通常为我出口企业，是合同的卖方，但有时实际交货人可能为其他企业或分支机构，则应审核是否有"可转让"字样，否则，应在信用证内加列有关说明。

3. 信用证的性质

信用证是否不可撤销；信用证是否存在限制性生效及其他保留条款，这直接关系到我方交付货物后能否安全收汇。我方可以接受的信用证必须是不可撤销的信用证。特别要注意的是，有些信用证虽然表明为"不可撤销"字样，但却加列了与不可撤销自相矛盾的条款或其他限制性条款、无开证行保证付款的责任文句、未表明适用惯例等。比如："信用证下的付款要在货物清关后才支付"、"开证申请人取得进口许可证才能生效"，这种条款背离了信用证"凭单付款"的原则，对出口方安全收汇设置了障碍，应要求修改。

4. 装运货物

来证规定的装运货物是受益人装运货物和制作单据的依据，必须核对信用证内规定的品名、品质、货号、规格、数量、包装（含唛头）等是否与合同一致。

5. 信用证金额

信用证金额一般应与合同金额相符，且金额的大小写必须一致，使用货币应符合合同规定，如不一致，应要求修改。

如合同中订有溢短装条款时，应注意来证有无此项规定，金额增减幅度与数量增减幅度是否一致，根据《UCP600》的规定，在金额、数量和单价前有"约"、"近似"、"大约"或类似的词语，应解释为有10%的增减幅度。

6. 到期日、到期地点、交单期和装运期

《UCP600》规定，一切信用证均需规定一个到期日及一个付款、承兑的交单地点。信用证的到期日应该符合买卖合同的规定，一般为货物装运后15天或者21天。到期的地点一定要规定在出口商所在地，以便做到及时交单。此外，信用证还应规定一个运输单据出单日期后必须向信用证指定的银行提交单据，要求付款、承兑或议付的特定期限，即交单期。如果未规定此期限，则银行有权拒收迟于运输单据日后21天提交的单据，且不得迟于信用证的到期日。

7. 运输条款

信用证中有关装运港（地）、目的港（地）、分批装运和转运等运输条款的规定，应与合同规定一致。

根据《UCP600》的规定：信用证如果未规定"不准分批装运"和"不准转运"，则可以视为"允许分批装运"和"允许转运"。如信用证加列某些特殊要求，比如指定船公司、船籍、船龄等，一般不宜轻易接受，而应要求修改。

8. 装运单据的要求

信用证项下要求受益人提交议付的单据通常包括：商业发票、海运提单、保险单、装箱单、原产地证、检验证书及其他证明文件。对来证所要求提交的单据种类、份数及填制方法，要进行仔细的审核，要注意单据由谁出具、能否出具、信用证对单据是否有特殊要求、单据的规定是否与合同条款一致等。

（三）改证

出口方审核信用证后，如发现信用证的某些内容与合同规定不符且不易做到时，卖方有权要求进口方通过开证行修改信用证。对不可撤销信用证的修改，必须得到各有关当事人的同意，此项修改方为有效。

在实际业务中，当信用证必须修改时，由受益人将需要修改的内容，以最快的方式直接通知开证申请人，申请人如同意修改，应到原开证行办理修改，开证行修改后通知出口地的原通知行，最后转交受益人，经各方当事人接受修改书后，修改即可生效。通常情况下，受益人收到修改通知书后，即与原信用证订在一起，作为原证不可分割的一部分，称为"锁证"。出口方务必注意，只有在收妥信用证修改通知书无误后，方能发货，否则，就存在发货后收不到货款的危险。

1. 改证原因

提出修改信用证请求的，既可以是出口方，也可以是进口方，通常在以下几种情况发生。

（1）出口方要求修改信用证

① 信用证条款与合同条款不符。

② 信用证中某些条款受益人无法办到。例如，来证规定货物不允许转运，但是到目的港并没有直达轮。

③ 不能按照合同规定的时间备妥货，或者在规定装船期内订不到舱位，从而要求展期。

（2）进口方要求展期

① 市场行情或销售情况发生变化，从而需要提前或延迟发货，增加或减少货物数量或品种，改变信用证单价、金额等。

② 进口国某些情况发生变化，使信用证必须修改，才能进口有关货物。如进口国政策改变，规定进口某些货物必须具备某特定单据等。

③ 国际政治、经济形势变化，如当战争爆发时，进口方要求加保战争险或改变预定航线等。

2. 信用证修改流程

① 出口方审核信用证后发现不符点，要求买方修改信用证。

② 买方接受，通知开证行根据其指示修改原信用证。

③ 开证行通过通知行向卖方发出信用证修改通知书。

④ 卖方如未在合适的期限内表示异议，则表示接受。

3. 改证函

一份规范的改证函主要包括三方面内容。

① 感谢对方开来信用证。

We are very glad to receive your L/C No. 1001.

非常高兴收到你方第1001号信用证。

Thank you for you L/C No.SG99WE3 issued by THE ROYAL BANK OF CANADA dated February 5, 2011.

感谢你方2011年2月5日通过加拿大皇家银行开来的第SG99WE3号信用证。

② 列明不符点并说明如何修改。

Much to our regret, we have found that it contains some discrepancies with the S/C. The L/C is to be amended as follows:

很遗憾，我方发现该信用证包含与销售合同不同的不符点。信用证应做如下修改：

The total amount of Contract No. 576 is US$54,000.00, whereas your L/C shows an amount of 45000.00.

第567号合同的总金额是54000美元，而你方信用证的金额是45000美元。

The shipment time stipulated in the Contract is during Nov. 2008, whereas your L/C calls for shipment to be made on or before October 31, 2011.

合同中规定的装运期是2008年11月，而你方信用证的装船期是2011年10月31日之前。

Please delete the clause "The invoice evidences that the goods are packed in wooden cases," and insert the wording "The invoice evidences that the goods are packed in seaworthy cartons."

请删除"发票表明货物用木箱包装"条款，插入"发票表明货物用适合海运的纸箱包装"。

Please amend the amount in figure to US$78,450.00.

请将金额修改为78450美元。

The expiry date should be February 15, 2011 instead of February 5, 2011.

到期日应该是2011年2月15日，而不是2011年2月5日。

Please extend the shipment date and the validity of the L/C to March 15, 2008 and March 30, 2011 respectively.

请将信用证的装船期和有效期分别延展至2011年3月15日和3月30日。

③ 希望对方早日将信用证修改书开到，以利于合同的继续履行。

The goods will be ready for shipment, please make the above amendments as soon as possible.

该批货物将备妥装运，请尽快做上述修改。

Thank you for your kind cooperation. Please see to it that the L/C amendment reaches us within next week, otherwise we cannot effect punctual shipment.

感谢你方合作，请务必注意信用证修改通知书在一周内到达我方，否则我们将不能及时装运。

【操作要点】

1. 催证的要点

拟写催证函，应根据不同的情况措辞应有区别，如果是买方已经不按合同规定开证，有必要带有催促、督促对方的意思；如果是出口方货已备齐时，希望早日装运，催证函应带有商量的口吻征求进口方的意见；如果是签约时间较早，担心对方疏忽，往往是在通知进口方预计装运日期的同时，提醒一下对方。催证方法，除了直接向国外进口方发出电子邮件、电传或传真催促其开证外，也可以请银行和驻外机构配合和协助。

2. 信用证审核中常见的问题

① 信用证的性质。信用证未生效或有限制性生效的条款；信用证为可撤销的；信用证中没有保证付款的责任文句；信用证内漏列适用国际商会《UCP600》规则条款；信用证未按合同要求加保兑；信用证密押不符。

② 信用证有关期限。信用证中没有到期日（有效期）；到期地点在国外；信用证的到期日和装运期有矛盾；装运期、到期日或交单期规定与合同不符；装运期或有效期的规定与交单期矛盾；交单期过短。

③ 信用证当事人。开证申请人公司名称或地址与合同不符；受益人公司名称或地址与合同不符。

④ 金额货币。信用证金额不够（不符合合同、未达到溢短装要求）；金额大小写不一致；信用证货币

币种与合同规定不符。

⑤ 汇票。付款期限与合同规定不符；没有将开证行作为汇票的付款人。

⑥ 分批和转运。分批规定与合同规定不符；转运规定与合同规定不符；转运港口与合同规定或成交条件不符；目的港与合同规定或成交条件不符；转运期限与合同规定不符。

⑦ 货物。货物品名、规格不符；货物数量不符；货物包装有误；贸易术语错误；使用贸易术语与条款有矛盾；货物单价数量与总金额不吻合；信用证中援引的合同号码与日期错误。

⑧ 单据。发票种类不当；商业发票要求领事签证；提单收货人一栏的填制要求不当；提单抬头和背书要求有矛盾；提单运费条款规定与成交条件矛盾；正本提单全部或部分直寄客户；产地证明出具机构有误（国外机构或无授权机构）；漏列必须提交的单据（如CIF成交条件下的保险单）；费用条款规定不合理；要求提交的检验证书种类与实际不符；保险单种类不对；保险险别范围与合同规定不一致；投保金额未按合同规定。

3. 改证应注意的问题

根据《UCP600》的规定，改证应贯彻如下原则。

① 非改不可的，应坚决要求改；可改可不改的，或经过适当努力可以做到的，则可酌情处理，或不做修改。

② 同一信用证如有多处需要修改，原则上只能一次提出。否则，不仅增加双方的手续和费用，而且会给对方造成不好的印象。

③ 受益人对于一份信用证的修改通知书要么全部接受，要么全部拒绝，而不能接受其中的一部分而拒绝其余部分。否则，可认为无效。

④ 在受益人向通知修改的银行表示接受修改之前，原信用证的条款对受益人依然有效。受益人应发出接受或拒绝修改的通知。出口方只有在收到信用证修改通知书审核无误后，才能发货，否则，就可能收不到货款。

【操作示例】

1. 催证函

（1）山东绿林纺织品服装进出口公司与美国Johnson有限公司签订了出口货物合同，合同中规定采用信用证支付方式，并且装运在5月份进行，但现在已经4月底了，还迟迟不见对方开证过来。请拟写一封催证函，催促对方立即开证。

Dear sirs,

We wish to inform you that the goods under our S/C No.345 have been ready for quite some tine. According to the stipulations in the foregoing sales confirmations, shipment is to be made during May. The shipment date is approaching, we must point out that unless your L/C reaches us by the end of this month, we shall not be able to effect shipment within the stipulated time limited.

You may recall the following points concerning the establishment of the L/C as stated in our previous correspondence:

1. L/C with details should reach us one month preceding the month of shipment.

2. If order is booked for prompt shipment, it is necessary to establish L/C by telex or cable.

Looking forward to your kind cooperation.

Yours faithfully

（2）江海贸易有限公司与加拿大Cotton Products 公司签订出口一批棉制品货物的合同。合同中规定江海贸易有限公司在7月间将货物运至加拿大多伦多，并在收到信用证15天内装运。6月初，江海贸易有限公司由于货已备齐，想提前装运，故去函商请对方提前开证。

Dear sirs,

Thanks for your close cooperation in the business between us, and we can assure you of the high quality of our products.

As contracted, we will effect the shipment during July, within 15 days after receipt the L/C. But now, we have prepared enough goods in stock. So if you agree with us, we want to ship the good ahead of schedule. Can you kindly instruct your bank to open the covering L/C as early as possible？ Then we can effect the shipment ahead of schedule.

We appreciate your kindly help and look forward to your early reply.

Yours faithfully

2. 根据售货确认书审核信用证

Sales Confirmation

S/C No: 123456

Date: 18-Oct-2011

The Seller: Qilu import & export company

Address: No. 22 Longtan Road Qingdao shandong, China

The buyer: Sofia textile company

Address: The first street, Singapore, 7855559

We hereby confirm having sold to you the following goods on terms and conditions as stated below:

Name of commodity: 100% silk shirt

Article No.	Unit	Quantity	Unit Price	Amount
AC112	piece	2000	US$15.00	US$30,000.00
AS113	piece	2500	US$13.00	US$32,500.00
AS114	piece	1800	US$13.00	US$14,400.00
Total		6300		US$76,900.00

Total contract value: Say US Dollars seventy-six thousand and nine hundred only CIFC5 Singapore

Packing: In Cartons

Port of loading: Qingdao   Port of destination: Singapore

Terms of shipment: To be effected before the end of November 2011 with partial shipment not allowed, Transshipment not allowed.

Shipment mark: N/M

Terms of payment: The buyer shall open through a bank acceptable by the seller an irrevocable L/C at 30 days' sight to reach the seller 30 days before the date of shipment, valid for negotiation in China until 15 days after the date of shipment.

Insurance: The seller shall cover insurance against all risks, for 110% of the total invoice value as per the relevant ocean marine cargo clauses of P.I.C.C. dated 1/1/1981.

The Seller: Qilu import & export company

The buyer: Sofia textile company

SEQUENCE OF TOTAL   :27: 1/1
FORM OF DOCUMENTARY CREDIT   :40A: IRREVOCABLE
DOCUMENTARY CREDIT NUMBER   :20: 1236543
DATE OF ISSUE: :31C: 20111108

DATE AND PLACE OF EXPIRY:	:31D: VALID FOR NEGOTIATION IN SINGAPORE UNTIL 15 DAYS AFTER THE DATE OF SHIPMENT
APPLICANT	:50: SOFIA TEXTILE COMPANY THE FIRST STREET, SINGAPORE, 7855559
BENEFICIARY	:59: QILU IMPORT & EXPORT COMPANY No. 22 LONGTAN ROAD QINGDAO SHANDONG , CHINA
CURRENCY CODE, AMOUNT	:32B: USD76,900.00 SAY US DOLLARS SEVENTY-SIX THOUSAND AND NINTY ONLY
AVAILABLE WITH/BY 42D/DR: 42C/DRAFT	:41D: FREELY NEGOTIABLE AT ANY BANK BY NEGOTIATION AT 60 DAYS SIGHT
DRAWEE-NAME AND ADDRESS	DRAWN ON US FOR FULL INVOICE VALUE
PARTIAL SHIPMENT	:43P: ALLOWED
TRANSSHIPMENT	:43T: NOT ALLOWED
LOADING FROM	:44A: QINGDAO
FOR TRANSPORTATION TO	:44B: SINGAPORE
LATEST DATE OF SHIPMENT	:44C: NOVEMBER 30TH , 2011
DESCRPT. OF GOODS	:45A:

+ 6300 PIECES 100% SILK SHIRTS AS SALES CONFIRMATION NO.123456 DATED 18-OCT-2008
+ CIF SINGAPORE

DOCUMENTS REQUIRED	:46A:

+ DETAILED COMMERCIAL INVOICE AND 3 COPIES.
+ PACKING LIST AND 3 COPIES SHOWING THE INDIVIDUAL WEIGHT AND MEASUREMENT OF EACH ITEM.
+ ORIGINAL CERTIFICATE OF ORIGINAL AND 3 COPIES ISSUED BY CHINA COUNCIL FOR PROMOTION OF INTERNATIONAL TRADE
+ FULL SET OF CLEAN ON BOARD OCEAN BILLS OF LADING SHOWING FREIGHT PREPAID CONSIGNED TO ORDER OF HZS BANK INDICATING THE ACTUAL DATE OF THE GOODS ON BOARD AND NOTIFY THE APPLICANT.
+ INSURANCE CERTIFICATE FOR 120 PERCENT OF INVOICE VALUE COVERING ALL RISKS AS PER I.C.C. DATED 1/1/1981…
+ BENEFICIARY'S CERTIFICATE CERTIFYING THAT EACH COPY OF SHIPPING DOCUMENTS HAVE BEEN FAXED TO THE APPLICANT WITHIN 48 HOURS AFTER SHIPMENT.

CHARGES :	71B: ALL CHARGES OUTSIDE OPENING BANK ARE FOR ACCOUNT OF BENEFICIARY.
PERIOD FOR PRESENTATIONS	:48: NOT LATER THAN 15 DAYS AFTER THE BILL OF LADING DATE.
SENDER TO RECEIVER INFO	:72: THIS DOCUMENTARY CREDIT IS SUBJECT TO THE UNIFORM CUSTOM AND PRACTICE FOR DOCUMENTARY CREDITS 2007 REVISION

INTERNATIONAL CHAMBER OF COMMERCE
PUBLICATION NO.600

经审核,发现有如下不符点:
① 到期地点应中国到期,而不是在国外;
② 投保加成不符,应为110%,而不是120%;
③ 分批装运规定不符,应该不允许分批装运;
④ 信用证大小写金额不一致,大写错误;
⑤ 远期汇票付款期限不符,应该是30天,而不是60天。

3. 根据审证情况和改证意见,拟写改证函

Dear sirs,

We are very glad to receive your L/C No. 1236543, but we are quite sorry to find that it contains some discrepancies with the S/C. Please instruct your bank to amend the L/C as quickly as possible.

The L/C is to be amended as follows:

1. The expiry place is in beneficiary country, not in Singapore.
2. The goods are insured for 110% of invoice value, not 120%.
3. According to the Sales Confirmation, transshipment is not allowed.
4. The amount in words is different form that in figure. The former is wrong according to the Sales Confirmation. The correct is US Dollars seventy-six thousand and nine hundred only.
5. The draft should be at 30 days sight, instead of at 60 days sight.

【操作训练】

根据售货合同,审核信用证,并拟写改证函。

SALES CONTRACT   合同号 NO. GD25013

正本   ORIGINAL   日期 DATE: APR. 15, 2011

买方

Buyer: B AND C CANTWELL, CC FITTINGS,

地址

Address: MEADOWLANDS, GRANTSTOWN CO WATERFORD

电话   传真

Tel: (+01) 6675   Fax: (+01) 6674

兹经买卖双方同意成交下列商品订立条款如下:

The undersigned Sellers and Buyers have agreed to close the following transaction according to the terms and conditions stipulated below:

货物名称及规格 NAME OF COMMODITY AND SPECIFICATION	数 量 QUANTITY	单 价 UNIT PRICE	金 额 AMOUNT
MEN'S SUIT ARTICLE NO. T556	720 SETS	US$ 315.00/SET CIF TORONTO	US$ 226,800.00

总值

TOTAL VALUE：

US DOLLARS TWO HUNDRED TWENTY-SIX THOUSAND AND EIGHT HUNDRED ONLY

装运

SHIPMENT：

TO BE EFFECTED IN JUNE/JULY, 2011 FROM GUANGZHOU, CHINA TO DUBLIN, IRELAND WITH PARTIAL SHIPMENT ALLOWED, TRANSSHIPMENT ALLOWED

付款条件

PAYMENT：

BY CONFIRMED IRREVOCABLE L/C FOR FULL INVOICE VALUE, AVAILABLE BY DRAFT AT SIGHT, NEGOTIABLE IN TIANJIN VALID IN CHINA UNTIL THE 15TH DAY AFTER DATE OF SHIPMENT, THE L/C TO REACH THE SELLERS ONE MONTH BEFORE THE PRESCRIBED TIME OF SHIPMENT

包装

PACKING：

ONE SET TO A CARTON, EACH 180 CARTONS TO A 40' CONTAINER

唛头

MARKS & NOS.：

AT SELLER'S OPTION

保险

INSURANCE :

TO BE COVERED BY THE SELLER FOR 110% OF INVOICE VALUE AGAINST ALL RISKS AND WAR RISK AS PER AND SUBJECT TO OCEAN MARINE CARGO CLAUSES AND OCEAN MARINE CARGO WAR RISKS CLAUSES OF PICC DATED 1/1/1981.

买方   卖方

THE BUYER   THE SELLER

                                       GUANGDONG TEXTILES IMPORT AND

                                       EXPORT COTTON MANUFACTURED GOODS CO

（签字SIGNATURE）   （签字SIGNATURE）

信用证

Sequence of Total	*27	: 1 / 1
Form of Doc. Credit	*40	: IRREVOCABLE
Doc. Credit Number	*20	: AIB.IM02023502
Date of Issue	*31 C	: 110424
Expiry	*31 D	: Date 1106 Place CHINA
Applicant Bank	51 A	: AIBKIE2DXXX
		AIB BANK
		DUBLIN
Applicant	*50	: B AND C CANTWELL, CC FITTINGS,
		MEADOWLANDS
		GRANTSTOWN
		CO WATERFORD
Beneficiary	*59	: GUANGDONG TEXTILES IMPORT AND
		EXPORT COTTON MANUFACTURED GOODS CO
		14/F GUANGDONG TEXTILES MANSIONS
		168 XIAO BEI RD GUANGZHOU CHINA
Amount	*32 B	: Currency USD Amount 226,800
Available with/ by	*41 A	: AIBKE2DXXX
		AIB BANK
		DUBLIN
		BY ACCEPTANCE

Drafts at …	42 C : 30 DAYS SIGHT	
Drawee	42 A : AIBKE2DXXX	
	AIB BANK	
	DUBLIN	
Partial Shipments	43 P : PROHIBITED	
Transshipment	43 T : PERMITTED	
Loading in charge	44 A : GUANGZHOU CHINA	
For transport to …	44 B : DUBLIN, IRELAND	
Descript. of goods	45 A : + MEN'S SUIT ARTICLE NO.T556 CIF DUBLIN, IRELAND	
Documents required	46 A :+SIGNED INVOICES IN TRIPLICATE	

+FULL SET OF CLEAN ON BOARD MARINE BILLS OF LADING CONSIGNED TO ORDER, BLANK ENDORSED, MARKED FREIGHT PREPAID AND CLAUSED NOTIFY APPLICANT

+INSURANCE POLICY/CERTIFICATE BLANK ENDORSED COVERING ALL RISKS FOR 10 PER CENT ABOVE THE CIF VALUE

+CERTIFICATE OF CHINA ORIGIN ISSUED BY A RELEVANT AUTHORITY

+PACKING LIST

Additional cond.   47 A :

+PLEASE FORWARD ALL DOCUMENTS TO ALLIED IRISH BANKS, TRADE FINANCE SERVICES, CARRISBROOK HOUSE, BALLSBRIDGE, DUBLIN 4.

+IF BILLS OF LADING ARE REQUIRED ABOVE, PLEASE FORWARD DOCUMENTS IN TWO MAILS, ORIGINALS SEND BY COURIER AND DUPLICATES BY REGISTERED AIRMAIL

Details of Charges   71 B : BANK CHARGES EXCLUDING ISSUING BANKS ARE FOR ACCOUNT OF BENEFICIARY

Presentation Period   48   : DOCUMENTS TO BE PRESENTED WITHIN
                              21 DAYS FROM SHIPMENT DATE

Confirmation   *49 : WITHOUT

SPECIAL NOTE: ISSUING BANK WILL DISCOUNT ACCEPTANCES ON REQUEST, FOR A/C OF BENEFICIARY (UNLESS OTHERWISE STATED) AT APPROPRIATE LIBOR RATE PLUS 1,00 PER CENT MARGIN

Send. to Rec. Info.   72 : THIS CREDIT IS ISSUED SUBJECT TO
                              THE U.C.P. FOR DOCUMENTARY CREDITS,
                              2007 REVISION, I.C.C. PUBLICATIONS NO.600

第八节　备货、报检

【实训目的】

要求学生熟练掌握"出口商品检验申请单"的填制方法及报检手续。

【操作指南】

备货指出口人根据合同规定的品质、规格、数量和包装等条件准备好货物，以便完成交货义务。

货物备齐后，应向出入境检验检疫机构申请检验。只有取得出入境检验检疫机构发给的合格的检验证书，海关才准放行，凡经检验不合格的货物，一律不准出口。输出检疫物应当在检疫物出境前向出入境检验检疫机关报检。应填写报检单，并随附贸易合同或协议、信用证、发票、装箱单、生产企业检验报告或当地检疫部门出具的产地证书等。有特殊检疫要求的，要在报检单上注明。

出口轻纺产品报检时需要准备的材料：轻纺产品（包括梭织及针织服装、鞋类、毛皮服装、纺织织物、抽纱制品、玩具）出境货物报验申请单；外销合同和信用证，如果不采用信用证结算的须在出境货物报验申请单上注明；由生产企业出具的检验结果单（原件）；如果外贸公司委托生产企业代报验还须附上外贸公司的"代报验委托书"；如果进口国有安全卫生项目的强制要求，须提交符合要求的自主声明。

【操作要点】

填制出境货物报检单（见下页），报检单位应加盖公章，并准确填写本单位在检验检疫机构登记的代码。所列各项必须完整、准确、清晰、不得涂改。

① 编号：由检验检疫机构指定。

② 报检单位：填写报检单位全称，报检单位必须是已向检验检疫机关办理备案登记的自理报检单位或已向检验检疫机关办理注册登记的代理报检单位。

③ 联系人电话：报检人员姓名及联系电话。

④ 报检日期：报检当日的日期。报检日期统一用阿拉伯数字来表示，而不用英文等表示。

⑤ 发货人：按合同、信用证中所列卖方名称填写。分别用中、英文对照分行填报。

⑥ 收货人：按合同、信用证中所列买方名称填写。

⑦ H.S编码：按《商品名称及编码协调制度》中所列编码填写。以当年海关公布的商品税则编码分类为准。

⑧ 货物名称：按合同、信用证上所列名称及规格填写。

⑨ 产地：填写货物生产地、加工制造地的省、市、县名。

⑩ 数量、重量：按实际申请检验检疫数量、重量填写。填写重量时还应填写毛、净重及皮重。

⑪ 包装种类及数量：包装材料的种类以及包装件数。

⑫ 运输工具名称、号码：运输工具的名称和号码。

⑬ 贸易方式：该批货物出口的贸易方式。

⑭ 合同号、信用证号：根据对外贸易合同填写，或填订单、形式发票的号码。

⑮ 货物存放地点：注明具体地点、厂库。

中华人民共和国出入境检验检疫
出境货物报检单

报检单位（加盖公章）：山东环球贸易有限公司　　　　　*编　号＿＿＿＿＿＿

报检单位登记号：　　　　联系人：　　　电话：　　　报检日期：2008年7月19日

发货人	（中文）山东环球贸易有限公司
	（外文）

收货人	（中文）
	（外文）AGS TEXTILES TRADING CO. LTD.

货物名称（中/外文）	H.S. 编码	产地	数/重量	货物总值	包装种类及数量
棉布 COTTON PIECE GOODS	52092200	山东	1200yard	USD 28,900	20 cartons

运输工具名称号码		贸易方式	一般贸易	货物存放地点	青岛
合同号	SF390T	信用证号	LC1009	用途	
发货日期	JULY, 2008	输往国家（地区）	毛里求斯	许可证/审批号	
启运地	青岛	到达口岸	路易斯港	生产单位注册号	XXXXXX

集装箱规格、数量及号码	

合同、信用证订立的检验检疫条款或特殊要求	标记及号码	随附单据（划"×"或补填）	
	N/M	☒合同 ☒信用证 ☐发票 ☐换证凭单 ☒装箱单 ☐厂检单	☐包装性能结果单 ☐许可/审批文件 ☐ ☐ ☐ ☐

需要证单名称（划"√"或补填）				*检验检疫费	
☐品质证书	＿正＿副	☐植物检疫证书	＿正＿副	总金额 （人民币元）	
☐重量证书	＿正＿副	☐熏蒸/消毒证书	＿正＿副		
☐数量证书	＿正＿副	☐出境货物换证凭单	＿正＿副		
☐兽医卫生证书	＿正＿副	☐		计费人	
☐健康证书	＿正＿副	☐			
☐卫生证书	＿正＿副	☐		收费人	
☐动物卫生证书	＿正＿副	☐			

报检人郑重声明： 1. 本人被授权报检。 2. 上列填写内容正确属实，货物无伪造或冒用他人的厂名、标志、认证标志，并承担货物质量责任。 　　　　　　　　　　　签名：＿＿＿＿＿	领取证单	
	日期	
	签名	

注：有"*"号栏由出入境检验检疫机关填写。
　　国家出入境检验检疫局制。

⑯ 发货日期：填写实际发货日期。

⑰ 输往国家和地区：出口货物的最终目的国。

⑱ 许可证／审批号：需办理出境许可证或审批的货物应填写有关许可证号或审批号。

⑲ 生产单位注册号：出入境检验检疫机构签发的卫生注册证书号或加工厂库注册号码等。

⑳ 启运地：货物最后离境的口岸及所在地。

㉑ 到达口岸：货物的入境口岸。

㉒ 集装箱规格、数量及号码：货物若以集装箱运输应填写集装箱的规格、数量及号码。

㉓ 合同订立的特殊条款以及其他要求：在合同中订立的有关检验检疫的特殊条款及其他要求应填入此栏。

㉔ 标记及号码：货物的标记号码，应与合同、发票等有关外贸单据保持一致。若没有标记号码则填"N/M"。

㉕ 用途：从不同选项中选择。

㉖ 随附单据：报检时随附的单据种类划"√"或补填。

㉗ 签名：由持有《报检员证》的报检人员手签。

㉘ 检验检疫费：由检验检疫机构计费人员核定费用后填写。

㉙ 领取证单：报检人在领取证单时填写领证日期及领证人姓名。

【操作示例】

报检单位：山东环球贸易有限公司

报检日期：2011年7月19日

收货人：AGS TEXTILES TRADING CO.LTD.

货物名称（中/外文）：棉布 COTTON PIECE GOODS

海关编码：52092200

产地：山东

数/重量：1200码

货物总值：28900美元

包装种类及数量：20个纸板箱 (CARTONS)

贸易方式：一般贸易

货物存放地点：青岛

合同号：SF390T

信用证号：LC1009

发货日期：JULY, 2011

输往国家（地区）：毛里求斯

启运地：青岛

到达口岸：路易斯港

标 记 及 号 码：无唛头 N/M

随附单据：合同、信用证、装箱单

需要证单名称：品质证书

【操作训练】

Sales Contract

Contract No.: SN0012

DATE:JUNE 20.2008
Seller: Huzhou Tianyi Trading Co. Ltd.（湖州天益商贸有限公司）
Address：No.118 Hongqi road, Huzhou, China
Buyer: Meiling Trading Co. Ltd.（美菱商贸有限公司）
Address：201/3 Lardp Road, Bangkok, Thailand
Name of commodity: socks
Quantity: 10,000 pairs
Unit Price：CFR Bangkok USD 0.20 Per pair
Amount：USD2,000.00（Say U.S. Dollars Two Thousand Only）
Shipment：From Shanghai, China To Bangkok（曼谷）, Thailand Not Later Than July 15,2008
Packing: In cartons of 50 pairs each, total 200 cartons
N.W.: 1kgs/ctn, total 200kgs
G.W.: 2kgs/ctn, total 400kgs
Measurement :0.288 M^3 each, total 57.60 M^3
Insurance: To be covered by seller
Payment: By irrevocable letter of Credit at Sight
Shipping Marks:
    TY
    Bangkok
    No.1–200

其他制单材料：
报检单位登记号：30087245354
制作发票的日期：2008年6月28日
报检日期：2008年7月5日
信用证号：ly0098
上湖州出入境检验检疫网，网上查询给定商品的H.S编码，并在湖州出入境检验检疫局报检。

第九节　办理运输

【实训目的】

掌握国际贸易中办理运输的一般程序及海运提单的填写方法。

【操作指南】

在 CIF 或 CFR 条件下,租船订舱是卖方的责任之一。如出口服装数量较大需要整船载运的,则要对外办理租船手续;对出口数量不大,不需整船装运的,则安排洽订班轮或租订部分舱位运输。

租船订舱的简单程序如下。

① 进出口公司委托外运公司办理托运手续,填写托运单(shipping note),亦称"订舱委托书",递送外运公司作为订舱依据。

② 外运公司收到托运单后,审核托运单,确定装运船舶后,将托运单的配舱回单退回,并将全套装货单(shipping order)交给进出口公司填写,然后由外运公司代表进出口公司作为托运人向外轮代理公司办货物托运手续。

③ 服装经海关查验放行后,即由船长或大副签收"收货单"(又称大副收据)。收货单是船公司签发给托运人的表明货物已装船的临时收据。托运人凭收货单向外轮代理公司交付运费并换取正式提单。

【操作要点】

① 承运人:在提单表面必须有承运人名称及签字。

② 托运人:一般为信用证中的受益人(出口方)。如果开证人为了贸易上的需要,要求做第三者提单(thirdparty B/L),也可照办。

③ 收货人(consignee):如要求记名提单,则可填上具体的收货公司或收货人名称;如属指示提单,则填为"指示"(order)或"凭指示"(to order);如需在提单上列明指示人,则可根据不同要求,做成"凭托运人指示"(to order of shipper),"凭收货人指示"(to order of consignee)或"凭银行指示"(to order of ×× bank)。

④ 被通知人(notify party):这是船公司在货物到达目的港时发送到货通知的收件人,有时即为进口人。

⑤ B/L 号码:必须注明编号,否则无效。

⑥ 海运船名、航次号:填写实际船名,有航次者注明航次。

⑦ 装运港:即该批货物实际的起运港名称。

⑧ 卸货港:即目的港的名称。

⑨ 唛头:与信用证一致,填写唛头及集装箱号、铅封等,无唛头时填"N/M"。

⑩ 件数和包装种类:注明包装数量和包装单位。

⑪ 货物名称:提单上货物名称的描述可以只写总的名称,而不必如发票上描述的那样细致。

⑫ 毛重(千克):提单的重量应与发票、装箱单等单据保持一致;如果裸装货物没有毛重,只有净重时,则在净重千克数前加注"N. W."(net weight),或加注"gross for net"(以毛作净)即可。

⑬ 体积:与其他单据保持一致。

⑭ 运费和费用:只填运费支付情况,不填金额。如:freight prepaid 或 freight collect。

⑮ 签单地点和日期:实际装运的地点和时间。

⑯ 正本提单份数:托收方式下的正本提单一般签发两份或三份皆可;信用证项下的正本提单签发的份数应按信用证规定办理。

【操作示例】

资料A:信用证有关条款为

Full set of clean on board ocean bills of lading made out to order of China State Bank Ltd., New York marked freight prepaid and notify applicant.（全套清洁已装船提单，抬头人做成"TO ORDER OF CHINA STATE BANK LTD., NEW YORK"，注明运费已付，通知开证申请人。）

资料B：相关条件

出口商：山东胜利进出口有限公司
　　　　（SHANDONG SHENGLI IMPORT AND EXPORT CORPORATION）

进口商：GRANDEARN TEXTILES LTD., 201 KILUNG STREET, NEW YORK

运输路线：上海至纽约

船名航次：DONGFENG V.410

唛头：GT. CHK
　　　NEW YORK
　　　NO. 1-30

品名：COTTON PIECE GOODS 棉布

包装：纸箱装，共30箱

毛重：2400KGS

体积：6300立方米

正本提单分数：3份

提单号码：0989

提单签发日期：2008年10月7日　　上海

【操作训练】

根据下列条款缮制海运提单。

1. 信用证有关条款

（1）L/C No:CDR22/04 dated Sept.4,2008 issued by Bank of India.

（2）Full set clean shipped on board ocean bill of lading dated not later than 15th Oct., 2008 marked freight paid made out to the order of Bank of America, Louboruch, Stershire Denil ZBK, USA notify Win Shipping Services, 94 Beaumond Road. New York.

（3）Expiry date:Oct.30th, 2008

（4）Short form bills of lading are not acceptable.

（5）Evidencing current shipment from People's Republic of China Port to New York for the under-mentioned goods:

810 cartons shoes @ USD120 per carton under Contract No.SF5976 CIF NEW YORK

（6）Beneficiary: China Textile I/E Corp.

（7）Applicant: Michel Bull Co.Ltd,1210 Conker RD, Central, USA.

2. 有关资料

（1）Marks: M.B.CO.
　　　　　NEWYORK
　　　　　NO. 1-810

（2）Shipment date: 10th Oct,2008

（3）B/L No.453

（4）Gross Weight: 1900 kgs.

Shipper		BILL OF LADING	B/L No.:0989
SHANDONG SHENGLI IMPORT AND EXPORT CORPORATION			
Consignee		**COSCO**	
TO ORDER OF CHINA STATE BANK LTD., NEW YORK"		中国远洋运输公司 CHINA OCEAN SHIPPING COMPANY	
Notify Party			
GRANDEARN TEXTILES LTD., 201 KILUNG STREET, NEW YORK			
*Pre carriage by	*Place of Receipt		
			ORIGINAL
Ocean Vessel Voy. No. DONGFENG V.410	Port of Loading SHANGHAI		
Port of discharge NEW YORK	*Final destination	Freight payable at	Number original Bs/L THREE
Marks and Numbers GT. CHK NEW YORK NO. 1-30	Number and kind of packages;Description 30 CARTONS COTTON PIECE GOODS	Gross weight 2400KGS	Measurement m³ 6300

TOTAL PACKAGES(IN WORDS)   SAY THIRTY CARTONS ONLY

Freight and charges

FREIGHT PREPAID

Place and date of issue
SHANGHAI , OCT. 7TH, 2008

Signed for the Carrier
XXXXXXX

*Applicable only when document used as a Through Bill of Loading

（5）Measurement: 28.533M³
（6）Ocean Vessel: DONGFENG V.37

第十节　办理投保

【实训目的】

分析信用证中的相关条款，制作符合要求的保险单。

【操作指南】

出口货物在长途运送和装卸过程中，有可能会因自然灾害、意外事故或其他外来因素而导致受损。为了保障收货人在货物受损后获得经济补偿，一般在货物出运前，货主都向保险公司办理有关投保事宜，并按合同或信用证要求仔细、认真地填写货物运输险投保单交给保险公司，保险公司若接受了投保，就签发给投保人一份承保凭证即保险单。有时，出口方也可以以出口货物明细单或出口发票副本来代替投保单，但必须加注如运输工具、开航日期、承保险别、投保金额或投保加成、赔款地、保单份数等内容。

【操作要点】

保险单据的制作以中国人民保险公司的海洋货物运输保险单为例说明。

① 被保险人（insured）：一般填写出口公司名称。

② 标记（Marks & Nos.）：填写运输标记——唛头。

③ 包装及数量（quality）：填写此批货物的包装数量。例如：2000bags.。

④ 保险货物项目（description of goods）：这个栏目的填写内容和提单一致。其中货物一栏允许使用统称，数量一栏填写最大包装的件数。

⑤ 保险金额（amount insured）：保险金额一般是按发票金额加一成，即110%的发票金额填写。例如，发票金额为10万美元，则保险金额为11万美元。也可要求加更多成，但不得超过三成，即发票金额的30%。

⑥ 保险总金额（total amount insured）：这一栏目只需将保险金额的大写的形式填入，计价货币也应以全称形式填入，注意保险金额使用的货币应与信用证使用的货币一致。例如：USD two thousand only.。

⑦ 保费（Premium）：一般这一栏都已由保险公司印刷时填"as arranged"字样，出口公司在填写保险单时无须填写。

⑧ 费率（rate）：这一栏基本上不需出口公司填写，也极少出现需要修改的情况。保险公司已经在该栏中印有"as arranged"的字样。

⑨ 开航日期（slg. On or abt.）：这一栏根据提单中签发日期填，但也允许填写提单签发日前5天之内的任何一天的日期。也可填写"as per B/L"。

⑩ 起讫地点(from…to…)：起点指装运港名称，讫点指目的港名称。当一批货物经转船到达目的港时，这一栏照下列方法填写：from 装运港 to 目的港 W/T(VIA) 转运港。例如：from shanghai via hongkong to Singapore。

⑪ 承保险别（conditions）：出口公司在制单时，只需在副本上填写这一栏的内容。当全套保险单填好

交给保险公司审核确认时，才由保险公司把承保险别的详细内容加注在正本保险单上。

⑫ 赔付地点（claim payable at）：一般将目的地作为赔付地点，将目的地名称填入这一栏目。

⑬ 保险单的日期：由于保险公司提供仓至仓服务，所以要求保险手续在货物离开仓库前办理。保险单的日期应相应地填写货物离开仓库的日期，或至少填写早于提单签发日的日期。

【操作示例】

SHANDONG IMPORT AND EXPORT CORPORATION 向加拿大 ABC 贸易公司出口 MEN'S SHIRTS 共 2400 件，每件 20 美元 CIF 伦敦，纸箱包装，每箱 12 件。合同规定按发票金额加一成投保英国伦敦保险协会 ICC（A）和战争险，运输标志（唛头）为：

CBD/LONDON/NOS1-200

该货物于 2008 年 10 月 20 日在青岛装"东风"号轮运往蒙特利尔。发票号码：INV52148
请根据上列条件用英文填制一份保险单。

【操作训练】

根据下述给出的条件缮制一份保险单据。

1. 信用证资料

L/C NO. A66789

APPLICANT: XYZ COMPANY, NEW YORK

BENEFICIARY: ABC COMPANY, NANJING

SHIPMENT FROM NANJING TO NEW YORK

MERCHANDISE: GIRLS' SKIRTS, CIF NEW YORK

TTL AMOUNT:USD50,000.00

DOCUMENTS REQUIRED: FULL SET (2/2) OF INSURANCE POLICY IN DUPLICATE IN NEGOTION CLAUSES ALL RISKS, STRIKES, RIOTS AND CIVIL COMMOTIONS CLAUSES OF PICC, INCL. WAREHOUSE TO WAREHOUSE, I. O. P. CLAIMS PAYABLE AT NEW YORK IN THE CURRENCY OF L/C.

信用证未对保险单据作任何其他规定。

2. 附加信息

发票号码：JS66/2005

发票显示：

DESCRIPTIONS: GIRLS' SKIRTS, 100 CARTONS, CIF NEW YORK, TTL AMT: USD50,000.00

提单显示：

PORT OF LOADING: NANJING   VESSEL: FREEDOM V.123

PORT OF DISCHARGE: NEW YORK   ON BOARD DATE: JAN. 3, 2005

SHIPPING MARKS: SKIRTS-NEW YORK

保险单据的投保日期与提单的装船日期相同。

中国人民保险公司青岛分公司
THE PEOPLE'S INSURANCE COMPANY OF CHINA QINGDAO BRANCH

发票号次: **保 险 单**   保险单号次:
INVOICE NO.   INSURANCE POLICY   POLICY NO.
INV52148   NP47/

中国人民保险公司（以下简称本公司）
THIS POLICY OF INSURANCE WINESSES THAT THE PEOPLE'S INSURANCE COMPANYL OF CHINA (HEREINAFTER CALLED
根 据
"THE COMPANY"),AT THE REQUEST OF   SHANDONG IMPORT AND EXPORT CORPORATION.
（以下简称被保险人）的要求,由被保险人向本公司缴付约
(HEREINAFTER CALLED THE "INSURED") AND IN CONSIDERATION OF THE AGREED PREMIUM BEING PAID TO THE COMPANY BY THE
定的保险费,按照本保险单承保险别和背面所载条款与下列
INSURED ,UNDERTAKES TO INSURE THE UNDERMENTIONED GOODS IN TRANSPORTATION SUBJECT TO THE CONDITIONS OF THES POL.
特款承保下述货物运输保险,特立本保险单。
AS PER THE CLAUSES PRINTED OVERLEAF AND OTHER SPECIAL CLAUSES ATTACHED HEREON.

标记 MARDS & NOS.	包装及数量 QUANTITY	保险货物项目 DESCRIPTION OF GOODS	保险金额 AMOUNT INSURED
CBD/LONDON/N OS1-200	200 CARTONS	MEN'S SHIRTS	USD52800.00

总保险金额 SAY U. S.DOLLARS
TOTAL AMOUNT INSURE|--------------------------FIFTY TWO THOUSAND EIGHT HUNDRED ONLY --------------------

保费   费率   装载运输工具
PREMIUM AS ARRANGED   RATE:: AS ARRANGED   PER CONVEYANCE S.S.--------------DONGFENG------------
开行时间 2008.10.20   自   至
SLG.ON OR ABT.------------   F R O M ------ QINGDAO ------ TO ---- Montreal -------------------

承保险别
CONDITIONS: Covering risks as per "INSTITUTE CARGO CLAUSES(A)" and "INSTITUTE WAR CLAUSES" for 110% invoice value

所保货物,如遇出险,本公司凭本保险单及其他有关证件给付赔款,所保货物,如发生本保险单项下负责赔偿的损失或事故,应立即通知本公司下述代理人查勘。

赔款偿付地点   中国人民保险公司
CLAIM PAYABLE AT   THE PEOPLE'S INSURANCE COMPANY NINGBOBRANCE
Montreal   2008.10.20

第十一节 报关

【实训目的】

报关单的内容及填写。

【操作指南】

根据海关对进出境货物的监管制度,报关单位在货物进出境时办理通关手续,一般是下面四个环节。

1. 进出口货物的申报

报关单位在《中华人民共和国海关法》规定的时间内,按照海关规定的形式,向海关报告进出境货物的情况,提请海关按其申报的内容放行进出口货物的工作环节。进口货物的申报是在运输工具申报进境之日起14日内向海关申报。而出口货物是,发货人在货物运抵海关监管区后,装货的24小时以前,向海关申报。

申报时要准备相关单证。

① 主要单证:报关单。

② 随附单证:随附单证又包括三种,即基本单证、特殊单证、预备单证。

基本单证——指进出口货物的货运单据和商业单据。

特殊单证——进出口许可证、加工贸易登记手册、特定减免税证明、原产地证明书、出口收汇核销单等。

预备单证——贸易合同、进出口企业的有关证明文件。预备单证是海关在审单、征税的时候需要调阅或者收取备案的。

2. 配合查验

报关单位(报关员)在海关决定查验货物时,应在场,配合海关查验货物,负责搬运、开箱、封箱等,并检查货物是否损坏。

3. 缴纳税费

报关单位根据海关开具的缴纳税费通知书,向海关指定银行缴纳货物进出口税或海关监管费。

4. 提取或装运货物

完成上述环节并在海关决定放行后,凭加盖海关放行章的提货单或装运单提取(进口)或装运(出口)货物的环节。

【操作要点】

向海关提交的报关单内容。

① 出口口岸:货物经海关放行出境的最后一个关境口岸的名称。

② 经营单位:填明对外签订或执行出口合同的中国境内企业或单位的全称。

③ 指运港(站):货物预定最后到达的港口、城市的全称。

④ 合同(协议)号:填具本报关单货物的合同号码,包括年份、字轨、编号及附件号码。

⑤ 贸易方式:目前使用白色《出口货物报关单》申报出口的货物。一般有以下几种贸易方式,可视具体情况选择填报:一般贸易;国家间、国际组织无偿援助和赠送的物资;边境小额贸易;对外承包工程货

物；租赁贸易；易货贸易；出料加工贸易；其他贸易。

⑥ 运抵国（地）：出口货物直接运抵的国家（地区）或在运输中转国（地）未发生任何商业性交易的情况下的最后指运国（地区）名称。

⑦ 消费国别：货物实际消费的国家（地区）名称。不能确定实际消费国的，以预知的最后运往国为准，如售予甲国而运往乙国的，填具乙国的名称。对成交条件订明为选择港的，以第一个选择港所在国填具。

⑧ 收货单位：填具境外最终收货商的名称及所在地。可依据出口合同、发票填写。

⑨ 运输工具名称及号码：填具运载货物通过国境的运输工具名称。根据不同的运输方式，分别填写船只名称及号码，汽车车牌号码及火车的车次；对于空运或邮运的只填"空运"或"邮运"字样。

⑩ 装货单或运单号：填具货物的装货单号或运单号。

⑪ 收结汇方式：填具实际收结汇的方式。

⑫ 起运地点：填具货物的发货单位所在地名称。

⑬ 海关统计商品编号：填具货物在《海关统计商品目录》中所对应的号别。

⑭ 货名、规格及货号：填具货物的全称、规格、型号、品质、等级。如货物及规格不止一种时，应逐项填具。

⑮ 标记唛码：填具货物的标记唛码。如有地点名称的，也应一并填写。

⑯ 件数及包装种类：填具货物的总件数。可从提单上查悉。包装种类指袋、箱、捆、包、桶等，如有多种包装的，应分别填明件数。

⑰ 数量：货物的实际数量和数量单位，如台、只、个、打等。如果合同规定的数量单位与《海关统计商品目录》所规定的计量单位不同，或者《海关统计商品目录》规定有第二数量单位的，都要在折算后按《海关统计商品目录》规定的数量单位填具。整套机械分批出口时，应在本栏加注"分批装运"字样。

⑱ 毛重：货物的全部重量。如货物不止一项时，应逐项填报。

⑲ 净重：货物扣除外包装后的自然净重。

⑳ 成交价格：合同规定的货物的成交单价、总价和价格条件。如离岸价格、到岸价格等。要在此栏注明币别。

㉑ 集装箱号：如果是集装箱运输，应将集装箱数量及每个集装箱的号码一并填具。

㉒ 随附单据：随报关单向海关递交的有关单据的名称及份数。

㉓ 申报单位：报关单位的全称、报关员的姓名、报关员证号码、联络电话号码、申报单位的邮政编码等一并在此栏填具，并加盖申报单位的公章。

㉔ 申报日期：向海关申报的日期。

【操作示例】

资料：

1. 出口方：山东喜洋洋服装贸易公司
   进口方：GOLDEN MOUNTAIN TRADING LTD.
2. 提单号：DF9768
3. 发票号：20080909 日期：2008.10.2
4. 装运港：上海 目的港：洛杉矶
5. 支付方式：L/C
6. 船名：DONGFANG 航次：014E

7. 唛头（SHIPPING MARK）：
   RNS NO289
   LOS ANGELES
   C/NO：1-260
8. 货物描述：
   商品名称：LADY'S JUMPER
   数量：260箱（每箱10件）
   单价：每件11美元
   总值：28600美元
   术语：CIF LOS ANGELES
9. 海关编号：6201.9310
10. 毛重：3380公斤 净重：2600公斤 尺码：5.618立方米
11. 外汇核销单号：29/35678
12. 运费：USD800 保费：0.27%
13. 该货于2008年10月20日出口，委托上海鼎盛报关公司于2008年10月18日向上海吴淞海关申报
14. 合同号：CT65940
15. 征免性质：一般征税
16. 贸易方式：一般贸易

中华人民共和国海关出口货物报关单

预录入编号：527642076　　　　海关编号：

出口口岸	备案号	出口日期	申报日期
上海吴淞海关		08.10.20	08.10.18
经营单位	运输方式	运输工具名称	提运单号
山东喜洋洋服装贸易公司	江海	DONGFENG 014E	DF9768
发货单位	贸易方式	征免性质	结汇方式
山东喜洋洋服装贸易公司	一般贸易	一般征税	L/C
许可证号	运抵国（地区）	指运港	境内货源地
	美国	洛杉矶	山东喜洋洋服装贸易公司
批准文号	成交方式	运费	保费	杂费
29/35678	CIF	502/800/3	0.27/1	
合同协议号	件数	包装种类	毛重（公斤）	净重（公斤）
CT65940	260	纸箱	3380	2600

集装箱号	随附单据		生产厂家
标记唛码及备注	RNS NO289 LOS ANGELES C/NO：1-260		

项号	商品编号	商品名称、规格型号	数量及单位	最终目的地（地区）	单价	总价	币制	征免
01	6201.9310	LADY'S JUMPER	2600PCS	美国	11	28600	美元	照章

税费征收情况

录入员 录入单位 兹声明以上申报无讹并承担法律责任 报关员×××单位地址×××××× 　　　申报单位（签章）上海鼎盛报关公司 邮编：××××× 电话：××××× 填制日期：×	海关审单批注及放行日期（签章） 审单　　　　审价 征税　　　　统计 查验　　　　放行

【操作训练】

Sales Contract

No.BR2001218
DATE:May 20th,2008
Seller: Ningbo Huadong Co. Ltd.（宁波华东有限公司）
Buyer: Toko Trade Corporation
Name of commodity: men's cashmere sweater
Quantity: 30 cartons（30箱）
Unit Price : CIF Osaka USD 1020.00 per carton
Amount : USD30,600.00
Shipment : From Ningbo , China To Osaka , Japan Not Later Than June 15,2008
Packing: By Seaworthy cartons,5 pieces per carton,
　　　　N.W: 20kgs/ctn
　　　　G.W:21kgs/ctn
Payment: By irrevocable letter of Credit at Sight
Shipping Marks:
Toko/ Made in China/ No.1-30

其他制单材料:
出口口岸:宁波海关
出口单位编码:3103945120
贸易方式:一般贸易
运输工具名称:Lirong, E33
提单号码:cosu211
境内货源地:宁波
运费总价为220美元,保险费总价为210美元。

第十二节 制单结汇

【实训目的】

通过实训,使学生掌握全套议付单据的制作。

【操作指南】

出口服装装运之后,出口企业应按信用证的规定,缮制各种单据,并在信用证规定的有效期内,送交银行办理议付结汇手续。这些单据主要是发票、汇票、提单、保险单、装箱单、商品检验证书、产地证明书等。开证行只有在审核单据与信用证规定完全相符时,才承担付款的责任,为此,各种单据的缮制是否正确完备,与安全迅速收汇有着十分重要的关系。

出口单据种类很多,根据其作用和性质不同,可以分为主要单据和辅助单据两种。主要单据包括汇票、商业发票、提单、保险单等;辅助单据包括商检证书、出口许可证、产地证、装箱单和重量单等。按其签发人的不同,可以分为出口商签发的单据和有关单位、政府机关、社会团体签发的单据。前者如汇票、发票、装箱单、重量单等,后者有提单、保险单、商检证书、出口许可证等。

现对几种主要结汇单据及制单时应注意的问题,扼要介绍如下。

1. 汇票

汇票是一个人签发给另一个人的、要求对方立即或定期或在将来可以确定的某一时间,对某人或其指定的人或持票人支付一定金额的无条件的书面支付命令。它往往是出口人索取货款时向进口人开出的要求付款的凭证。汇票的基本内容如下。

① 汇票本身的编码并写明"汇票"字样。
② 无条件支付的付款命令。
③ 出票人(drawer):签发汇票的人。
④ 受票人(drawee)即付款人(payer):汇票的付款人。
⑤ 收款人(payee):受领汇票金额的人。
⑥ 汇票金额,其中的货币金额要有大小写。
⑦ 出票日期和地点。
⑧ 付款期限。

2. 发票

商业发票是卖方开立的载有服装名称、数量、价格等内容的清单,作为买卖双方交接货物和结算货款的主要单证,也是进出口报关完税必不可少的单证之一。我国各进出口公司的商业发票没有统一格式,但主要项目基本相同,主要包括:发票编号、填制日期、数量、包装、单价、总值和支付方式等项内容。

3. 提单

海运提单简称提单(B/L),是由船长或承运人或其代理人签发的,证明收到特定的货物,或已装船,并负责将约定的货物运至特定的目的地,并交付于收货人或提单持有人的物权凭证,是承运人和托运人之间运输合同的证明。提单是各项单据中重要的单据。

4. 保险单

凡按CIF和CIP条件成交的出口货物,由出口企业向当地保险公司办理投保手续。在办理时,应根据出口合同或信用证规定,在备妥货物,并确定装运日期和运输工具后,按规定格式逐笔填制保险单,具体列明被保险人名称、保险货物项目、数量、包装及标志、保险金额、起止地点、运输工具名称、起止日期和投保险别,送保险公司投保,缴纳保险费,并向保险公司领取保险单证。保险单证是保险公司和投保人之间订立的保险合同,也是保险公司出具的承保证明,是被保险人凭以向保险公司索赔和保险公司进行理赔的依据。在国际贸易中,保险单证是可以转让的。

5. 装箱单和重量单

这两种单据是用来补充商业发票内容的不足,便于国外买方在货物到达目的港时,供海关检查和核对货物。装箱单又称花色码单,列明每批货物的逐件花色搭配;重量单则列明每件货物的毛、净重。

以上是几种常用的单据,根据《跟单信用证统一惯例》规定,当信用证要求除运输单证、保险单据和商业发票以外的单据时,信用证应规定该单据的出单人及其内容。倘若信用证无此规定,如提交的单据的内容能说明单据中述及的货物和(或)服务与提交的商业发票上所述有关联,或当信用证不要求商业发票时,与信用证中所述的货物和(或)服务有关联,则银行将予接受。因此,在缮制上述各种单据时,应严格按信用证规定办理。

【操作要点】

(一) 汇票

① Drawn under 出票依据:开证行详细名称、信用证号码和开证日期。

② NO: 填写商业发票号码。

③ Exchange for: 汇票金额小写。

例如:HKD37,889.00;USD567,897.56。

The sum of: 汇票金额大写,由小写金额翻译而成。

大写的写法为:SAY ××THOUSAND ×× HUNDRED ××CENTS ×× ONLY。

或者:SAY ××THOUSAND ×× HUNDRED ××POINTS ×× ONLY

④ Place and date: 出票地点和出票时间。

出票地点:受益人所在城市。

出票时间:汇票出票的日期不得早于其他单据日期,也不得晚于信用证有效期和提单签发日后第21天。该日期通常由议付行填写。

⑤ AT＿＿＿SIGHT:付款期限。

- 即期汇票:只需在横线上用"AT **********SIGHT"表示,不能留空。
- 远期汇票:按L/C汇票条款的规定填入相应的付款期限。

例如:见票后若干天付款

Available against your drafts drawn on us at 90 days after sight

应填写：at 90 days after sight，意为从承兑日后第90天为付款期。

⑥ Pay to the order：收款人，一般填写议付行名称和地址。

汇票的收款人有三种填法。

· 限制性抬头（记名抬头）：不得转让给其他人。

如：pay to A Com. Only。

· 来人抬头（仅凭交付而转让，不需背书）。

如：pay to the bearer。

· 指示性抬头（用背书和交付的方法转让）。

如：pay to the order of A Com。

⑦ TO：付款人，受票人，通常是开证行或开证行指定的银行。

⑧ 出票人：除非信用证上有特别说明要求手签汇票，通常都是盖一个章，包括出口公司的全称和法人代表或经办人的名字。

例如：根据下列条款制作汇票

ISSUING BANK: FIRST UNION NATIONAL BANK, HONG KONG BRANCH, HONG KONG
CITIC TOWER FLOOR 71 TIM MEI AVENUE CENTRAL, HONG KONG
ADVISIGN BANK: BANK OF CHINA, HUZHOU BRANCH
L/C NO.: 456706 ISSUING DATE:080621
APPLICANT: TOME TRADE CO., HONG KONG
BENEFICIARY: ZHEJIANG SHIYE GROUP LTD.CO.
NO.16 ZHONGXING ROAD, ZHENXI TOWN, HUZHOU. CHINA
AMOUNT: USD 57,237.00
L/C AVAILABLE WITH ADVISING BANK NEGOTIATION BY YOUR DRAFTS AT SIGHT DRAWN ON OURSELVES FOR 100 PERCENT OF INVOICE VALUE TOGETHER WITH FOLLOWING DOCUMENTS…
INVOICE NO.:SY3222 DATE: JUNE 25,2008

汇票如下：

Drawn under　FIRST UNION NATIONAL BANK，HONG KONG BRANCH
L/C No.　456706　　Dated　　20080621
Payable with interest @　******　　% Per annum
No.　SY3222　　Exchange for　USD57,237.00　Huzhou，China
At_____……_____ sight of this FIRST of Exchange（Second of the same tenor and date unpaid）pay to the order of　BANK OF CHINA，HUZHOU BRANCH
the sum of　SAY U.S. DOLLARS FIFTY-SEVEN THOUSAND TWO HUNDRED AND THIRTY-SEVEN ONLY
To: FIRST UNION NATIONAL BANK, HONG KONG BRANCH, HONG KONG
　　　　　　　　　　　　　　　　　　ZHEJIANG SHIYE GROUP LTD.CO

（二）发票

1. 发票的出票人及其签名（issuer）

除非信用证另有规定，发票的出票人是受益人。当信用证要求签名时，发票必须由受益人授权签名人签名。

2. 发票的抬头（to）

除非信用证另有规定，发票的抬头是开证申请人。

3. 发票的出票日期（invoice date）

一般在合同或信用证开证日期之后，且早于提单签发日期。除非信用证另有规定，发票日期也可早于开证日期。

4. 运输路线（shipping route）

当有转运港时，转运港填在目的港后面。

如 From: Shanghai To: Barcelona via Hong kong。

5. 货物描述

一般包括合同的四个条款（数量条款、品质条款、包装条款和详见合同号），例如：2000 dozens Towels, Article No. BBC-20 inch by 40 inch, packed in 20 cartons, as per contract No.234。

发票中的货物描述必须与信用证规定的一致。

6. 单价

单价由四部分构成：① 货币名称；② 金额；③ 计量单位；④ 贸易术语。

如：USD1285.00 PER SET CIF HONGKONG。

7. 金额

发票的大小写金额必须一致。

如小写金额为：USD25530.80。

大写金额为：SAY: UNITED STATES DOLLARS TWENTY FIVE THOUSAND FIVE HUNDRED THIRTY CENTS EIGHTY ONLY。

8. 唛头

唛头一般由四部分构成。

① 买方公司简称——MAREB。

② 参考号——S/C NO.14322。

③ 目的地（港）——DUBAI。

④ 件数——C.N0 :1- 125。

9. 声明文句

国外来证有时要求在发票上加注各种费用金额、特定号码、有关证明句，一般可将这些内容打在发票商品栏以下的空白处，大致有以下几种。

① 加注运费、保险费和FOB金额。

② 注明特定号码。如进口证号、配额许可证号码等。

③ 缮打证明文句。如出口澳大利亚享受GSP待遇，往往要求加注"发展中国家声明"；又如，有些来证要求加注非木质包装证明句等。

示例：

山东田园进出口公司出口棉布一批（COTTON PIECE GOODS），到新加坡，运输路线为上海到新加坡，海运。进口方的名称是

BANJOO LTD.

28 CIRCLAR ROAD

SINGAPORE 0104

合同号为8976SF，信用证支付，信用证号码为LC4789676，货物包装用木箱装，共13个木箱，总净重998公斤，总毛重为1079公斤，数量为一万码，单价为每码1.2美元CIF新加坡，发票号890，发票日期为2008年12月1日。

根据以上资料制作发票。

ISSUER SHANDONG TIANYUAN I & E CORPORATION	**COMMERCIAL INVOICE**		
TO BANJOO LTD. 28 CIRCLAR ROAD SINGAPORE 0104	**NO.** 890	**DATE** DEC. 1ST, 2008	
TRANSPORT DETAILS FROM SHANGHAI TO SINGAPORE BY SEA	**S/C NO.** 8976SF	**L/C NO.** LC4789676	
	TERMS OF PAYMENT L/C		

Marks and Numbers	Number and kind of package Description of goods	Quantity	Unit Price	Amount
B.J 8976SF SINGAPORE NO. 1-13	13 (THIRTEEN) WOODEN CASES OF COTTON PIECE GOODS	10000 YARDS	@USD1.2/YD	
	Total:			USD1,2000.00

SAY TOTAL:U.S.DOLLARDS TWELVE THOUSAND ONLY

SHANDONG TIANYUAN I & E CORPORATION
×××××××

（三）装箱单

其基本内容及制单要求如下。

① 出口商名称、地址：要与相对应的发票一致。

② 发票号码（invoice NO.）、制单日期（date）：与商业发票相一致。

③ 装运港和目的港：一般只简单地表明运输路线及运输方式。

如：FROM QINGDAO TO NEW YORK BY SEA/AIR。

④ 唛头：必须与商业发票保持一致。

⑤ 货物描述：装箱单货物描述可以使用统称，但不得与信用证的规定相抵触。而且装箱单上不得表明商品的单价和总价。

⑥ 规格（specification）：列明不同产品的型号、大小、花色等。

⑦ 外包装数量及内产品数量（NO. of packages, quantity）：这是装箱单上的重要内容。要写明包装物的名称及数量。如：每箱18只 18PCS/CTN。

⑧ 每个外包装尺寸、毛重及净重：按实际情况填写。外包装尺寸即每箱的长×宽×高，如：50厘米×30厘米×20厘米。

⑨ 总毛重（total gross weight）、总净重（total net weight）及总体积（total measurement）：即将单件包装进行合计。

⑩ 出口商签章（signature）：如合同或信用证有要求，则需进行签章。

示例：2008年山东田园进出口有限公司出口棉布一批，具体资料如下。

进口方：AGS TEXTILE CORPORATION
　　　　FLTD25/F BLK12
　　　　CITYGARDEN HONGKONG

发票号：2008TX29

发票日期：2008年2月19日

唛头：AGSTX
　　　HONGKONG
　　　NO. 1-234

货名：100% COTTON GREY CLOTH（灰色棉布）

货号：2908

尺寸：30×30

数量：21060码

重量：每包净重156KGS

每包毛重158KGS

包装件数：234包

尺码：68×68×63，68.167m^3

运输：青岛到香港，海运

L/C NO：08978

根据以上资料制作装箱单。

PACKING LIST

TO:
AGS TEXTILE CORPORATION
FLTD25/F BLK12
CITYGARDEN HONGKONG

FROM: QINGDAO **TO:** HONGKONG

INVOICE NO.: 2008TX29
INVOICE DATE: FEB. 19TH, 2008
TOTAL NO. OF PACKAGE: 234 BALES
TOTAL N.W.: 36504KGS
TOTAL G. W. 36972KGS

Marks and Numbers	Number and kind of package Description of goods	Quantity	PACKAGE	G.W @	N.W @	Meas.
AGSTX HONGKONG NO. 1-234	100PCT COTTON GREY CLOTH 234 BALES @ 90YDS	21060YDS	1-234	158 KGS	156 KGS	@68×68×63 68.167M³

SHANDONG TIANYUAN I & E CORPORATION
××××××××

【操作示例】

根据孟加拉国联合商业银行开来的货物明细单和信用证填制单据

资料A: 货物明细单

商品：SOCKS

货号	数量	单价	包装种类	GW	NW	CBM
CT1031-10	3000BAG	US$1.22	24 CTN	47.0KG	43.0KG	55×50×45CM
CT1034-15	3000BAG	US$1.35	24 CTN	44.5KG	40.0KG	55×50×45CM
CT1042-15	4150BAG	US$1.43	83 CTN	20.0KG	17.0KG	50×34×40CM

合同号码：08SXHT1023   合同日期:21-OCT-2008
发票号码：08SXFP1132   发票日期:12-NOV-2008
注：上述单价为包含有3%佣金的CIFC3 CHITTAGONG价格
GOODS SHIPPED PER YUET KONG V.3875 ON NOV.19,2008 B/LNO:95BB07

资料B: 信用证

UNITED COMMERCIAL BANK LTD
JUBILEE ROAD BRANCH

MESSRS:SHANDONG SHENGYI IMPORT AND EXPORT CORPORATION 288 ZHIZAOJU.LU, CHINA
L/C NO. UCB/JR/268/2008

DATE: NOVEMBER 8.2008

DEAR SIRS ,
AT THE REQUEST OF :
MALL TRADE AGENCY
KHATUNGONJ CHITTANGONG BANGLADESH
We hereby establish our confirmed L/C in your favour for the amount of US$13,235.17
(say us dollars thirteen hundred two hundred and thirty five and cents seventeen) only less 3 pct commission CIF chittagong available by your drafts on us at sight for full invoice value and covering shipment of :
SOCKS other details as per buyer's indent no.Ke/1159/10/2008 Dt.30-09-2008
Accompanied by the following documents in English:

a. Your signed invoice in octuplicate Certifying merchandise to be of China origin .And also showing that all the export packages have been labeled "made in China" .

b. Full set of at least 2 original clean shipped on board Ocean bill of lading drawn or endorsed to order of United commercial bank limited ,showing freight prepaid and marked notify opener giving full name and address

c. Insurance Policy in duplicate covering all risks and war risks as per and subject to the relevant ocean marine cargo clauses of the PICC Dated 1981/1/1

d. Packing list required in quadruplicate showing Shandong shengyi I&e corporation as the manufacturer and seller

Other terms marked below:
(x) bills of lading must be dated not later than 30-11-2008 & the credit expiry on 15-12-2008 evidencing shipment from any Chinese port to chittagong by vessel .
(x) bills of exchange must be dated and negotiated within 15 days from the date of shipment
(x) partial shipments are permitted and transhipments are permitted
(x) document evidencing shipment must not be dated earlier than the date of opening of this credit
(x) the number and date of the credit and the name of our bank must be quoted on all drafts and documents required
(x) total amount in words ,total gross weight, total number of package must appear on the invoice
(x) the packing list must show the GW, NW, Measurement of each package
(x) shipping mark : mall trade
      ke/1159/10/2008
      chittagong
      Bangladesh
Transmitted through : bank of china ,shanghai branch
Instruction for the negotiating bank marked
(x) Amount of draft negotiated should be endorsed on the reverse side of the credit
(x) Your advising /confirmation and other charges including reimbursement charges will be on account of beneficiaries/buyers

This credit is subject to uniform customs and practice for the documentary credit UCP600
Carrier: 上海外轮代理公司

制单如下：汇票　发票　装箱单　保险单　提单

BILL OF EXCHANGE

No.08SXFP1132

For 13,235.17　　　　　　　　　　　　　　　　　nov.21,2008
　(amount in figure)　　　　　　　　　　　　(place and date of issue)

At _____ sight of this SECOND Bill of exchange(FIRST being unpaid)

pay to　BANK OF CHINA NINGBO BRANCH　　　　　　or order the sum of

SAY US DOLLARS THIRTEEN HUNDRED TWO HUNDRED AND THIRTY FIVE AND CNETS SEVENTEEN ONLY
　　　　　　　　　　　(amount in words)

Value received for _____ of _____
　　　　　　　　　　(quantity)　　　　(name of commodity)

Drawn under　UNITED COMMERCIAL BANK LTD.JUBILEE ROAD BRANCH

L/C No.　UCB/JR/268/08　　dated　NOV8,2008

To:　UNITED COMMERCIAL BANK LTD.　　　For and on behalf of
　　　JUBILEE ROAD BRANCH　　　　　　　SHANDONG SHENGYI CORPORATION

　　　　　　　　　　　　　　　　　　　　　　XXXXXX
　　　　　　　　　　　　　　　　　　　　　(Signature)

COMMERCIAL INVOICE

1) SELLER SHNDONG SHEGNYI CORPORATION 288,ZHIZAOJULU, NINGBO 200023 CHINA	3) INVOICE NO. 08SXFP1132	4) INVOICE DATE 12-Nov-08
	5) L/C NO. UCB/JR/268/08	6) DATE NOV8,2008
	7) ISSUED BY UNITED COMMERCIAL BANK LTD.JUBILEE ROAD BRANCH	
2) BUYER MALL TRADE AGENCY KHATUNGONJ CHITTAGONG BANGLADESH	8) CONTRACT NO. 08SXHT1023	9) DATE 21-Oct-08
	10) FROM NINGBO	11) TO CHITTAGONG
	12) SHIPPED BY YUET KONG V.3875	13) PRICE TERM CIFC3 CHITTAGONG

14)MARKS	15)DESCRIPTION OF GOODS	16)QTY.	17)UNIT PRICE	18)AMOUNT
MALL TRADE KE/1159/10/08 CHITTAGONG BANGLADES	SOCKS CT1031-10 CT1034-15 CT1042-15	3000BAG. 3000BAG. 4150BAG	CIFC3 CHITTAGONG **USD1.22** **USD1.35** USD1.43	USD3660 USD4050 USD5934.5
	TTL:	10150BAG		USD13644.5 -C3409.36 USD 13235.17

MERCHANDISE TO BE OF CHINA ORIGIN
ALL THE EXPORT PACKAGES HAVE BEEN LABLED "MADE IN CHINA"
SAY US DOLLARS THIRTEEN HUNDRED TWO HUNDRED AND THIRTY FIVE AND CNETS SEVENTEEN ONLY

19) ISSUED BY
SHANDONG SHENGYI   CORPORATION

20) SIGNATURE
XXXXXX

PACKING LIST

1) SELLER SHANDONG SHENGYI IMPORT AND EXPORT CORPORATION **ADDRESS: 288,ZHIZAOJULU,** NINGBOI200023 CHINA	3) INVOICE NO. 08SXFP1132	4) INVOICE DATE 12-Nov-08
	5) FROM **NINGBO**	6) TO CHITTAGONG
	7) TOTAL PACKAGES(IN WORDS) SAY ONE HUNDRED AND THIRTY ONE CTNS	
2) BUYER MALL TRADE AGENCY **ADDRESS:** KHATUNGONJ CHITTAGONG BANGLADESH	8) MARKS & NOS. MALL TRADE KE/1159/10/08 CHITTAGONG BANGLADESH	

9) C/NOS.	10) NOS. & KINDS OF PKGS.	11) ITEM	12) QTY.(pcs.)	13) G.W.(kg)	14) N.W.(kg)	15) MEAS(m^3)
		SOCKS				
MALL TRAD KE/1159/10/08	24CTNS	CT1031-10	3000BAG.	1128	1032	2.97
CHITTAGON BANGLADESH	24CTNS	CT1034-15	3000BAG.	1068	960	2.97
	83CTNS	CT1042-15	4150BAG	1660	1411	5.644
TTL:	**PACKED IN ONE HUNDRED AND THIRTY ONE CTNS**			3856	3403	11.584
	EACH ITEM/PACKAGE:		GW(kg)	NW(kg)		MEAS(m^3)
	CT1031-10		47	43		0.124
	CT1034-15		44.5	40		0.124
	CT1042-15		20	17		0.068

MANUFACTURER AND SELLER: SHANDONG SHENGYI IMPORT AND EXPORT CORPORATION

16) ISSUED BY
SHANDONG SHENGYI IMPORT AND EXPORT CORPORATION

17) SIGNATURE
XXX

中国人民保险公司上海市分公司

发票号次:　　　　　　保 险 单　　　　保险单号次:
INVOICE NO.　　　　INSURANCE POLICY　　POLICY NO.
　　　　　　　　　　　　　　　　　　　　NP47/

中国人民保险公司（以下简称本公司）
THIS POLICY OF INSURANCE WINESSES THAT THE PEOPLE'S INSURANCE COMPANYL OF CHINA (HEREINAFTER CALLED

根　　　　据　SHANDONG SHEGNYI IMPORT AND EXPORT CORPORATOIN
"THE COMPANY",AT THE REQUEST OF

(以下简称被保险人)的要求,由被保险人向本公司缴付约
(HEREINAFTER CALLED THE "INSURED") AND IN CONSIDERATION OF THE AGREED PREMIUM BEING PAID TO THE COMPANY BY THE

定的保险费,按照本保险单承保险别和背面所载条款与下列
INSURED ,UNDERTAKES TO INSURE THE UNDERMENTIONED GOODS IN TRANSPORTATION SUBJECT TO THE CONDITIONS OF THES POL.

特款承保下述货物运输保险,特立本保险单。
AS PER THE CLAUSES PRINTED OVERLEAF AND OTHER SPECIAL CLAUSES ATTACHED HEREON.

标记 MARDS & NOS.	包装及数量 QUANTITY	保险货物项目 DESCRIPTION OF GOODS	保险金额 AMOUNT INSURED
MALL TRADE KE/1159/10/08 CHITTAGONG BANGLADESH	131CTNS	SOCKS	USD14559.00

总保险金额 SAY USDOLLARS FORTEENTHOUSAND FIVE HUNDRED AND FIFTY NINE
　　　　　　ONLY.--

保费　　　　费率　　　　　　装载运输工具 AS PER B/L
PREMIUM AS ARRANGED　RATE:: AS ARRANGED　PER CONVEYANCE S.S.----------------------------------

开行时间 AS PER B/L　自　NINGBO　　　　至　CHITTAGONG
SLG.ON OR ABT.------------　FROM------------------　TO----------------------------

承保险别
CONDITIONS:COVERING ALL RISKS AND WAR RISK AS PER AND SUBJECT TO THE RELEVANT OCEAN MARINE CARGO CLAUSES OF THE P.I.C.C ,DATED 1981/1/1.

所保货物,如遇出险,本公司凭本保险单及其他有关证件给付赔款,所保货物,如发生本保险单项下负责赔偿的损失或事故,应立即通知本公司下述代理人查勘。

赔款偿付地点　　　　　　　　　　　　　　中国人民保险公司
CLAIM PAYABLE AT　CHITTAGONG　　　　THE PEOPLE'S INSURANCE COMPANY NINGBOBRANCE

日期 NOV.10,2008
DATE-------------------

BILL OF LADING

1) SHIPPER SHANDONG SHENGYI IMPORT AND EXPORT CORPORATION ADDRESS: 288,ZHIZAOJU LU NINGBO,CHINA	10) B/L NO. 95BB07 CARRIER
2) CONSIGNEE TO ORDER OF UNITED COMMERCIAL LIMITED	**COSCO** 中国远洋运输（集团）总公司
3) NOTIFY PARTY MALL TRADE AGENCY KHATUNGONJ CHITTAGONG BANGLADESH	CHINA OCEAN SHIPPING (GROUP) CO.

4) PLACE OF RECEIPT	5) OCEAN VESSEL YUET KONG	
6) VOYAGE NO. V.3875	7) PORT OF LOADING NINGBO	ORIGINAL
8) PORT OF DISCHARGE CHITTAGONG	9) PLACE OF DELIVERY	Combined Transport BILL OF LADING

11) MARKS	12) NOS. & KINDS OF PKGS.	13) DESCRIPTION OF GOODS	14) G.W.(kg)	15) MEAS(m^3)
MALL TRADE KE/1159/10/08 CHITTAGONG BANGLADESH	131CTNS	SOCKS	3856KGS	11.584CBM

L/C NO.UCB/JR/268/08
ON BOARD

16) TOTAL NUMBER OF CONTAINERS OR PACKAGES(IN WORDS)	SAY ONE HUNDRED AND THIRTY ONE CTNS ONLY				
FREIGHT & CHARGES	REVENUE TONS	RATE	PER	PREPAID	COLLECT
FREIGHT PREPAID					

PREPAID AT NINGBO,CHINA	PAYABLE AT	17) PLACE AND DATE OF ISSUE NINGBO NOV.19,2008
TOTAL PREPAID	18) NUMBER OF ORIGINAL B(S)L TWO	21) COSOC-MIDSON SHIPPING INC. FOR THE CARRIER NAMED ABOVE 中国外轮代理公司上海分公司
19) DATE	LOADING ON BOARD THE VESSEL 20) BY . FOR THE CARRIER NAMED ABOVE	IINA OCEAN SHIPPING AGENCY,SHANGHAI BRANC ××××× FOR THE CARRIER NAMED ABOVE

【操作训练】

根据下列有关资料制作全套议付单据：发票；装箱单；B/L；保险单；汇票。

（1）有关资料如下。GW：14077.00KGS。NW：12584.00KGS。MEAS: 35CBM。包装件数：3298卷（ROLLS），所有货物被装进2×20' CONTAINER。CONTAINER NO.：HSTU157504，TSTU156417。提单号码：SHANK00710。船名：DANUBHUM/S009。

（2）信用证如下所示：

209 07BKCHCNBJ95B BANK OF CHINA, SUZHOU BRANCH
409 07BKCHHKHHXXX BANK OF CHINA, HONGKONG BRANCH
MT700 O BKCHCNBJ95BXXXX

:21: SEQUENCE OF 1/1
:40A: FORM OF DOC: IRREVOCABLE
:20: DOCUMENT CREDIT NO: HK1112234
:31C: DATE OF ISSUE: 080101
:31D: DATE OF DATE AND EXPIRY: 080431
:50: APPLICANT: YOU DA TRADE CO.,LTD.,
          101 QUEENS ROAD CENTRAL,HONGKONG
          TEL: 852-28566666
:59.: BENEFICIARY: KUNSHAN HUACHENG WEAVING AND DYEING CO.,LTD
          HUANGLONG RD., LIUJIA ZHEN, SUZHOU，JIANGSU, CHINA
          TEL: 86-520-7671386
:32B: AMOUNT: USD33，680.00
:41D: AVAILABLE WITH…BY…
      NEGOTIATION BY BANK OF CHINA ,SHANDONG BRANCH
:42C: DRAFTS AT…SIGHT
:42D: DRAWEE: OURSELVES
:43P: PARTIAL SHIPMENT: NOT ALLOWED
:43T: TRANSSHIPMENT: NOT ALLOWED
:44A: LOADING ON BOARD/DISPATCH/TAKING IN CHARGE AT/FROM…
      QINGDAO
:44B: FOR TRANSPORTATION TO…
      HONGKONG
:44C: LATEST DATE…
      080415
:45A: DESCRIPTION OF GOODS AND/OR SERVICES
      DESCRIPTION QUANTITY UNIT PRICE AMOUNT
      100PCT NYLON FABRICS 100000YARDS USD0.3368/YD USD33680.00
      DETAILS AS PER CONTRACT NO. 08TW990
      PRICE TERM: CIF HONGKONG

SHIPPING MARK: MARKS AND NOS.
                      YOU DA
                      HONGKONG
                      R/NO.:1-3298

:46A: DOCUMENTS REQUIRED:

1. SINGED COMMERCIAL INVOICE IN 3 FOLDS INDICATING L/C NO. AND CONTRACT NO. 08TW990.
2. FULL SET (3/3) OF CLEAN ON BOARD MARINE BILLS OF LADING MADE OUT TO ORDER AND BLANK ENDORSED, MARKED 'FREIGHT PREPAID' AND NOTIFY THE APPLICANT.
3. INSURANCE POLICY OR CERTIFICATE IN 3 FOLDS FOR 110 PCT OF THE INVOICE VALUE INDICATING CLAIM PAYABLE AT DESTINATION COVERING OCEAN TRANSPORTATION ALL RISKS AND WAR RISKS AS PER ICC CLAUSES.
4. PACKING LIST IN 3 FOLDS INDICATING GROSS AND NET WEIGHT OF EACH PACKAGE.

:47A: ADDITIONAL CONDITIONS:
   + ON DECK SHIPMENT IS NOT ALLOWED.
   + ALL DOCUMENT MUST BE MANUALLY SIGNED.

:48: PERIOD FOR PRESENTATION:
   DOCUMENTS MUST BE PRESENTED WITHIN 15 DAYS
   AFTER THE DATE OF SHIPMENT BUT WITHIN THE
   VALIDITY OF THE CREDIT.

:49: CONFIRMATION: WITHOUT

:72: SPECIAL INSTRUCTIONS:
   ALL DOCUMENT MUST BE SEND TO THE ISSUING BANK IN ONE LOT THROUGH THE NEGOTIATING BANK BY REGISTERED AIRMAIL.
   UPON RECEIPT THE DOCUMENTS CONFORMITY WITH THE L/C'S CONDITIONS, WE SHALL PAY AS PER YOUR INSTRUCTIONS.

MAC: ABC8794666
SW2222222546

第十三节　综合业务模拟

【实训目的】

以出口交易的基本过程为主线，以模拟设定的具体出口商品交易作背景，针对出口贸易中价格的核算、合同磋商、书面合同的签订、出口货物各项手续的办理等主要业务操作技能，经过综合模拟操作训练，使学生了解和初步掌握出口交易基本程序和主要技能的操作。

根据所提供的相关资料、数据、交易环境和条件，组织和指导学生进行系统的进出口贸易业务流程的模拟综合实训练习。

以下是买卖双方往来函电。

Mail 1（询盘函）

Mar 3, 2008
Shanghai Light Industrial Products Imp.& Exp. Corp.
Dear Mr. Li,

  Thank you very much for your hospitality in your booth at the Fair 2008 in Frankfurt. I am interested in men's shirt Art.No.501 in the packing of 25-pc paper boxes. The quality will be one 20-foot container for the start.

  Therefore you are kindly requested to give me your best price rather than USD720 per box quoted at the Fair so that I can send you my order for prompt shipment.

  Awaiting your reply with best regards,

John Hendry
Boston Trading Co. Ltd, USA

Mail 2（发盘函）

Mar 5, 2008
Boston Trading Co. Ltd, USA
Dear Mr. Hendry,

  It was a great pleasure to meet you at the Fair 2008 and to receive your enquiry for our men's shirts. In fact, the price I quoted at the Fair is already the most favorable one. However, in order to save time and to start business, I'll further lower my price as follows:

  MEN'S SHIRTS ART.NO.501, USD700/PER BOX FOBTIANJIN.

  I'm sure this will be acceptable to you. Let us start our business and we'll offer you our best service.

  Looking forward to your early acceptance.

  Thanks and best regards,

Li Dayang
Shanghai Light Industrial Products Imp.& Exp. Corp.

Mail 3（还盘函）

Mar 6, 2008
Dear Mr. Li

  Thank you for your E-mail and new price, which I expected to be lower but accept, because this is the first deal between us.

  I would also like to order men's shirts Art. No.502 in 10-pc boxes at the price of USD280/box.

  Please confirm. Therefore our order is as follows:

One 20 foot container of men's shirts.

NO.501, 50% packed in paper boxes of 25 pcs

NO.502, 50% packed in paper boxes of 10 pcs.

50 boxes to a carton respectively.

Please inform us roughly how many cartons a 1 × 20' container can hold. Please also inform us of your payment terms and the earliest shipment date. I'm awaiting your good service, high quality and fine packing as you promised at the Fair, to enable both of us to build good cooperation to our mutual benefit.

Yours sincerely,
John Hendry

Mail 4（合同磋商函）

Mar 6, 2008
Dear Mr. Hendry,

Thank you for your new order, but we find your price for 10 pcs/box of USD280 per box is too low. Our calculation points to USD350 per box. But in order to start, we think we can accept USD320/box if you agree, I will fax you our sale Contract for your signature.

Payment: by irrevocable Letter of Credit payable by draft at sight.

Delivery: within 45 days after the covering L/C is received.

For your information, according to our calculation, a 20 foot container can hold 600 cartons of 10 pc boxes and 300 cartons of 25 pc boxes.

By the way, can you tell us the name of the port of destination for reference?

Best wishes,

Li Dayang,

Mail 5（合同磋商函）

Mar 8, 2008
Dear Mr. Li,

Hello my friend, I'm afraid I don't agree to USD320 for 10 pc boxes. The best I can do is USD300/box, for the start of our cooperation.

As I explained earlier, you should accept the above price, taking into consideration the higher cost of freight at my expense.

Payment and date of shipmen are fine. Please accept our bid, so that we can proceed with the opening of the relative L/C.

By the way, we would like the goods be shipped to Boston.

Best regards,

John Hendry

Mail 6（接受/成交函）

Mar 10, 2008
Dear Mr. Hendry,

As the cost of raw material is increasing sharply these days, we are facing big problems. I hope you can understand us.

However, in order to make the ball start rolling, we accept your price for men's shirts in 10 pc boxes at USD300/box, please find the attached S/C No.D2001PA100, and sign and return one copy for our file.

  Also enclosed is our banking information. Please open the covering L/C as soon as possible and fax us a copy of it for our reference.

  We are glad to have concluded this initial translation with you. We hope this would mark the beginning of a long standing and steady business relationship between us.

Yours,
Li Dayang,

任务一：根据以上资料签订进出口合同。

任务二：根据进出口合同，模拟开出信用证。

任务三：根据信用证制作全套议付单据。

参考文献

[1] 吴百福. 进出口贸易实务. 上海：上海人民出版社，2005.
[2] 黎孝先. 国际贸易实务. 北京：对外经济贸易大学出版社，2003.
[3] 卓乃坚. 服装出口实务. 上海：东华大学出版社，2006.
[4] 吴百福. 进出口贸易实务教程. 上海：上海人民出版社，2004.
[5] 黄立新. 服装国际贸易实务. 杭州：浙江大学出版社，2005.
[6] 范福军. 服装外贸学. 北京：中国纺织出版社，2004.
[7] 刘安鑫. 国际贸易理论与实务. 北京：北京理工大学出版社，2006.
[8] 钟昌标. 国际贸易新编教程. 吉林：吉林人民出版社，2004.
[9] 刘文广，项义军，张晓明. 国际贸易实务. 北京：高等教育出版社，2002.
[10] 祝卫. 出口贸易模拟操作教程. 上海：上海人民出版社，2004.
[11] 徐景霖. 国际贸易实务. 大连：东北财经大学出版社，2006.
[12] 冷柏军. 国际贸易实务. 北京：中国人民大学出版社，2007.
[13] 刘源海，吴勇. 报关与报检实务. 北京：高等教育出版社，2007.
[14] 韩玉军. 国际贸易实务. 北京：中国人民大学出版社，2006.
[15] 王万义. 进出口贸易实务. 北京：对外经济贸易大学出版社，2002.
[16] 余建春. 服装贸易实务. 北京：中国纺织出版社，2001.
[17] 袁永友. 国际商务经典案例. 北京：经济日报出版社，2001.
[18] 张卿. 国际贸易实务. 北京：对外经济贸易大学出版社，2005.
[19] 徐静珍. 国际贸易实务. 大连：东北财经大学出版社，2008.
[20] 刘宝成. 服装贸易实务. 北京：高等教育出版社，2002.
[21] 张芝萍. 服装贸易单证实务. 北京：中国纺织出版社，2008.
[22] 任丽萍. 国际贸易理论与实务. 北京：清华大学出版社，2005.
[23] 杨长春. 国际贸易欺诈案例集. 北京：对外经济贸易大学出版社，2002.
[24] 张神勇. 纺织品及服装外贸. 北京：中国纺织出版社 2001.
[25] 全球纺织网www.tnc.com.cn.